民法典法律适用与案例指引系列

总主编　李永军

民法典人格权编
法律适用与案例指引

主　编　李永军

副主编　席志国 郑永宽 陈汉

中国民主法制出版社

图书在版编目（CIP）数据

民法典人格权编法律适用与案例指引/李永军主编；
席志国，郑永宽，陈汉副主编．—北京：中国民主法制
出版社，2022.3
（民法典法律适用与案例指引系列）
ISBN 978-7-5162-2798-5

Ⅰ．①民…　Ⅱ．①李…　②席…　③郑…　④陈…　Ⅲ．
①人格—权利—法律适用—中国　Ⅳ．①D923.15

中国版本图书馆 CIP 数据核字（2022）第 050370 号

图书出品人：刘海涛
出 版 统 筹：乔先彪
责 任 编 辑：乔先彪　逯卫光　袁　月

书名/民法典人格权编法律适用与案例指引
作者/李永军　　主　编
　　席志国　郑永宽　陈　汉　副主编

出版·发行/中国民主法制出版社
地址/北京市丰台区右安门外玉林里 7 号（100069）
电话/（010）63055259（总编室）　63058068　63057714（营销中心）
传真/（010）63055259
http：// www. npcpub. com
E-mail：mzfz@ npcpub. com
经销/新华书店
开本/16 开　710 毫米×1000 毫米
印张/13.5　**字数/**198 千字
版本/2022 年 5 月第 1 版　2022 年 5 月第 1 次印刷
印刷/三河市宏图印务有限公司

书号/ISBN 978-7-5162-2798-5
定价/53.00 元

本书编委会

撰 稿 人（以撰写章节先后为序）

郑永宽：第一章、第二章

李伟平：第三章、第四章、第五章

张兰兰：第六章

作者简介

李永军 法学博士，中国政法大学二级教授、博士生导师，中国法学会民法学研究会副会长，中国法学会民法典编纂领导小组成员。国家社科基金重大项目“民法典编纂的内部与外部体系研究”（项目号18ZDA141）首席专家；主持国家社科基金重点项目“民法典分则立法的内在与外在体系研究”。代表著作有：《民法总论》《民法总则》《合同法》《自然之债论纲——源流、规范体系与效力》《民事权利体系研究》《海域使用权研究》《破产法律制度》《破产重整制度研究》《合同法原理》《票据法原理与实务》。代表性论文有：《我国民法上真的不存在物权行为吗?》《契约效力的根源及其正当化说明理论》《我国合同法是否需要独立的预期违约制度——对我国正在起草的合同法草案增加英美法预期违约制度的质疑》《重申破产法的私法精神》《私法中的人文主义及其衰落》《论商法的传统与理性基础——历史传统与形式理性对民商分立的影响》《民法上的人及其理性基础》《物权与债权的二元划分对民法内在与外在体系的影响》《论债的科学性与统一性》《论债法中本土化概念对统一的债法救济体系之影响》《集体经济组织法人的历史变迁与法律结构》《民法典编纂中的权利体系及其梳理》《物权的本质属性究竟是什么？——〈物权法〉第2条的法教义学解读》《论我国民法典中无因管理的规范空间》《论民法典“合同编”与“总则编”和“物权编”的体系关联》《民法典侵权责任编的内在与外在体系》《婚姻属性的民法典体系解释》《民法典物权编的外在体系评析——论物权编外在体系的自洽性》《对我国〈民法典〉上“民事责任”的体系化考察》。

席志国　法学博士，中国政法大学民商经济法学院教授。兼任中国法学会民法学研究会理事、北京市物权法研究会理事。代表性著作有《中国物权法论》等；代表性论文有《论德国民法上的所有人占有人关系——兼评我国〈民法典〉第459—461条之规定》《民法典编纂视野下的动产担保物权效力优先体系再构建——兼评〈民法典各分编（草案）二审稿〉第205—207条》等。

郑永宽　法学博士，厦门大学法学院教授，兼任中国法学会民法学研究会理事，福建省法学会民商法学研究会副会长。代表性著作为《人格权的价值与体系研究》等；代表性论文为《医疗损害赔偿中原因力减责的法理及适用》等。

甄增水　法学博士，华北电力大学法政系教授，硕士生导师。代表性著作有《民法中的善意》等；代表性论文有《双轨制：我国善意取得制度设计的应然路径——兼析〈中华人民共和国物权法〉第106条》等。

李遐桢　法学博士，中国矿业大学（北京）文法学院教授，硕士生导师。代表性著作有《我国地役权法律制度研究》等；代表性论文有《无权处分他人之物转让合同效力的展开》等。

陈　汉　法学博士，中国政法大学民商经济法学院副教授，硕士生导师。兼任中国法学会婚姻家庭法学研究会副秘书长，北京市债法研究会常务理事。研究方向为传统家事法、家事法与其他法律的交叉问题。

于程远　法学博士，中国政法大学民商经济法学院副教授、硕士生导师。代表性论文有《论法律行为定性中的“名”与“实”》《论先合同信息风险分配的体系表达》《民法上目的性限缩的正当性基础与边界》《〈民法典〉时代家庭契约的效力审查体系》等。

李大何　法学博士，最高人民法院民二庭法官助理。代表性论文有《论附随义务及其救济方式》《未来民法典中人格权财产利益的保护模式》等。

刘志军 法学博士，华北电力大学法政系副教授。代表性著作有《民法精要：原理新述·真题精解·判例评析》《劳动法治论：以劳动争议处理为中心》等；代表性论文有《流浪儿童的法律预防机制探讨》《“以房养老”中签订遗赠扶养协议相关问题分析》等。

王伟伟 法学博士，北京市社会科学院法治研究所助理研究员。北京市物权法学会理事。

李伟平 法学博士，青岛大学法学院讲师、硕士生导师，中国政法大学民商法学博士，主要从事民法基础理论、债法等方面的研究，在《政治与法律》《民商法论丛》《法律适用》等期刊发表学术论文多篇；主持、参与国家级、省部级项目多项，曾获青岛大学第九届青年教师教学大奖赛优秀奖。

苏紫衡 法学博士，杭州电子科技大学法学院讲师，浙江省三农法治研究会理事、副秘书长。代表性论文有《对赠与任意撤销权的质疑——以赠与合同观的历史考察为核心》等。

韩新磊 法学博士，中国计量大学法学院讲师。代表性论文有《物权变动混合模式的经济学分析》《未经批准合同的效力状态与责任认定研究——基于对〈合同编（草案）〉第二百九十四条的规范修正》等。

辛巧巧 法学博士，中国政法大学民商经济法学院博士后。代表性论文有《算法解释权质疑》等。

张兰兰 法学博士，中国政法大学民商经济法学院师资博士后。代表性论文有《农村集体经济组织形式的立法选择——从〈民法总则〉第99条展开》和《履行费用过高规则的动态适用——对〈合同法〉第110条第2项第2种情形的具体化》等。

张亦衡 四川大学民商法在读博士生，中国政法大学民商法硕士。代表性作品有《民法典知识竞赛1000题》等。

◎总序

2020年5月28日第十三届全国人民代表大会第三次会议通过了《中华人民共和国民法典》（本丛书简称《民法典》），这是我国政治、经济、文化、社会生活、法治建设中的一个里程碑事件。在《民法典》出台之前的中国民法学研究可谓“百花齐放”，当然亦可说是处于一种“众说纷纭”的状态——因为没有体系化的《民法典》作为基石与起点。因此，即使是民事单行法，在体系上也难免迷失方向而找不到坐标。特别是在我国没有债法的一般性规定的时候，甚至连“什么是物权”“什么是债权”这样的基本概念及其区分都存在很大的争议，来自不同法系的观点交织在一起，很难得出“共识性”的知识。《民法典》的颁布与实施，正是立法机关努力解决这一现象的集中体现。然而，法典化从来都不能一劳永逸地解决所有法律上的难题。法典生命之树长青的秘密恰恰在于由学者、法官、律师以及其他法律工作者所构成的法律共同体，以其为基础和依据，所构建起来的法律教义学体系。

我国《民法典》无论是自其所颁布的时间而言，还是就其内容而言，抑或是自其结构体例来看都可以说是迄今为止全球最新的《民法典》。作为全球最新的《民法典》，我国《民法典》在内容上一方面充分反映了21世纪科学技术最新成果以及人类社会所面临的全新问题，不但将虚拟财产、数据、个人信息、电子合同等纳入其中加以规范，而且还将绿色原则作为其基本原则指导民事活动；另一方面，我国《民法典》还博取世界各国法律文明之长，如在担保制度中大量吸收了美国商法典动产担保制度的规定，从而致力于促进融资、改善营商环境。更为重要的是，我国《民法典》还作出了一系列制度创新，如在总则编中增加了英雄烈士人格利益保护条款、见义勇为条款；在物权编中首创了“土地所有权—土地承包权—土地经营权”的三权分置理论；在婚姻家庭编中首创了离婚冷静期制度；在侵权责任编中增加了自甘风险原则、好意同乘条款、高空抛物致人损害责任等。由此可见，我国《民法典》是一部国际化与本土化、民族化并重的全新法典。

自法典的结构体系而言，我国《民法典》亦颇具特色。从法典的模式来看，从罗马法开始到《法国民法典》，可以说是“三编制”的代表。直至《德国民法典》，其式样可以说是“五编制”的代表。自《德国民法典》以后，世界各国（民法法典化国家）就区分为“法法法系”和“德法法系”。我们必须明白的是：任何一个法系式样，都不是放之四海而皆准的模板。自我国法律现代化的历史以观，整体而言，我国《民法典》仍然采纳了德国法律科学所发展出来的潘德克吞立法体例，也即采纳了提取公因式的总分结构模式。这体现在我国《民法典》不但设有总则编，而且在每一分则编中均采取了进一步的提取公因式的做法，形成了“总则—分则（小总则—分则）”的模式。但是我国《民法典》并未亦步亦趋地模仿《德国民法典》，而是基于我国长期以来已经形成的法律体系及学说观点构建了“七编制”的《民法典》，也即“总则编 + 物权编 + 合同编 + 人格权编 + 婚姻家庭编 + 继承编 + 侵权责任编”。其中具有特色的首先应当是将“人格权”独立成编，体现了我国立法对于人权保护的重视。其次是不设独立的债权编，而是将其区分为合同编与侵权责任编两编，并将侵权责任编置于整部《民法典》的最末，作为所有权利的救济手段。但是，自体系化的视角来看，侵权责任编与合同编仍然是债权编的主要内容。特别是我国《民法典》第 118 条第 2 款规定：“债权是因合同、侵权行为、无因管理、不当得利以及法律的其他规定，权利人请求特定义务人为或者不为一定行为的权利。”其中合同编的通则分编代行债法总则的功能，对此《民法典》第 468 条规定：“非因合同产生的债权债务关系，适用有关该债权债务关系的法律规定；没有规定的，适用本编通则的有关规定，但是根据其性质不能适用的除外。”该条所指的本编通则即是指合同编的通则分编。

时间如白驹过隙，自2021年1月1日《民法典》实施之日起，至今亦一年有余。在这一年多的时间里，学说上对《民法典》的诠释已经汗牛充栋，仅仅关于《民法典》的评注书就有十余部，发表的学术文章更是不计其数。最高人民法院则依据《民法典》对以往民商事领域中的司法解释进行了全面的清理，有的予以修改、有的予以废止，目前正在准备陆续出台《民法典》诸编的全新司法解释。这无疑是民法理论界与实务界一次真正的学术盛宴。作为学术共同体的一部分，我们亦有义务做出自己的贡献。当前呈现给读者的这套《民法典法律适用与案例指引系列》丛书，意在为《民法典》的准确理解与适用提供一个法教义学的体系性解读，其特色在于一方面我们尽量用最为通俗易懂的语言精确地阐释《民法典》的条文和精神，另一方面还精选了一定的案例对重点疑难法律问题的适用加以说明。正如德国联邦最高法院的判决所指出的：法律解释，特别是宪法性法律解释具有商谈的品性，其中即便是方法上毫无争议的作业，在法律专家中亦不能保证获得唯一正确的结论，毋宁在于一方面提出论证的理由，驳斥相反的论证理由，最终选择最佳的论证理由以支持其结论。职是之故，我们的解释仅仅是一种论证的理由，其本身非完美无瑕，肯定还存在诸多错误和不足，敬请各位同人不吝赐教。您的批评和建议将是我们进步和完善的动力和源泉。

在此，还想代表所有作者对所有关心这套著作出版发行的同人和编辑表示衷心的感谢，感谢你们的支持和帮助！

李永军

2021年岁末

目　　录

第一部分

法条精解与适用

第四编 人 格 权

第一章 一般规定

第九百八十九条 本编调整因人格权的享有和保护产生的民事关系。

【要义精解】

本条确定人格权编的调整范围为因人格权的享有和保护产生的民事关系。

人格权，是指民事主体为维护其独立人格而固有的基于自身人格的权利，如生命权、身体权、名誉权、隐私权等。

人格权是民事主体所固有的权利，是使人“成为一个人”的权利。人格权因民事主体出生而取得，因死亡而消灭。如若个人在法律上和事实上不享有人格权，其必将丧失做人的根本权利和作为人的基本价值。

人格权是一种受尊重权，是民事主体以自身人格为基础形成的他人不得侵犯的权利，也就是说，“承认并且不侵害人所固有的‘尊严’，以及人的身体和精神，人的存在和应然的存在”[1]。在此，人格与人格权通过人格尊严思想的介入而被联系起来。

人格权具有如下属性特征：

其一，人格权为非财产权。

民事权利以权利之客体是否具有财产价值为标准，区分为财产权与非财产权。人格权的客体是人格，而人格具有超越财产价值评价之上的伦理价值，因此，一般认为，人格权属于非财产权。

---

〔1〕［德］卡尔·拉伦茨：《德国民法通论》，王晓晔等译，法律出版社2004年版，第282页。

其二，人格权是专属权。

依据权利与其主体之关系为标准，可以将民事权利区分为专属权与非专属权。专属权，指专属于权利人而不能让与的权利。非附着于权利人，可得让与的权利，为非专属权。财产权原则上是非专属权，非财产权则属于专属权。人格权，存在主体人格之上，是为维护主体独立人格而固有的权利，其与主体不可分离，故人格权不可转让、不可继承、不受非法剥夺。

其三，人格权是绝对权。

依据权利效力所及范围为标准，民事权利分为绝对权与相对权。绝对权是以权利人之外的一切人为其义务人的权利，又称“对世权”。相对权是得请求特定人为或不为一定行为的权利，即其义务人是特定的，又称“对人权”。人格权属于绝对权，其效力可对所有其他人主张。

综上，人格权作为一种受尊重权，要求把主体视为目的本身，而不是如同物那样单纯作为他人实现目的的工具或手段，因此，人格权主要表现为消极防御权，是要求所有其他人尊重主体人格尊严的绝对权。人格权，不应表现为一种指向国家或其他法律主体而存在的积极索取的权利，否则，将不当扩张或模糊人格权的界限。例如，民事主体不得以饥饿为由，主张自己的生命权或健康权而向他人强行索要食物。人格权，因主体存在而存在，因主体消亡而消灭，不可交易，故不存在像财产权那样因取得、变动、丧失而产生的复杂法律关系。因此，本条特别强调人格权编调整的是因人格权的享有和保护产生的民事关系，体现的是对人格权要求得到尊重及受侵犯时的规范。

【对照适用】

人格权独立成编是中国《民法典》的创举，故本条关于人格权编调整范围的明确，在此前其他法律规范中均未有规定。无论是原《民法通则》第98—103条、原《侵权责任法》第2条抑或2001年《最高人民法院关于确定民事侵权精神损害赔偿责任若干问题的解释》相关条款，均只是零散地规范调整人格权的具体问题，未涉及独立成编，相应即无调整范围明确之条款。

本条明确了人格权法的调整对象，尤其强调的是“享有和保护”，预示了人格权法律关系重在防范“被侵害”的特征。

第九百九十条　人格权是民事主体享有的生命权、身体权、健康权、姓名权、名称权、肖像权、名誉权、荣誉权、隐私权等权利。

除前款规定的人格权外，自然人享有基于人身自由、人格尊严产生的其他人格权益。

【要义精解】

本条是关于具体人格权罗列与一般人格权的规定。

具体人格权又称“特别人格权”，是指法律已将所要保护的人格特定化，权利的内容已定型化的人格权。例如，本条第1款罗列的生命权、身体权、健康权、姓名权、名称权、肖像权、名誉权、荣誉权、隐私权等权利，即属于具体人格权。但是，受法律保护的人格权益并不限于上述罗列之具体人格权，该条第2款规定，自然人还享有基于人身自由、人格尊严产生的其他人格权益。一般认为，此乃有关一般人格权的规定。

一般人格权是特别人格权之外的补充性权利，是关于人的一般存在价值、尊严与自由的权利。一般人格权是一种具有开放性、发展性、不确定性的权利，在德国被称之为“框架性权利”。其确认了人格利益保护的基本属性，即凡是基于人格所生之合法利益，均受法律保护。

一般人格权概念之所以被提出，主要基于如下两点：（1）人格权是关于人的价值与尊严的权利。关于人的价值与尊严的权利，不应该完全以实证法作为裁断人格权存在与否的根据。人的价值与尊严是人的本质属性，人格权是人之作为人所固有的。人格权天赋并不反对人格权于实证法上被总结规定，实证法的规定确认有利于人格权的明确与保护，但当涉及实证法规定的具体人格权未能涵括的人格法益时，则不能简单以法无规定为由不予保护。所以说，一般人格权是关于人的自由、安全、尊严等价值的概括性保护。对于一般人格尊严的侵害，不能以现行法没有关于此种人格利益的具体人格权为由拒绝救济，而应诉诸于人的一般价值与尊严的权利来加以保护。（2）关于人的价值观念具有动态发展性，与社会历史文化观念有密切联系，永远可能会有新的价值需要法律保护，故任何实证法均不可能通过事先规定将人性中值得保护的价值无一遗漏地包括进来。例如，在人格权法的发展过程中，隐私，作为私生活安宁的价值，随着工业社会发展以及窥探、窃听等刺探私生活的技术发明等因素促动，而逐渐被社会认同强化并最终被法定化为隐私权。

因一般人格权的弹性、抽象，其内容具体包含哪些方面，难以穷尽列举，且认知上难免有分歧。有观点认为一般人格权应包括人格独立、人格自由、人格尊严三个方面[1]，也有观点认为其还应包含人格平等[2]。本条与《民法典》第109条的规定一致，仅罗列了"人身自由"与"人格尊严"作为阐述一般人格权的基础。可以说，自由与尊严是人格权的基础与核心表达，其本身即蕴含了人格独立、平等的要求。此外，一般人格权规范特别突出人身自由的保护，或与我国《民法典》未确立自由权为具体人格权亦有关系。但无论如何，一般人格权旨在于具体人格权对人格权益保护所不及之处，提供对于主体之尊严尽可能充分、全面的保护。因此，在法规范与适用层面，一般人格权主要是作为特别人格权的补充而存在。当涉及法律未确认的特别人格权之外的人格利益关系时，应于个案中通过适用一般人格权而实现对具体人格利益的保护。裁判中经由一般人格权的具体适用，可逐渐归纳产生新的类型化的具体人格权，再由法律加以确认。

具体在法律适用上，凡涉及在法律上有特别人格权规定的人格利益时，即应适用关于该特别人格权的规定；凡涉及的人格利益在法律上无特别人格权规定的，适用关于一般人格权的规定。当适用一般人格权的规定对一般人格尊严或价值给予保护时，因一般人格权的模糊性或弹性，往往需要在个案中权衡对方主体诉求的利益，如言论自由、新闻自由等，最终才能确定对于一般人格权是否加以保护。由此可见，在权益救济上，对照于具体人格权，一般人格权不具有保护的确定性。

【对照适用】

人格之尊重是属人之最基本价值，人格保护问题在现代社会日受重视。包括《联合国宪章》《世界人权公约》在内的诸多国际法文件，都确立保护人的尊严作为基本原则。在我国，《宪法》第37条第1款规定："中华人民共和国公民的人身自由不受侵犯。"第38条中规定，"中华人民

---

〔1〕 郭明瑞、房绍坤主编：《民法》（第四版），高等教育出版社2017年版，第158—159页。

〔2〕 中国审判理论研究会民商事专业委员会编著：《〈民法总则〉条文理解与司法适用》，法律出版社2017年版，第194页。

共和国公民的人格尊严不受侵犯”。由此在《宪法》层面确认人格尊严与人身自由属于基本人权。但《宪法》关于基本人权的规定调整的是国家与个人之间的关系，即个人享有基本人权不受侵犯，国家有义务为个人实现基本人权提供保障。所以，《宪法》处于我国最高法律位阶，其关于人格价值的规范更多的是价值宣示，并非在民事裁判文书可得援引适用的权利条款。如此彰显的价值需要在民法上通过人格权的系统规定得以具体落实。

关于民事主体享有哪些具体人格权，我国不同时期的法律规范规定的不很一致。原《民法通则》在第98—103条规定了自然人享有生命健康权、姓名权、肖像权、名誉权、荣誉权、婚姻自主权；而法人享有名称权、名誉权、荣誉权。2001年《最高人民法院关于确定民事侵权精神损害赔偿责任若干问题的解释》第1条明确规定，自然人可因所列举的人格权利遭受非法侵害而诉请精神损害赔偿。这些人格权包括：生命权、健康权、身体权、姓名权、肖像权、名誉权、荣誉权、人格尊严权、人身自由权。而在原《侵权责任法》第2条罗列所保护的民事权益中，人格权包括生命权、健康权、姓名权、名誉权、荣誉权、肖像权、隐私权、婚姻自主权。很显然，前述规范罗列的具体人格权，彼此间并不一致，且与《民法典》的相关规定亦有差异。《民法典》作为分散的民法规范的有体系编纂集成，自当有消除分歧以求一统的价值。只是，民法典总则编第110条规定：“自然人享有生命权、身体权、健康权、姓名权、肖像权、名誉权、荣誉权、隐私权、婚姻自主权等权利。法人、非法人组织享有名称权、名誉权和荣誉权。”总则编该条与本条的规定至少在以下方面仍有不同：（1）本条并未单独罗列法人、非法人组织可以享有的具体人格权类型，而是以第1款统一罗列民事主体享有的具体人格权种类。（2）本条并没有罗列婚姻自主权。鉴于第110条仍列示自然人的婚姻自主权，故婚姻自主权仍应被视为具体人格权之一种。但人格权编均无关于婚姻自主权的具体规范，仍不由得使人怀疑婚姻自主权是否真的有必要且确实被认同为具体人格权之一。相反，既然《民法典》第110条与本条均未确立自由权为具体人格权，则婚姻自主权作为自主决定的权利，委身于人身自由的庇护，依赖于一般人格权适用得以保障，是否更易于屏蔽有关该权利的内涵、属性及其与人身自由关系存在诸多争论。无论如何，这是两法条之间关于婚姻自主权规定差异留下的解释与适用之疑问。

至于一般人格权所涉及的人格尊严、人身自由的保护，原《民法通则》第101条规定："公民、法人享有名誉权，公民的人格尊严受法律保护，禁止用侮辱、诽谤等方式损害公民、法人的名誉。"2001年《最高人民法院关于确定民事侵权精神损害赔偿责任若干问题的解释》第1条中，在遭受非法侵害可以诉请精神损害赔偿的人格权中罗列了人格尊严权与人身自由权，与生命权、健康权、姓名权、名誉权等具体人格权并列。这些是《民法典》编纂之前关于人身自由、人格尊严保护的相关规定。本条第2款规定，自然人享有基于人身自由、人格尊严产生的其他人格权益，旨在以一般人格权的方式补充实现对自然人人格权益的全面保护。但是，该条款的规定相当于从文义上否定法人、非法人组织得享有一般人格权，难免引发组织体是否即不存在一般人格权益保护的争论。〔1〕此外，人身自由是按照一般人格权益加以保护，还是可以按照具体人格权规范，在学理上亦并非没有任何争议，在此前立法中似乎也并非完全一致。尤其是人身自由权，也就是很多人所理解的自由权，是不是应该作为一种具体人格权存在，其实争议很大。从比较法上看，至少德国、瑞士、日本等国家民法，均将自由权确立为具体人格权。

第九百九十一条　民事主体的人格权受法律保护，任何组织或者个人不得侵害。

【要义精解】

本条特别强调人格权应受法律保护。

既然本条规范之前提是民事主体享有的人格权，而人格权是关于人格尊严保障的法律权利，自然应受法律保护，其他主体不得侵害。本条专门以法律条文的形式强调人格权受法律保护，更多的是价值宣示。

【对照适用】

《民法典》编纂之前的法律规范，并未有任何条文专门强调人格权受法律保护，盖此本乃权利题中应有之义。《民法典》第109条之所以特别规定"自然人的人身自由、人格尊严受法律保护"，是因其系属一般人格权的规定，而一般人格权虽冠之于"权"字，但究其实质应属人格利益，

---

〔1〕陈甦主编：《民法总则评注》（下册），法律出版社2017年版，第753页。

故强调人身自由、人格尊严此一般人格利益的保护，以补充具体人格权对于自然人人格权益保护可能存在的不足。

第九百九十二条　人格权不得放弃、转让或者继承。

【要义精解】

本条是关于人格权法律处分的禁止规定。

人格权是民事主体所固有的权利，是使人“成为一个人”的权利。人格权因民事主体出生而取得，因死亡而消灭。个人在法律上和事实上不享有人格权，必将丧失做人的根本权利和作为人的基本价值。

人格权，存在于主体人格之上，是为维护主体独立人格而固有的权利，其与主体不可分离，属于专属权。

人格权的客体是人格，而人格具有超越于财产价值评价之上的伦理价值，因此，一般认为，人格权属于非财产权。事实上，关于人格与财产的区分，可以远溯及古罗马法。在古罗马法中，人格并不是一种可以像财产一样为人所享有的东西，故“法律将人所遭受的损害，看成是施加给个人与社会的危害”，由此而产生的罚金责任，也与金钱问题无关。[1]而人格权系人之为人所固有的自然权利。人格权旨在对人的尊严的肯定，就是要把人当作精神性存在加以尊重，这是人作为道德主体的本质要求。在此，人格权表现出强烈的伦理性，人格权的伦理性反对人格的财产化。“财产是对象化的经济利益”[2]，主要表现为一种工具性价值。“人作为法权的主体，是他自己的主人，但不是他自己的所有者”[3]，因此，人不可像支配财产一样随意处分自己，包括自己的身体，否则，将导致人之非人。这里真正关注的是人格完整性，人格由人之为人的不可或缺的属性或要素所构成，人格尊严不受侵犯。由此推衍出人格权不可转让、不可放弃的道德要求。

人格权所具有的上述属性特征，决定了人格权不得放弃、转让、继承。

---

〔1〕 Eric H. Reiter, *Personality and Patrimony: Comparative Perspective on the Right to One's Image*, Tulane Law Review, February 2002, p. 677, 679.

〔2〕 张俊浩主编：《民法学原理》，中国政法大学出版社1997年版，第7页。

〔3〕 朱高正：《康德的自然法学——自由与和平的哲学》，载郑永流主编：《法哲学与法社会学论丛》（第二辑），中国政法大学出版社2000年版，第279页。

【对照适用】

《民法典》编纂之前的法律、司法解释等规范对于人格权的规定，呈现零散的不成系统状态，不如民法典人格权编第一章“一般规定”仍然具有类似总则的统领作用，所以，本条结合人格权的内涵属性，一般性地明确强调人格权不得放弃、转让、继承。我国此前法律规范中并无与该条相应或相似的规定。

第九百九十三条　民事主体可以将自己的姓名、名称、肖像等许可他人使用，但是依照法律规定或者根据其性质不得许可的除外。

【要义精解】

本条是关于人格权商业化利用的规定。

民事权利以权利之客体是否具有财产价值为标准，区分为财产权与非财产权。一般认为，人格权具有超越于财产价值评价之上的伦理价值，属于非财产权。因此，人格权不得转让。此为第992条所明确。

但是，在当前社会，姓名、名称、肖像等人格要素许可他人使用的现象大量存在，如此是否颠覆人格权非财产权的属性呢？对此，可解释如下：人格与财产的二元划分乃历史形成，指对人格的财产评价将损害人格尊严，使得人格财产化甚而有被交易的危险，但这种二元划分仍不免受特定社会文化价值演化的影响修正。当前社会，许可他人使用的多为姓名、肖像等具有标表性质的人格要素，而非如生命、身体、健康等最具根本性的人格要素。许可他人使用姓名、肖像等并不构成对这些人格要素的转让定价，只是人格权主体自愿许可他人在一定条件下使用这些人格要素并获得补偿，其反映的是主体的自由意志，并不会破坏主体人格完整，侵犯人性尊严。如此交易并不违背现今市场经济社会的基本价值伦理。即如有学者所认为的，对于肖像权，自然人不得转让，也不得放弃，但自然人得将其肖像许可他人为合法之利用，本人并不丧失其肖像权。[1] 所以，本条顺应了社会经济生活领域中越来越频繁出现的姓

〔1〕尹田：《自然人具体人格权的法律探讨》，载《河南省政法管理干部学院学报》2004年第3期，第20页。

名、肖像等人格要素许可他人使用的现象，通过法律规范加以明确。

只是对于当前出现的特定人格要素商品化的现象，仍可促使反思人格与财产的二分。或许，可以试着去考虑一种柔性观念，即不要在人格与财产间作绝对的二分，而以一种度或量的观念处理之。

【对照适用】

尽管民事主体将自己的姓名、名称、肖像等许可他人使用的现象在我国社会存在已久，但此前法律的规范始终缺位，更多把许可的具体问题交由私人合同应对处理。当然，本条也只是在法律规范层面表达对许可使用的认同，至于许可使用实施过程中为私人合同规范所不及之问题，本条并不能提供法定的详细解决方案。

第九百九十四条　死者的姓名、肖像、名誉、荣誉、隐私、遗体等受到侵害的，其配偶、子女、父母有权依法请求行为人承担民事责任；死者没有配偶、子女且父母已经死亡的，其他近亲属有权依法请求行为人承担民事责任。

【要义精解】

本条是关于自然人死后人格保护的规定。

关于自然人死后人格如何保护的问题，自从 1989 年天津荷花女案〔1〕以来，最高人民法院复函、司法解释就此问题已多有涉及。例如，最高人民法院 1989 年《关于死亡人的名誉权应受法律保护的函》认为："吉文贞（艺名荷花女）死亡后，其名誉权应依法保护，其母陈秀琴亦有权向人民法院提起诉讼。"最高人民法院 1990 年《关于范应莲诉敬永祥等侵害海灯法师名誉权一案有关诉讼程序问题的复函》称："海灯死亡后，其名誉权应依法保护，作为海灯的养子，范应莲有权向人民法院提起诉讼。"最高人民法院 1993 年 8 月 7 日发布的《关于审理名誉权案件若干问题的解答》第 5 条规定：死者名誉受到损害的，其近亲属有权向人民

〔1〕 参见"陈秀琴诉魏锡林、《今晚报》社侵害已故女儿名誉权纠纷案"，载最高人民法院中国应用法学研究所编：《人民法院案例选》（总第 3 辑），人民法院出版社 1993 年版，第 97 页。

法院起诉。其中近亲属包括配偶、父母、子女、兄弟姐妹、祖父母、外祖父母、孙子女、外孙子女。最高人民法院 2001 年 3 月 10 日《关于确定民事侵权精神损害赔偿责任若干问题的解释》第 3 条确认，自然人死亡后，其近亲属因侵权行为遭受精神痛苦，可以向人民法院起诉请求赔偿精神损害。

由此可见，最高人民法院 1989 年、1990 年的复函均使用了保护死者"名誉权"的用语，而 1993 年的解答及 2001 年司法解释则有意删去"权"字，只规定死者"名誉""肖像"等法律问题。由此产生关于人死亡后能否继续享有人格权或人格利益的争论，形成死者权利保护说〔1〕、死者法益保护说〔2〕、近亲属权利保护说〔3〕等不同的观点。

事实上，仅仅依据传统民法学理对于权利能力与自然人的一般解释，死者不享有人格权应属自明之理。自然人死亡后，受到他人攻击或侵害，自身不存在保护问题。正如有学者所明言的，关于出生之前人从何处而来，去世之后有没有地方可以去以及去到何处的问题，明显不属于法律科学要解决的问题。〔4〕法律始终是将"现世性"作为确定法律上的人的标准。此外，持死者权利或利益说者恐怕不能不面对死者利益何在的追问。无论对利益属性作主观性或客观性理解，利益无疑是一个关系概念。利益须是一定社会主体的利益。死者的生命已然消逝，对于此世的纷争及利益得失，死者又当如何去感知甚而去计较、追寻呢？既然死者对于他人的侮辱、诽谤、丑化、贬损以及其他披露、利用隐私不可能产生任何反应，死者对此如何享有利益呢？因此，"死者权利保护说""死者法益保护说"均

---

〔1〕该说认为，自然人死亡后，仍然可以继续享有某些人身权。参见民兵：《民事主体制度若干问题的探讨》，载《中南政法学院学报》1992 年第 1 期；佟柔主编：《中国民法学·民法总则》，中国人民公安大学出版社 1990 年版，第 98 页；于德香：《析民事权利和民事权利能力可以适当分离》，载《政治与法律》1992 年第 2 期。

〔2〕该说认为，自然人死亡后，民事权利能力终止，不再享有人身权。但是，死者的某些人身利益（"人身法益"）继续存在，法律应予保护。参见杨立新：《人格权法》，法律出版社 2016 年版，第 90—93 页。

〔3〕此说认为，自然人死亡后，民事权利能力终止，名誉权即告消灭，但死者的名誉往往影响对其近亲属的评价，因此侵害死者名誉可能同时侵害其亲属的名誉。如果侵害，则亲属可以以自己的权利为依据要求承担侵权责任。参见张新宝：《名誉权的法律保护》，中国政法大学出版社 1997 年版，第 36—37 页。

〔4〕［德］汉斯·哈腾鲍尔：《民法上的人》，孙宪忠译，载《环球法律评论》2001 年第 4 期，第 395 页。

是不可采信的。

其实，不可否认，自然人的姓名、肖像、名誉、荣誉、隐私、遗体等并不会随着其去世而消灭，从而确有引发他人侵害的可能。但恰如上文所述，如果承认对于死者的姓名、名誉等有需要法律保护的利益，那只能是生者的利益。因此，接下来的问题应该是思考侵害死者的姓名、名誉等可能影响哪些生者的什么利益。很显然，与死者生前相联系的生者可能是不特定的多数，这里法律不可能赋予任何与死者有特定关联的生者诉称因死者姓名、名誉受侵害而使其精神利益受损的权利，毕竟法律不能不考虑责任的限制，以避免加害人面对过多的诉求。因此，一般认为，死者的近亲属是最为适当的人选。这是一个基于法律政策判断后的选择，因为，从伦理情感上来说，他们与死者最为亲近，也最有动力来维护死者的姓名等不受侵害，最有可能因死者姓名等被损害而致情感利益受损。至于死者近亲属可能因此遭受什么利益损失，通常认为，损害死者姓名、肖像、名誉、荣誉、隐私、遗体等，可能构成侵害死者近亲属的名誉权或人格尊严。当然，死者近亲属究竟何种法益受损，需要进入具体的场景以作个案判断。正如有学者以死者名誉受损为例所分析的，在侵害死者名誉的场合，既可能仅造成死者的社会评价降低，而无损害生者的名誉，也可能不仅损害了死者的名誉而且导致其近亲属名誉受损；还可能不对死者近亲属名誉造成损害，而仅仅损及其对于死者的情感。第一种情形仅侵害死者名誉，因死者已不存在，不可能成为权利主体，故不构成侵害人格权的侵权行为。第二种情形则构成对死者近亲属人格权的侵害系侵权行为。第三种情形，因降低死者的社会评价致损及近亲属对死者的情感，此对死者的情感亦属于人格利益而应受保护，故此时可视为系对死者人格尊严的侵害。[1]

基于以上考量，本条的规定基本是妥当的，即确认死者的姓名、肖像、名誉、荣誉、隐私、遗体等受到侵害的，其配偶、子女、父母及其他近亲属有权依法请求行为人承担民事责任。

【对照适用】

关于自然人死后如何保护之问题，最高人民法院2001年3月10日《关于确定民事侵权精神损害赔偿责任若干问题的解释》第3条规定："自

〔1〕 梁慧星：《民法总论》（第二版），法律出版社2001年，第132页。

然人死亡后，其近亲属因下列侵权行为遭受精神痛苦，向人民法院起诉请求赔偿精神损害的，人民法院应当依法予以受理：（一）以侮辱、诽谤、贬损、丑化或者违反社会公共利益、社会公德的其他方式，侵害死者姓名、肖像、名誉、荣誉；（二）非法披露、利用死者隐私，或者以违反社会公共利益、社会公德的其他方式侵害死者隐私；（三）非法利用、损害遗体、遗骨，或者以违反社会公共利益、社会公德的其他方式侵害遗体、遗骨。”第7条规定：“自然人因侵权行为致死，或者自然人死亡后其人格或者遗体遭受侵害，死者的配偶、父母和子女向人民法院起诉请求赔偿精神损害的，列其配偶、父母和子女为原告；没有配偶、父母和子女的，可以由其他近亲属提起诉讼，列其他近亲属为原告。”这两条法律条文从实体、程序两方面规定了自然人死亡后其人格受侵害，死者近亲属如何保护的问题。与本条相对比，在以下几个方面存在区别：(1) 本条将死者近亲属区分为配偶、子女、父母与其他近亲属两个层次，当死者没有配偶、子女并且父母已经死亡的，其他近亲属才有权依法请求行为人承担民事责任。(2) 自然人死后人格受侵害，前述司法解释条款均仅涉及死者近亲属请求精神损害赔偿，本条则较一般化地规定死者近亲属有权依法请求行为人承担民事责任。可以认为，侵害死者人格的民事责任确实以精神损害赔偿为主，但仍然可能涉及停止侵害、排除妨碍、消除危险、消除影响、恢复名誉等。

第九百九十五条　人格权受到侵害的，受害人有权依照本法和其他法律的规定请求行为人承担民事责任。受害人的停止侵害、排除妨碍、消除危险、消除影响、恢复名誉、赔礼道歉请求权，不适用诉讼时效的规定。

【要义精解】

本条规定了侵害人格权的民事责任。

根据《民法典》第179条的规定，并结合人格权的属性特征，侵害人格权承担的民事责任形式主要有停止侵害、排除妨碍、消除危险、消除影响、恢复名誉、赔礼道歉、赔偿损失等。

上述民事责任形式的具体含义如下：

（1）“停止侵害”，是指针对加害人正在实施的侵害行为，为保护人身权益，受害人有权请求其停止加害行为。

（2）“排除妨碍”，是指针对妨碍人格权益行使或享有的行为，被侵权人可依法请求侵权人排除这种妨碍行为。

（3）“消除危险”，是指针对他人的人身安全，行为人的行为构成了潜在的危险，权利人可以请求其采取有效措施来消除危险。

（4）“消除影响”，是指行为人因其行为侵害了自然人或法人的人格权，应在其造成损害的影响范围内，消除不良后果。

（5）“恢复名誉”，是指行为人因其行为侵害了他人的名誉，应在影响所及的范围内恢复受害人被损名誉。

（6）“赔礼道歉”，是指针对加害人侵害他人姓名权、肖像权、名誉权、荣誉权等人格权，责令加害人向受害人公开认错，表达歉意。

（7）“赔偿损失”，是指针对民事主体人格权被侵害所受到的损失，请求加害人予以赔偿。广义的损害赔偿包括如下三种。

① 财产损害赔偿

侵害人格权，可能造成财产损害。如侵害生命权、身体权、健康权等，可能造成医疗费、误工费、护理费、交通费、伙食补助费、通讯费、营养费、残疾辅助器具费、丧葬费等必要支出，受害人可以请求这些支出的财产损害赔偿。造成残疾或死亡的，还可以请求残疾赔偿金或死亡赔偿金。关于这些费用支出与赔偿金的计算与理赔方法，具体可依据民法典侵权责任编第二章“损害赔偿”及《最高人民法院关于审理人身损害赔偿案件适用法律若干问题的解释》等法律规范的相关规定。

② 精神损害赔偿

精神损害赔偿，是指自然人因其人格权受到不法侵害，遭受精神或肉体痛苦，要求加害人以财产赔偿方式予以救济的法律制度。在法律上，精神损害赔偿具有补偿、抚慰与惩戒的功能。

《民法典》第1183条规定：“侵害自然人人身权益造成严重精神损害的，被侵权人有权请求精神损害赔偿。因故意或者重大过失侵害自然人具有人身意义的特定物造成严重精神损害的，被侵权人有权请求精神损害赔偿。”据此，只要人格权被侵害，且遭受严重精神损害，受害人即可主张精神损害赔偿。此外，财产损害虽然原则上不能主张精神损害赔偿，但具有人格象征意义的特定纪念物品，若因故意或重大过失侵权行为受侵害且造成严重精神损害的，受害人亦可主张精神损害赔偿。

③ 惩罚性赔偿

惩罚性赔偿，是指赔偿数额超过实际损失数额的赔偿，其具有损失填补、侵权惩戒、受害抚慰等多重功能。我国在《消费者权益保护法》《食品安全法》等单行法、司法解释中已零星规定了惩罚性赔偿。《民法典》第179条在罗列承担民事责任的方式之外，于第2款确认："法律规定惩罚性赔偿的，依照其规定。"由此可衔接其他法律规范已有的惩罚性赔偿规定。《民法典》第1207条规定："明知产品存在缺陷仍然生产、销售，或者没有依据前条规定采取有效补救措施，造成他人死亡或者健康严重损害的，被侵权人有权请求相应的惩罚性赔偿。"据此可明确，因产品侵权严重侵害生命权、健康权的，在一定条件下，被侵权人可主张惩罚性赔偿。

上述责任承担方式中，一般认为，停止侵害、排除妨碍、消除危险属于人格权请求权所包含的内容。人格权请求权，是指民事主体在其人格权受到侵害或有侵害之虞时，得请求加害人为或不为一定行为，以回复或维持人格权圆满状态的权利。与物权请求权一样，人格权请求权是人格权作为绝对权的效力体现，旨在维护人格权的圆满存在。只要存在人格权侵害或有侵害危险，且不具有违法性阻却事由，人格权主体即可主张人格权请求权。人格权请求权不以有损害结果及加害人过错为要件，此与属于侵权法领域的损害赔偿请求权有别。

关于人格权请求权的内容，除了停止侵害、排除妨碍、消除危险外，消除影响、恢复名誉、赔礼道歉是否亦包括其中则有争论。有观点认为，消除影响、恢复名誉、赔礼道歉针对的是损害后果而非侵害行为，是事后救济措施而非事前、事中的干预措施，本质上属于恢复原状的请求权。而恢复原状请求与损害赔偿请求在目的、功能上是一致的，均属于广义的损害赔偿范畴，所以，消除影响、恢复名誉、赔礼道歉等，不应属于人格权请求权的内容。[1] 但不管怎样，与停止侵害、排除妨碍、消除危险一样，请求消除影响、恢复名誉、赔礼道歉均意味着因侵权行为给受害人造成的不良影响、名誉受损的结果状态仍在持续，所以，即使侵害行为已然停止，但请求消除持续损害状态的消除影响、恢复名誉、赔礼道歉请求权，亦不应受时效影响。所以，本条呼应《民法典》第196条第1项，明确规定：人格权受到侵害的，受害人的停止侵害、排除妨碍、消除危险、消除

〔1〕 杨立新：《人格权法》，法律出版社2015年版，第68页。

影响、恢复名誉、赔礼道歉请求权，不适用诉讼时效的规定。如此规定有利于强化对人格权的保护。

【对照适用】

我国原《民法通则》第119条规定："侵害公民身体造成伤害的，应当赔偿医疗费、因误工减少的收入、残废者生活补助费等费用；造成死亡的，并应当支付丧葬费、死者生前扶养的人必要的生活费等费用。"第120条规定："公民的姓名权、肖像权、名誉权、荣誉权受到侵害的，有权要求停止侵害，恢复名誉，消除影响，赔礼道歉，并可以要求赔偿损失。法人的名称权、名誉权、荣誉权受到侵害的，适用前款规定。"这是较早的民事立法关于人格权受侵害如何进行救济的规定，基本涵括了本条有关民事责任的方式。

《民法典》第179条仍延续了原《民法总则》的相应条款内容，一般性地规定了承担民事责任的多种方式。但原《侵权责任法》第15条有关侵权责任8种承担方式的规定，在民法典侵权责任编不再有直接对应的条款，侵权责任的承担主要呈现为侵权责任编第二章"损害赔偿"的具体规定。此或可解释为原《侵权责任法》有意回归传统以损害赔偿为主的"小侵权"模式，至于人格权受侵害的救济，可以依据民法典总则编第179条及其他具体条款，寻获人格权请求权或其他特别契合于人格权侵害的救济方式。但需注意的是，民法典侵权责任编第1167条规定："侵权行为危及他人人身、财产安全的，被侵权人有权请求侵权人承担停止侵害、排除妨碍、消除危险等侵权责任。"在比较法层面，如此条款被视为侵权法主要从事后救济向兼顾事前、事中防范救济的妥适转变，被认为具有重要意义。但原《侵权责任法》规范保护的是民事权益，如针对一般民事权益的预防型请求权，在适用上如何处理好与人格权请求权、物权请求权、知识产权请求权等绝对权请求权之间的关系，则值得关注。

此外，根据民法典总则编第179条第3款的规定，本条所涉及的侵害人格权的民事责任承担方式，可以单独适用，也可以合并适用。只是停止侵害、排除妨碍、消除危险、消除影响、恢复名誉、赔礼道歉、赔偿损失等方式，在具体的人格权侵害中是否可以或不得合并适用，立法并未明确，实践中则宜审慎把握。比较明显的是，消除危险的请求系针对侵害人格权的潜在危险而主张的，并未现实造成侵害，所以，原则上不得与停止侵害、排除妨碍、消除影响、恢复名誉、赔礼道歉、赔偿损失等合并适用。

第九百九十六条　因当事人一方的违约行为，损害对方人格权并造成严重精神损害，受损害方选择请求其承担违约责任的，不影响受损害方请求精神损害赔偿。

【要义精解】

本条明确规定主张人格权侵害违约责任不影响精神损害赔偿的承担。

违约责任与侵权责任是民法两种传统民事责任，二者在成立要件、举证责任、赔偿范围、诉讼时效、法院管辖等方面存在差别。其中在赔偿范围方面的一个民法“教条”是：主张违约责任不支持精神损害赔偿。按照此“教条”，若发生关于人格权侵害的违约责任与侵权责任的竞合，且损害行为造成严重精神损害，受害人若拟请求精神损害赔偿，只能主张侵权责任，否则，精神损害赔偿请求将得不到法院支持。但如此定理般的“教条”颇为令人困惑：加害人违约行为致害，可能同时满足侵权责任与违约责任构成，但无论主张违约责任或侵权责任，责任基础同样是损害人格权且造成严重精神损害，诉求同样是损害赔偿，何以以违约责任相关规范作为请求权基础时，即否认同一主体的严重精神损害可得救济。按此“教条”的区别对待着实令人费解。所以，本条肯定，因当事人一方的违约行为，损害对方人格权并造成严重精神损害，受损害方即使选择请求其承担违约责任，亦得主张精神损害赔偿。此规定一定程度上打破了违约责任与侵权责任在精神损害赔偿问题上人为设置的区别对待，值得肯定。

【对照适用】

本条属于我国《民法典》的创制，在此前法律法规中，未有对应或相似的规范存在。但在司法实践中，一些法院在遗体骨灰等保管合同、医疗服务合同、旅游服务合同、婚礼服务合同及其他可能造成严重精神损害的合同中，支持了非违约方的精神损害赔偿。本条有助于侵害人格权的行为发生责任竞合时，受害人可以根据责任构成要件等方面的不同，合理选择请求权基础，在规范层面不再受主张违约责任可能得不到精神损害赔偿的羁绊。

第九百九十七条　民事主体有证据证明行为人正在实施或者即将实施侵害其人格权的违法行为，不及时制止将使其合法权益受到难以弥补的损害的，有权依法向人民法院申请采取责令行为人停止有关行为的措施。

【要义精解】

本条是关于人格权救济的预防型请求权行使中禁令制度的规定。

根据民法典总则编第179条、民法典人格权编第995条及民法典侵权责任编第1167条的规定，当行为人正在实施侵害他人人格权的行为或有潜在的侵害风险，权利人可以请求停止侵害、排除妨碍或消除危险。无论将这些请求解释为绝对权请求权或侵权责任的主张，其均属于私人请求，若不得行为人的认同并诉诸实施，终须依赖于权利人私力对抗或司法诉讼的解决，而前者容易引致暴力冲突，破坏社会秩序，后者总是耗时费力，对于正在遭受侵害或者确实有受害风险的人格权的救济，则有保障不力之嫌。所以，这些对于绝对权提供的预防型救济的实现，确实需要公权力在一定条件下提前介入，以确保事前、事中救济的充分可靠。正因如此，本条明确规定，若权利人有证据证明行为人正在实施或者即将实施侵害其人格权的行为，不及时制止将使其合法权益受到难以弥补的损害，权利人有权依法向人民法院申请采取责令行为人停止有关行为的措施。此相当于程序上的禁令，旨在及时制止人格权受侵害或排除侵害风险。

【对照适用】

本条是关于人格权请求权或预防型侵权请求权得以有效实现的配套措施的制度，相当于通过法院颁布“禁令”的方式，及时有效介入人格权侵害或危险中，尽最大限度减少或防止人格权被侵害的损害后果。

第九百九十八条　认定行为人承担侵害除生命权、身体权和健康权外的人格权的民事责任，应当考虑行为人和受害人的职业、影响范围、过错程度，以及行为的目的、方式、后果等因素。

【要义精解】

本条是关于侵犯人格权责任确定因素的规定。

按照本条的规定，对于侵害人格权须承担的民事责任，要求在个案中具体考虑行为人和受害人的职业、影响范围、过错程度，以及行为的目的、方式、后果等因素。但须考虑确定的究竟是什么方式和内容的民事责任，在此条中未臻明确，以及为何须如此考虑，亦颇费思量。

首先，“认定行为人承担侵害除生命权、身体权和健康权外的人格权的民事责任”，是指确定是否须承担民事责任，还是确定如何承担民事责任？人格权，除生命权、身体权和健康权外，其他人格权亦属确定的权利，且属于绝对权，其他主体均负有须予尊重、不得侵害的义务。故任何人侵害他人人格权，除非具有违法阻却事由或其他无须承担责任的正当事由，否则均构成侵权行为，须承担侵权责任。在此，认定侵权责任的构成，只须考量侵权责任构成要件，无须具体考虑行为人和受害人的职业、影响范围、过错程度，以及行为的目的、方式、后果等因素。所以，本条应是有关侵犯人格权如何承担民事责任的规范。

其次，本条为何限定在规范行为人承担侵害除生命权、身体权和健康权外的人格权的民事责任，即认定承担侵害生命权、身体权和健康权的民事责任，是否无须综合考虑？需要注意的是，侵害生命权、身体权和健康权，除可能承担医疗费、误工费、护理费、交通费、伙食补助费、通讯费、营养费、残疾辅助器具费、丧葬费以及死亡赔偿金、残疾赔偿金等财产损害赔偿外，按照法律规定，还可能需要承担精神损害赔偿，甚至是惩罚性赔偿。尽管侵害生命权、身体权和健康权的财产损害赔偿可依实际损失或按法定方式确定，但至少精神损害赔偿或惩罚性赔偿的确定，是否可能不依赖于多因素的综合考量而存在简单有效的确定方法，值得怀疑。正如民法典侵权责任编第 1207 条规定：“明知产品存在缺陷仍然生产、销售，或者没有依据前条规定采取有效补救措施，造成他人死亡或者健康严重损害的，被侵权人有权请求相应的惩罚性赔偿。”此中，如何确定“相应的惩罚性赔偿”，是否无须考虑相关因素，不无怀疑。

再次，“认定行为人承担侵害除生命权、身体权和健康权外的人格权的民事责任”，是否涵括停止侵害、排除妨碍、消除危险、消除影响、恢复名誉、赔礼道歉、赔偿损失等所有可能的责任方式？就此可以认为，除非须考量侵害人系属合理使用人格要素或存在其他违法阻却事由，而可能不满足责任构成。但一旦责任构成，因人格权被侵害或存在侵害危险而可能主张的停止侵害、排除妨碍、消除危险，系属人格权请求权的内容或人格权侵害的事前、事中救济。这些请求维系着人格权这种绝对权的保障，对应的责任承担不宜有权利救济外的其他考量。而关于消除影响、恢复名誉、赔礼道歉等，民法典人格权编第1000条第1款规定：“行为人因侵害人格权承担消除影响、恢复名誉、赔礼道歉等民事责任的，应当与行为的具体方式和造成的影响范围相当。”此中已明确这几种民事责任承担须考量的因素，无须在本条中重复规定。

最后，本条须具体考量确定的民事责任，应主要涉及损害赔偿，尤其是精神损害赔偿，因为实际损害，原则上仍应坚持同质救济。而精神损害赔偿没有明确的市场价格标准，不能完全客观量化，具有较强的主观色彩和个体差异性。精神损害赔偿的确定，迄今为止未能寻获一种相对客观具有可操作性的方法可资运用，所以，难免给法官留下较大的自由裁量空间。而法官个体认知差异可能较大，为了避免自由裁量滥用，使精神损害赔偿数额的确定相对可控，本条引导法官尽可能考虑各种相关具体因素来审慎把握。这也是较多国家共同的判例学说发展趋势。

依据本条的规定，应考量的因素包括行为人和受害人的职业、影响范围、过错程度，以及行为的目的、方式、后果等。

如果是确定精神损害赔偿数额，为何需要具体考虑行为人和受害人的职业，是个颇费思量的问题。或许考虑行为人的职业会与其侵犯他人人格权的获利情况相关。侵权人获利情况，主要是指对于一些可商业化利用的人格要素的侵害，此较难于确定受害人因此所受损失，较易于证明行为人获取的利益。而受害人的职业不同，对于自身人格权受害的感受度及受害影响程度等，都可能不同。

在确定精神损害赔偿数额时，因人格权受侵犯所产生的不良后果的影响范围，自然与精神损害的程度密切相关。例如，将诽谤言论在小圈子里散播与通过社区网络公开传播，很显然，其影响范围将有差异，因此对于受害人造成的精神痛苦程度可能相应有别。

因为精神损害赔偿是对精神方面损害的赔偿，而精神损害因侵权行为引发，往往是侵权过错程度越高，其对于受害人造成的精神痛苦越严重，所以，须承担越高数额的精神损害赔偿。侵权人的过错，按程度高低大致可区分为恶意、一般故意、重大过失、一般过失和轻微过失。

行为的目的、方式、后果，事实上也可能与行为人职业、过错程度、侵害影响范围等相关联，这些因素具体的不同，会使得所造成的精神痛苦不同，进而影响精神损害赔偿数额。

【对照适用】

本条为何限定在“行为人承担侵害除生命权、身体权和健康权外的人格权的民事责任”的确定上？此民事责任是否包含侵犯人格权可能承担的所有责任形式，抑或主要用以确定精神损害赔偿数额？为何需要具体考量的是行为人和受害人的职业、影响范围、过错程度，以及行为的目的、方式、后果等因素？这些问题在释义和适用上，似乎均不够清晰，留有疑问。

若本条主要用以规范确定精神损害赔偿数额，其与《最高人民法院关于确定民事侵权精神损害赔偿责任若干问题的解释》第5条罗列的考量因素略有不同。第5条规定：“精神损害的赔偿数额根据以下因素确定：（一）侵权人的过错程度，但是法律另有规定的除外；（二）侵权行为的目的、方式、场合等具体情节；（三）侵权行为所造成的后果；（四）侵权人的获利情况；（五）侵权人承担责任的经济能力；（六）受理诉讼法院所在地的平均生活水平。”

第九百九十九条　为公共利益实施新闻报道、舆论监督等行为的，可以合理使用民事主体的姓名、名称、肖像、个人信息等；使用不合理侵害民事主体人格权的，应当依法承担民事责任。

【要义精解】

本条是关于人格要素合理使用的规定。

人格权主体虽不得处分自己的人格权，即与所有权人可任意处分物上之所有权不同，人格权主体不能像处分所有物那样随意处分自己的人格权利。但在人格权中，如果将“事实支配”界定为仅对于人格要素的事实层面上的控制、利用而不涉及对人格权的处分，那么，人格权主体对于自己人格要素事实上的控制支配确实是存在的。所以，对于姓名、名称、肖像、个人信息等，人格权主体享有控制支配权能，得排斥所有其他人未经其同意的使用。但是，当私人权益与公共利益相冲突时，私人权益原则上应让步于公共利益，人格权亦不例外。所以，本条规定，实施新闻报道、舆论监督等行为的，可以合理使用民事主体的姓名、名称、肖像、个人信息等。只是，此类情形中未经合意使用他人姓名、肖像等人格要素，仍应使用合理；使用不合理侵害民事主体人格权的，应当依法承担民事责任。

【对照适用】

本条在我国是新增的规定，尽管实践中早已认同，在新闻报道、舆论监督等情形，制作或使用自然人肖像的，不视为侵犯肖像权，如通缉逃犯、进行新闻宣传等。

本条在适用中，须注意以下几点：(1) 允许合理使用的情形不应仅限于法条中罗列的“新闻报道、舆论监督”情形，条文中的“等”字应解释为还包含国家机关执行公务、为进行科学研究或者文化教育等维护社会公共利益情形，均可以合理使用民事主体的姓名、名称、肖像、个人信息等。《民法典》第1020条规定肖像合理使用时罗列了以下情形：为个人学习、艺术欣赏、课堂教学或者科学研究，在必要范围内使用肖像权人已经公开的肖像；为实施新闻报道，不可避免地制作、使用、公开肖像权人的肖像；为依法履行职责，国家机关在必要范围内制作、使用、公开肖像权人的肖像；为展示特定公共环境，不可避免地制作、使用、公开肖像权人的肖像；为维护公共利益或者肖像权人合法权益，制作、使用、公开肖像权人的肖像的其他行为。在合理使用民事主体姓名、名称、个人信息等情形，可以参照适用《民法典》第1020条的罗列规定。(2) 使用他人姓名、名称、肖像、个人信息等需合理，但何为“合理使用”，则较显模糊，须结合个案情形，要求使用限于具体的事务目的、范围等。(3) 使用不合理的，应认定不再具有违法阻却事由，则构成对他人人格权的侵犯，应当依法承担民事责任。此民事责任可以对照一般情形下侵犯他人人格权的民事责任予以认定。

第一千条　行为人因侵害人格权承担消除影响、恢复名誉、赔礼道歉等民事责任的，应当与行为的具体方式和造成的影响范围相当。

行为人拒不承担前款规定的民事责任的，人民法院可以采取在报刊、网络等媒体上发布公告或者公布生效裁判文书等方式执行，产生的费用由行为人负担。

【要义精解】

本条规定了消除影响、恢复名誉、赔礼道歉等民事责任具体承担和执行的相关问题。

消除影响主要是针对已经给他人名誉所造成的不良影响，要求减弱直至清除这种不良影响，以使受害人的名誉得到维护。

恢复名誉同样是专门针对名誉权受侵害的救济方式。消除影响和恢复名誉都是为了去除侵权行为给他人的社会声誉造成的不良影响，但二者的责任视角略有不同。消除影响是对已经存在的不良影响尽量予以减少、清除，以弱化、消除对受害人名誉的损害。而恢复名誉强调的是将受害人的名誉恢复到被侵害之前的状态。无论不良影响的消除或社会声誉的恢复，均旨在维护受害人的名誉，二者相互依存，关系密切。

赔礼道歉，是指责令违法行为人向受害人认错并表示歉意，是主要针对人格权受侵害的救济方式。因为人格权是人格尊严要求得到尊重的权利，侵害人格权常常会损害人格尊严、人身自由，引发受害人的精神痛苦，赔礼道歉可以使受害人在其人格权受侵害之后得到心理上的抚慰，也彰显对受害人人格尊严的尊重。

赔礼道歉应否确立为法律责任，一直存有争议。除了认为赔礼道歉违反良心自由原则外，质疑意见的主要理据在于赔礼道歉难以强制执行，因为赔礼道歉应发自内心，公布判决书等替代执行方式实质上并非真正的赔礼道歉。[1]

事实上，不仅是赔礼道歉，消除影响、恢复名誉亦属于要求以行为承担责任的方式，行为均无法被直接强制，所以，本条第 2 款特别规定：行为人拒不承担消除影响、恢复名誉、赔礼道歉等民事责任的，人民法院可以采取在报刊、网络等媒体上发布公告或者公布生效裁判文书等方式执行，产生的费用由行为人负担。至于如此执行赔礼道歉可能无法触及道歉者真心，确实是该责任方式无法回避的难题。有观点认为，或可将赔礼道歉与精神损害赔偿的数额联系一起，如果被告拒绝赔礼道歉，则应当适当增加精神损害赔偿的数额，通过这一方式可以促使被告尽早赔礼道歉。[2]

---

〔1〕 周友军：《我国侵权责任形式的反思》，载《法学杂志》2009 年第 3 期。

〔2〕 王利明：《人格权法研究》（第三版），中国人民大学出版社 2018 年版，第 688 页。

行为人承担消除影响、恢复名誉、赔礼道歉等民事责任，应当与行为的具体方式和造成的影响范围相当。例如，行为人通过网络发表诽谤言论侵害他人的名誉权，可以通过通知网络运营商删除侵权言论的方式来消除影响。一般来说，恢复名誉的措施应当与毁损名誉行为所影响的范围一致。例如，在报纸发表的新闻评论损害他人的名誉权，则应当在曾刊载该侵权内容文章之报纸上刊登书面声明，对错误内容进行更正，以恢复被损害的名誉，并向被侵害人赔礼道歉。

【对照适用】

《民法典》第 179 条第 1 款规定："承担民事责任的方式主要有：……（十）消除影响、恢复名誉；（十一）赔礼道歉。"该条将消除影响、恢复名誉置于同一项，足见二者均指向名誉维护的责任内容。但关于消除影响、恢复名誉、赔礼道歉，该条均只是简单罗列，对于这些民事责任如何实现，未作细化规定。

第一千零一条　对自然人因婚姻家庭关系等产生的身份权利的保护，适用本法第一编、第五编和其他法律的相关规定；没有规定的，可以根据其性质参照适用本编人格权保护的有关规定。

【要义精解】

本条明确了身份权的保护参照适用人格权编的规定。

身份是自然人在群体中所处的据之适用特别规范的地位。在今天，早期社会不平等身份已经废止。民法上所称身份，专指在亲属与配偶领域的特定身份。相应地，身份权主要是亲属法中的权利，是基于在亲属关系中的身份而产生的权利，包括基于父母子女关系产生的亲权、基于夫妻关系产生的配偶权、基于其他亲属关系产生的亲属权、基于监护关系产生的监护权等。

学理上，经常将人格权与身份权统称为人身权，说明二者之间的关联性，但也不容忽视二者其实分属不同的权利系列。

首先，随着现代社会的发展，个人逐渐摆脱封建身份关系的束缚和家族权的支配而具有了独立、平等的人格。正是在人格独立和人格平等的基础上，才产生了当代社会亲属法意义上的身份权。[1] 所以，人格权与身份权都是与权利主体的人身紧密联系，均为专属权、非财产权，不得被转让或继承，在受侵害时，均可能造成权利人精神痛苦而使其主张精神损害赔偿。

其次，尽管人格权、身份权均与“人身”紧密关联，但二者仍存在较多差别。人格权是民事主体所固有，为维护主体人格尊严的必备权利。人格权主要是受尊重权，故以消极防御内容为主。人格权主体包括自然人、法人和非法人组织，但以自然人为主。相应地，身份权是基于身份关系而产生的，是为规范亲属间权利义务关系而存在的。身份权并非均为人所固有，亦非为人所平等享有，如配偶权系以后天夫妻关系的形成为基础，故个人可在某些特定身份上有所选择。身份权的主体只能是自然人，法人、非法人组织不享有身份权。身份权虽本质上属非财产权，但为维系主体在家庭中的存在，身份权所包含的赡养请求权、抚养请求权仍具有财产内容。

身份权与人格权属不同的权利，但因二者皆与“人身”紧密关联，具有诸多共同的属性，且虑及其他法律可能对其规范不足，所以，本条明确，民法典总则编、婚姻家庭编和其他法律没有规定的，根据其性质可以参照适用本编人格权保护的有关规定。

【对照适用】

本条属民法上新增的规定，也是将各部分民法规范有体系地编入《民法典》之后，为更系统联动应对相联系法律关系可能存在的规范不足所作的规定。

---

〔1〕 王利明：《人格权法研究》（第三版），中国人民大学出版社2018年版，第45—46页。

第二章　生命权、身体权和健康权

第一千零二条　自然人享有生命权。自然人的生命安全和生命尊严受法律保护。任何组织或者个人不得侵害他人的生命权。

【要义精解】

本条明确了生命权的内容。

生命权是自然人以其生命安全、生命尊严利益为内容的人格权，即维持生命活动的正常延续，保障生命不受非法剥夺。

生命权的客体为生命。对于自然人而言，生命是最根本最重要的人格要素，是主体享有其他一切利益的基础。所以说，生命权是自然人人格权中最为重要的一种。故人格权编将生命权置于具体人格权之首。

自出生到死亡，自然人当然享有生命权。对于出生之前的胎儿，我国民法典总则编第 16 条规定："涉及遗产继承、接受赠与等胎儿利益保护的，胎儿视为具有民事权利能力。但是，胎儿娩出时为死体的，其民事权利能力自始不存在。"这是对胎儿利益拟制性特别保护的规定，但并未从根本上改变有关权利能力自出生开始享有的法则。所以，胎儿仍非民法意义上的人，不具有生命权。但是，从医学意义上讲，胎儿并非没有生命，仍应保障胎儿及其出生转化为自然人的利益，正因为如此，第 16 条采用拟制方式为胎儿利益提供保护。

生命权具有如下属性特征：（1）基础性。生命权是其他任何权利的本源，是包括人格权在内的所有其他权利的基础。所以，生命权是最为重要的基础权利。（2）不可逆转性。生命一旦丧失，生命权即永远灭失，且不可恢复。人死不可复生，任何对生命权受侵害所提供的救济都不是对生命权本身的救济。（3）不可救济性。侵害生命权表现为杀人，凡侵害自然人生命的行为，均构成侵害生命权的侵权行为。但对于生命权侵害的民法救济却面临诸多逻辑困难与伦理难题。民法规定，权利能力终于死亡。当被害人已死亡，其生命已事实上终结，自身无从享有与提起任何内容的权利主张。纵使相关主体可请求财产性救济，其实质终非对于生命或受害人本身的救济[1]，如死亡赔偿金、丧葬费等都是对死者近亲属的赔偿。(4) 无差别性。任何人的生命权均应受到无区别的保护，不因种族、性别、民族、社会经济地位、教育程度等而区别对待。

生命权以维护生命安全和生命尊严为其主要内容，所以，通常只有当生命权受到侵害或处于危险境地时才会积极主张生命权。生命权人对于自己的生命虽事实上可控制，但对于自己的生命原则上仍没有法律处分的权利。故所谓自杀权不为法律伦理所认同。[2] 而争论较大的问题是安乐死认同与否。安乐死是指处于怜悯而造成或加速一个遭受不可治愈疾病或末期疾病（尤其是痛苦难耐的那种疾病）的人死亡的行为。[3] 安乐死可分为积极安乐死与消极安乐死。前者是指医生通过给予药物或注射积极协助患者而使其死亡；后者则是指通过不提供或撤销如进食管或呼吸器等维持生命的支持措施，而使患者死亡。尽管二者均基于患者之请求，且均造成患者死亡，但前者以特定方式有意缩短患者生命，而后者则旨在避免延长死亡过程，使得患者可伴随不可治愈之疾病的自然转归而自然死亡，如此自然死亡被视之为有尊严地死亡的权利，与基本人权相符。[4]

当前世界范围内只有比利时和荷兰分别于 2001 年和 2002 年通过国家层面的立法将安乐死合法化。我国有学者主张区别对待积极安乐死与消极安乐死，认为积极安乐死因介入医生的积极行为，虽有意结束末期患者的巨大病痛，但其行为方式仍等同于故意杀人，故在伦理上难以被接受，所以，在刑法上仍将构成故意杀人罪，在民法上仍不构成有效的免责事由。

---

〔1〕 关于生命权救济的法律困境，可以参见张俊浩主编：《民法学原理》（修订第三版），中国政法大学出版社 2000 年版，第 143 页；朱庆育：《民法总论》，北京大学出版社 2013 年版，第 395 页。对于生命权救济法律困境的化解，学理上提出了"间隙取得请求权说""侵害人赔偿义务说""民事权利能力转化说""同一人格代位说"等，具体可参见杨立新：《人身权法论》（修订版），人民法院出版社 2002 年版，第 477 页。

〔2〕 对于自杀，我国当前法律并未规定，只是将自杀行为作为道德调整对象。因自杀纯属个人行为，法律无法禁止自杀，禁止自杀的法律缺乏可操作性。参见刘士国主编：《中华人民共和国人格权法律条文建议附理由》，中国法制出版社 2017 年版，第 26 页。

〔3〕 Bryan A. Garner et al., *Black's Law Dictionary* (*Ninth Edition*), St. Paul: Thomson Reuters, 2009, p. 634.

〔4〕 陈甦主编：《民法总则评注》（下册），法律出版社 2017 年版，第 765 页。

而消极安乐死被称为“尊严死”，因符合人性尊严，应被允许。[1] 但在实证法层面，我国目前仍不存在有关积极安乐死与消极安乐死的立法，所以，至少对于消极安乐死，立法的态度仍不明朗，实践操作亦将引发疑难与分歧。

【对照适用】

在世界范围内，生命权首先在一些国家的宪法性文本中得到确认。如1776年美国《独立宣言》宣告：人人生而平等，他们都从他们的造物主那里被赋予了某些不可转让的权利，其中包括生命权、自由权和追求幸福的权利。之后，基于对战争肆虐及生灵涂炭的反思，有关国际条约也对生命权进行了确认。如1948年联合国大会通过的《世界人权宣言》第3条规定，人人有权享有生命、自由和人身安全。此宣言是第一个规定生命权的世界性人权文件。1966年《公民权利和政治权利国际公约》第6条也明确规定，人人固有的生命权，应受法律保护，不得任意剥夺任何人的生命。

生命权不仅是宪法确认的一项基本人权，也是最为重要的一项具体人格权，为一些国家或地区的民法典所确认。例如，《德国民法典》第823条从侵权法保护权益的角度规定了生命权益不可侵害。加拿大《魁北克民法典》第3条规定，每个人都拥有人格权，诸如生命权、个人神圣不可侵犯与安全完整的权利，以及其姓名、名誉与隐私受到尊重的权利，上述权利是不可剥夺的。

在我国，《宪法》虽未规定生命权，但生命乃一切基本人权之基础，故生命权当然受宪法保护。我国原《民法通则》第98条明确规定：“公民享有生命健康权。”民法典总则编第五章“民事权利”第110条关于具体人格权的罗列规定亦将生命权置于人格权之首。本条是对生命权内容相对具体的规定，但也仅限于对生命权的肯定及其内容的大致陈述，并未涉及生命权享有及保护等诸多具体复杂问题。

第一千零三条　自然人享有身体权。自然人的身体完整和行动自由受法律保护。任何组织或者个人不得侵害他人的身体权。

---

〔1〕 刘士国主编：《中华人民共和国人格权法律条文建议附理由》，中国法制出版社2017年版，第27、30页。

【要义精解】

本条是关于身体权内容的规定。

按照本条的规定，身体权是自然人维护其身体完整性及行动自由而不受非法侵害的权利。

身体权的客体是自然人的身体。身体包括五官、四肢及毛发、指甲等；假肢、假牙等已构成肢体一部分而不得分离者，亦应属于身体。身体的部分，如头发、牙齿、血液等，若基于主体之意思而与主体相分离，将使该分离部分丧失其身体上之人格利益。此分离部分将因此成为物，属于动产，归于身体权人，得因转让而归属他人，亦可因抛弃成为无主物而由他人先占取得。但身体部分的分离，若系依主体意志其后将再与身体结合，如自我移植皮肤或自己捐血，或为受胎而取出卵子再移入母体等。此分离部分是否仍属身体权范畴，不无疑问。王泽鉴先生认为，此等依权利主体之意志，将身体部分先为分离，再行结合，旨在维护或实现身体之功能，仍属权利主体的自主决定权。因此，从法律规范目的而言，应认此等部分在其与身体分离期间，仍与身体构成功能上的一体性。故对此等分离部分的侵害，仍构成对身体的侵害。[1]

身体是人之所以为人的根基，所以，身体权是自然人最根本的人格利益之一。传统理论认为身体完整性不得破坏，不得将身体组织的部分转让，但随着现代科学技术和法律伦理的发展，允许自然人将属于其身体组成部分的皮肤、血液、脊髓或个别器官捐赠给他人，以服务于救死扶伤或医疗科研目的。这种捐赠，不视为对身体权的侵害，但须满足严格的法定条件。

身体权重在保护身体的完整性不受侵害，但本条还包含身体行动自由的保护。行动自由固然与身体紧密相关，然而自由毕竟非身体本身所能包含，其所可能遭受的损害亦通常不涉及身体完整性的破坏。但可能因为具体人格权中自由权的或缺，且实践中侵害行动自由时有发生，虑及行动自由遭受侵害通常与身体的控制相关，故为加强对民事主体行动自由的保护，将行动自由纳入身体权的内容之中，相当于扩张了身体权的内涵。

【对照适用】

我国原《民法通则》第98条明确规定："公民享有生命健康权。"该

---

〔1〕王泽鉴：《人格权法：法释义学、比较法、案例研究》，北京大学出版社2013年版，第103页。

条仅规定生命权和健康权，但未涉及身体权。我国传统民法理论与实务一般不承认身体权为独立的具体人格权，只将身体权益的保护归于生命权与健康权之中，认为对身体的侵害可以通过生命权、健康权来规范救济。[1]不可否认，身体权与生命权、健康权确实紧密关联，侵害自然人身体可能导致对其健康的损害，亦可能剥夺其生命。但身体权与生命权、健康权终究有别，“生命权保护自然人生命的延续，健康权保护身体各组织及整体功能正常，身体权所保护的是身体组织的完整及对身体组织的支配”。所以，有必要确立身体权为独立的人格权。2001 年《最高人民法院关于确定民事侵权精神损害赔偿责任若干问题的解释》与 2003 年《最高人民法院关于审理人身损害赔偿案件适用法律若干问题的解释》等司法解释均涉及身体权的保护。但 2009 年原《侵权责任法》第 2 条第 2 款在罗列侵权法所保护的权益时，并未包含身体权。

在适用上，本条既然将行动自由纳入身体权之内容中，则实践中关于行动自由侵害救济的规范基础自可援引本条，无须依据民法典人格权编第 990 条有关人身自由保护的一般人格权规定。

第一千零四条　自然人享有健康权。自然人的身心健康受法律保护。任何组织或者个人不得侵害他人的健康权。

【要义精解】

本条是有关健康权内容的规定。

健康权是自然人以维护其机体生理机能正常运行及其功能正常发挥为内容的人格权。健康权所保护的健康，是指身体器官及其功能的正常发挥。健康，不限于器质健康，且包括功能健康；不限于生理健康，亦包括心理健康。[2]

---

[1] 佟柔主编：《中国民法》，法律出版社 1990 年版，第 483—484 页。

[2] 张俊浩主编：《民法学原理》（修订第三版），中国政法大学出版社 2000 年版，第 144 页；王利明：《人格权法研究》（第三版），中国人民大学出版社 2018 年版，第 320 页。有观点认为，作为健康权客体的健康，是指维持人体生命活动的生理机能的正常运作和功能的完善发挥。生理机能的正常运作与生理功能的完善发挥，构成健康的两个要素。通过此二要素协调一致发挥作用，达到维持人体生命活动的最终目的，因而健康只包括生理健康，不包括心理健康。参见杨立新：《人格权法》，法律出版社 2015 年版，第 160 页。

健康权是自然人享有的最基本人权之一，与生命权、身体权一同构成自然人享有其他一切权利的基础。身心健康是自然人生存的前提条件，是自然人参加社会活动的重要保证。如果身心健康的权利得不到有效保障，自然人的其他权利和活动均难以实现。

身体权与健康权密切相连，但身体权在客体和内容上与健康权存在不同，“身体权所保护的，是肢体、器官和其他组织的完满状态，而健康权所保护的，则是各个器官乃至整个身体的功能健全”[1]。实践中，尽管侵害身体，往往也会损及健康，反之亦然。但也不尽然，如以谩骂致人患病，侵害的是健康权；若非法剪除他人数根头发，则只侵害身体完整性而不损及健康。所以，身体权与健康权分别被确立为具体人格权，值得肯定。

【对照适用】

1946 年《世界卫生组织章程》明确主体享有健康权，其导言指出，健康不仅是免除病痛和残弱，而且是保持身体上、精神上与社会适应方面的完好状态。健康是每个自然人均平等享有的权利，享受可能获得的最高健康标准是每个人的基本权利之一，不因种族、政治取向、宗教信仰、经济和社会条件而有区别，政府、社会有义务为保障公民的健康提供必要的条件和设施。

健康权作为与生俱来的基本人权，被规定在各种人权公约与文件以及诸多国家的宪法中，成为国际社会致力保护的基本人权之一。联合国经济、社会、文化权利委员会于 2000 年通过了一项关于健康权的一般性意见，阐明健康权不仅包括及时和适当的卫生保健，而且也包括决定健康的基本因素，如享有安全的饮水和适当的卫生条件，充足的安全食物、营养和住房供应，符合卫生的职业和环境条件以及获得卫生方面的教育和信息，包括性和生殖卫生的教育和信息。

我国当前法律体系对于健康权的保护是系统周延的。不限于民事司法解释、民法的规范保护，刑法、行政法及诸多民事、行政领域的特别法亦涉及对健康权的保护。例如，《劳动合同法》第 32 条规定：“劳动者拒绝用人单位管理人员违章指挥、强令冒险作业的，不视为违反劳动合同。劳动者对危害生命安全和身体健康的劳动条件，有权对用人单位提出批评、

[1] 张俊浩主编：《民法学原理》（修订第三版），中国政法大学出版社 2000 年版，第 144 页。

检举和控告。”《职业病防治法》第 4 条规定：“劳动者依法享有职业卫生保护的权利。用人单位应当为劳动者创造符合国家职业卫生标准和卫生要求的工作环境和条件，并采取措施保障劳动者获得职业卫生保护。工会组织依法对职业病防治工作进行监督，维护劳动者的合法权益。用人单位制定或者修改有关职业病防治的规章制度，应当听取工会组织的意见。”而在民事法内部，不仅民法典人格权编与侵权责任编涉及对健康权的保护，其他各编亦多规范保护。例如《民法典》第 506 条规定：合同中造成对方人身损害的免责条款无效。第 731 条规定：“租赁物危及承租人的安全或者健康的，即使承租人订立合同时明知该租赁物质量不合格，承租人仍然可以随时解除合同。”

第一千零五条 自然人的生命权、身体权、健康权受到侵害或者处于其他危难情形的，负有法定救助义务的组织或者个人应当及时施救。

【要义精解】

本条明确规定负有法定救助义务的组织或者个人应当及时救助生命权、身体权、健康权受到侵害或者处于其他危难情形的自然人。

本条在此体现了生命权、身体权、健康权作为最基本人权的重要性。当生命权、身体权、健康权受到侵害或处于危险情形，如何去除侵害或排除危难，对于生命权、身体权、健康权的维系和防护至关重要。尽管自然人在特定条件下，可能通过实施正当防卫或紧急避险等私力救济措施以抗击侵害或逃避危险，或者通过依法向法院提出停止侵害、排除妨碍、消除危险等预防型诉求获得救济，但前者受害人的自卫力量可能有限，不能有效逃避侵害，而后者毕竟需要耗时费力，并非紧急情形下合适援引的救济措施。所以，《民法典》第 997 条规定：“民事主体有证据证明行为人正在实施或者即将实施侵害其人格权的违法行为，不及时制止将使其合法权益受到难以弥补的损害的，有权依法向人民法院申请采取责令行为人停止有关行为的措施。”此即要求法院应当事人请求及时发布人身保护令或禁令，以此可实现对生命权、身体权、健康权的及时施救。

“负有法定救助义务的组织或者个人”，系指依照法律规定负担救助他人生命权、身体权、健康权的义务的组织或个人，如公安机关、消防部门、法院等机构及人员。救助义务的根源还可能是约定，如游泳池经营主体基于与游泳人员的合同，承担对溺水人员的生命健康的救助义务。此救助义务来自合意或行业习惯，可交由市场或交易调整，不在本条的调整范围内。

【对照适用】

生命、身体、健康等权益至关重要，人格权请求权可提供事前、事中的规范调整，但仍可能不够迅捷、得力。所以，为更全面、充分保障自然人的生命权、身体权、健康权，仍需要负有法定救助义务的组织或者个人及时介入，提供对受害人力所不能及的救助。

第一千零六条　完全民事行为能力人有权依法自主决定无偿捐献其人体细胞、人体组织、人体器官、遗体。任何组织或者个人不得强迫、欺骗、利诱其捐献。

完全民事行为能力人依据前款规定同意捐献的，应当采用书面形式，也可以订立遗嘱。

自然人生前未表示不同意捐献的，该自然人死亡后，其配偶、成年子女、父母可以共同决定捐献，决定捐献应当采用书面形式。

【要义精解】

本条是关于自然人人体器官组织等捐献的规定。

身体权的内容主要是维护身体的完整及身体利益的安全。身体权人虽然对自己的身体可事实支配，但身体权与其他人格权一样，不应被视为完全意义上的支配权。身体权人对于自己的身体仅享有有限的法律支配权利，如为治疗疾病，在知情同意基础上接受对身体实施手术或特别治疗，或者是在法律与公序良俗允许的范围内捐献自己的器官组织或遗体。后者即属本条特别规范的问题。

人体器官组织等的捐献行为，是指自然人依法自愿、无偿地捐献其人体细胞、组织、器官等身体组成部分或者遗体的行为。这些人体细胞、组织、器官主要包括血液、骨骼、肾脏、角膜等。随着现代医疗技术的发展，器官组织移植在技术上已经很安全且成熟，可以保障自然人在对自己健康不造成严重损害的前提下将器官组织捐献给急需器官组织维持生命健康的患者。器官组织捐献对于救死扶伤、促进医学发展具有重要意义。但我国当前器官组织捐献的现状是，我国每年急需器官组织移植的患者人数众多，但仅有极低比例的患者有幸获得供体。[1] 自 2015 年 1 月 1 日起，我国全面废止使用死囚器官来进行器官移植，自然人自愿捐献器官组织因此成为器官组织移植使用的唯一合法渠道。本条因应身体权的价值及时代需要，肯定了身体权人在法律与公序良俗范围内可自主无偿捐献人体器官组织或遗体，同时也明确规范了人体器官组织或遗体捐献行为，意义重大。

根据本条的规定，人体器官组织或遗体的捐献需要满足以下条件：

其一，必须自愿捐献。

自然人捐献器官组织或遗体须遵循自愿原则。捐献行为可以是生前行为，也可以是死因行为。无论以何种方式捐献，捐献均须出于捐献者真实意愿或至少不违背其生前意志。任何组织或者个人不得强迫、欺骗、利诱他人捐献器官组织。故器官组织捐献要求捐献者应为完全行为能力人。未成年人或精神病人因意思能力不足，无法自主决定，而器官组织捐献可能涉及人体组织与功能的重大改变，不宜由他人代理决定；此外，未成年人因其身体处于成长发育阶段，法律应禁止未成年人捐献器官组织，以免给其造成损害。

自然人生前未表示不同意捐献的，是否可以将其死后的器官组织或遗体捐献呢？对此，出于特定情形下救死扶伤、医疗科研或者刑事侦查等需要，本条第 3 款规定，该自然人死亡后，其配偶、成年子女、父母可以共同决定捐献其器官组织或遗体。此决定一方面可促进公益，同时至少未违背自然人生前的自由意志。当然，如果自然人生前明确表示不同意捐献的，自应当尊重其个人真实意志。

其二，必须无偿捐献。

本条第 1 款明确要求必须“无偿捐献”，此要求捐献不能有相应的对价，否则就变异为买卖行为。而人体组成部分的买卖恰是《民法典》第 1007 条所禁止的情形。当然，作为感恩，接受捐献人给予一定生活补助等，应不受限制。

捐献人体器官组织行为强调必须无偿，是考虑到人体器官组织是从人的身体分离出去的，而身体作为身体权的客体，包含强烈的人格尊严色

[1] 刘士国主编：《中华人民共和国人格权法律条文建议附理由》，中国法制出版社 2017 年版，第 84 页。

彩，所以，对于身体组成部分的分离不得违反公序良俗，不得以捐献行为掩盖将人体器官作为物任意处分的有偿交易。所以，《人体器官移植条例》第10条特别规定了器官捐献的接受人范围，即为保证器官捐献不违反公序良俗原则。该条规定："活体器官的接受人限于活体器官捐献人的配偶、直系血亲或者三代以内旁系血亲，或者有证据证明与活体器官捐献人存在因帮扶等形成亲情关系的人员。"

其三，捐献行为不得造成捐献者身体的严重损害。

捐献行为是对身体组织的处分行为，这种处分必须以不造成捐献者身体重大损害为前提，否则将有悖器官捐献的价值。如血液或骨髓的捐献，因这些组织或器官可再生，通常不会造成重大损害。再如一个肾脏的捐献，其功能还可能为另一个肾脏所代偿，通常也不会造成身体的重大损害。此外，自然人以遗嘱或其他生前表示愿意捐献遗体或其组成部分，因所涉乃死者身体，故只要不违背公序良俗，通常不会关涉该要件。

其四，必须采用书面形式。

器官组织捐献通常涉及对身体组成部分的重大处分，一旦实施，其后果往往不可逆转，会对捐献者及受捐者均产生重大影响。所以，为保证自然人充分谨慎考虑是否捐献，本条特别规定自然人同意捐献其器官组织的，应当采用书面形式或者有效的遗嘱形式。

【对照适用】

本条是基于身体权的重要性以及器官捐献的积极意义，且实践中随着医学技术发展器官移植大量存在，故《民法典》特别规定本条，以作为器官组织捐献的基本规范。

本条实际上是对《人体器官移植条例》第8条的大部分继受。第8条规定："捐献人体器官的公民应当具有完全民事行为能力。公民捐献其人体器官应当有书面形式的捐献意愿，对已经表示捐献其人体器官的意愿，有权予以撤销。公民生前表示不同意捐献其人体器官的，任何组织或者个人不得捐献、摘取该公民的人体器官；公民生前未表示不同意捐献其人体器官的，该公民死亡后，其配偶、成年子女、父母可以以书面形式共同表示同意捐献该公民人体器官的意愿。"第8条与本条最主要的不同在于，第8条明确规定，"对已经表示捐献其人体器官的意愿"的，捐献人"有权予以撤销"，但本条对此未予明确。考虑到《民法典》属于新法，其对于捐献人撤销权未予规定是否预示否定？对此可能引发争论。笔者倾向于认为，本条只是器官组织捐献的一般性规范，并没有完全细化调整与其相关的各方面问题，故诸多有关器官组织捐献的具体问题，仍须诉诸于《人体器官移植条例》这一特别法的规范。此外，鉴于器官组织捐献利害关系重大，为充分尊重捐献者的意愿，仍应允许捐献者在实际捐献器官组织之前，有权对其捐献意愿予以撤销。在价值位阶上，合同法尚且允许赠与人在赠与财产前随时撤销赠与，那么，法律更应保障捐献人在捐献器官或组织前可随时撤销捐献的意思。

除了《人体器官移植条例》第 8 条的规定，该条例第 7 条规定："人体器官捐献应当遵循自愿、无偿的原则。公民享有捐献或者不捐献其人体器官的权利；任何组织或者个人不得强迫、欺骗或者利诱他人捐献人体器官。"第 9 条规定："任何组织或者个人不得摘取未满 18 周岁公民的活体器官用于移植。"此外，原卫生部《关于规范活体器官移植的若干规定》第 1 条规定："活体器官捐献应当遵循自愿、无偿的原则。公民享有捐献或者不捐献其人体器官的权利，对已经表示捐献其人体器官的意愿，有权予以撤销。任何组织或者个人不得强迫、欺骗或者利诱他人捐献人体器官。捐献人体器官的公民应当年满 18 周岁且具有完全民事行为能力。"这些特别法规定与本条一起较全面地调整人体器官组织捐献，有助于活体器官组织捐献的规范化。

本条第 3 款规定了"自然人生前未表示不同意捐献的，该自然人死亡后，其配偶、成年子女、父母可以共同决定捐献"。其中，共同决定如果无法取得全体一致，此决定是否可能依照决定的顺序、多数决或者其他什么标准作出，抑或该决定必须取得完全一致？很显然，该问题在适用中可能引发分歧。

第一千零七条　禁止以任何形式买卖人体细胞、人体组织、人体器官、遗体。

违反前款规定的买卖行为无效。

【要义精解】

本条是关于禁止买卖人体细胞、人体组织、人体器官、遗体的规定。

身体权人对于身体的法律支配只能是有限的支配，身体权不应被界定为绝对的支配权，因为，身体是生命和健康的载体，是人格的载体，承载着主体的人格尊严，所以，身体不能如同财产一样被权利人任意处分。

很多年来，世界范围内器官短缺的现象非常严重，而随着器官移植技术的发展，国外不乏主张让器官交易合法化的观点，认为器官交易可以解决短缺问题，促进救死扶伤，遏制非法交易，保障规范器官的正常用途。[1] 但此种观点不为我国立法所认同。所以，本条禁止以任何形式买卖人体细胞、人体组织、人体器官、遗体。《刑法》第 234 条之一亦对此入罪，其中规定：组织他人出卖人体器官的，处 5 年以下有期徒刑，并处罚金；情节严重的，处 5 年以上有期徒刑，并处罚金或者没收财产。所以，在我国，无论民法或刑法，对于人体器官的交易均严令禁止。而在国际社会，禁止人体器官交易也早已是公认的原则。

之所以不认可任何形式的人体细胞、人体组织、人体器官、遗体的买卖，原因在于：（1）器官组织买卖将严重损害人格尊严。器官组织作为人体的组成部分，体现了人格利益和人格尊严，一旦将器官乃至人体商品化，将极大贬损自然人的人格尊严，严重违背人类的生命伦理道德，也可能诱发道德风险，会造成不法分子为获取高额利润以欺诈、强迫等非法手段来强制摘取或骗取他人器官组织进行贩卖，甚至可能导致自杀或谋杀。（2）器官组织的买卖也可能损害权利人本身。因为，不乏一些人可能因生活所迫或谋取一时的利益，无视可能对自身身体健康造成的严重损害而出卖自己的器官组织。[2]

至于遗体，关于其法律属性历来颇有分歧。“人格利益说”主张，自然人的身体权在死后并不消灭，须予以“延伸保护”。[3] “权利客体说”认为，自然人死后，其身体变成遗体。遗体不再负载人格，只是一般的物，可以作为权利客体，并为人所支配。[4] “折中说”认为，遗体是一种特殊的物，不宜将其视为一般的权利客体，否则，遗体将可能被任意处分，显然是与公序良俗相违背的。所以，遗体应被视为死者近亲属管理权的标的，该管理权系指进行火化、安葬，并保护死者的尊严不因遗体被损

---

〔1〕 Lloyd R. Cohen, *Increasing the Supply of Transplant Organs: The Virtues of a Futures Market*, 58Geo. Wash. L. Rev. 1989.

〔2〕 王利明：《人格权法研究》（第三版），中国人民大学出版社 2018 年版，第 299 页。

〔3〕 杨立新：《人格权法》，法律出版社 2015 年版，第 85 页。

〔4〕 余能斌、涂文：《论人体器官移植的现代民法理论基础》，载《中国法学》2003 年第 6 期。

害而受侵害。[1] 应该说，遗体不再是自然人之身体，其与活体明显有别，而自然人死后不再具有权利能力，不再可能享有任何权益，所以，即使承认所谓的人格“延伸保护”，亦只能是对死者近亲属的保护。但是，遗体也不同于纯粹的物，不能简单视其为权利客体，因为，“遗体寄托了近亲属的个人感情、对死者的怀念、死者和生者的尊严，也体现了一定的善良风俗”[2]。所以，遗体负载有一定的精神利益，其不属于一般的物，死者近亲属对遗体不享有所有权，不得对其任意占有、使用、收益、处分。死者近亲属享有依照公序良俗原则处置遗体的管理权，同时也是其管理职责。正因为如此，对于遗体，亦禁止以任何形式进行买卖。

禁止买卖人体细胞、人体组织、人体器官、遗体的条文规定，无论在公法或私法层面，均属于强制性规范，所以，买卖人体细胞、人体组织、人体器官、遗体的法律行为一律无效。

【对照适用】

《人体器官移植条例》第3条规定：“任何组织或者个人不得以任何形式买卖人体器官，不得从事与买卖人体器官有关的活动。”所以，本条是对条例第3条的承继。我国澳门特别行政区“民法”第71条第3款同样禁止人体器官之交易。该条第3款规定：“禁止以人体器官及其他人体组成部分做交易，即使已与人体分离且取得有关权利人之同意亦然。”

须注意的是，本条措辞上禁止的虽只是“买卖”，但本着同样的价值判断与否定理由，任何形式的“交易”均应被禁止，包括买卖、互易、担保、抵债等。

第一千零八条　为研制新药、医疗器械或者发展新的预防和治疗方法，需要进行临床试验的，应当依法经相关主管部门批准并经伦理委员会审查同意，向受试者或者受试者的监护人告知试验目的、用途和可能产生的风险等详细情况，并经其书面同意。

进行临床试验的，不得向受试者收取试验费用。

---

〔1〕刘春茂主编：《中国民法学·财产继承》，中国人民公安大学出版社1990年版，第107页；［德］迪特尔·梅迪库斯：《德国民法总论》，邵建东译，法律出版社2000年版，第876页。

〔2〕王利明：《人格权法研究》（第三版），中国人民大学出版社2018年版，第310页。

【要义精解】

本条明确规定了进行临床试验须满足的条件和程序，并禁止收取任何费用。

本条中的“临床试验”，是指为研制新药、医疗器械或者发展新的预防和治疗方法，以人体为对象进行的试验。

在现代医学发展中，研制新药、医疗器械或者发展新的预防和治疗方法，在经过基础理论研究、动物实验后，都要经过人体试验才能最终进入临床应用。所以，对于医学进步而言，临床试验是不可或缺的一环。然而，对于受试者而言，临床试验毕竟带有探索性、测试性和高风险性，可能给其身体健康造成严重损害。因此，基于对自然人身体权、健康权乃至生命权的重视和保护，本条专门就临床试验的条件和程序作出严格的法律规制。

按照本条的规定，在条件和程序上，临床试验须满足以下几点：

第一，应当依法经相关主管部门批准并经伦理委员会审查同意。无论研制新药、医疗器械或者发展新的预防和治疗方法，最终均为施之于人，国家相关主管部门有职责对其进行审查管控，包括临床试验环节，否则，将对国民健康产生巨大风险。进行临床试验，除了相关主管部门批准外，还需要取得医疗机构或医疗研究机构的伦理委员会审查同意。

第二，临床试验实施者必须向受试者或者受试者的监护人详细告知试验相关情况。因为临床试验具有较大不确定性和潜在损害风险，故要求试验实施者在进行试验之前，必须向受试者详细说明试验目的、方法、可能获得的好处、潜在的风险等，以使受试者在充分知情的情形下自主决定是否接受试验。此说明标准应确定为最高的告知义务标准，以尽可能保障受试者的知情权、自主决定及身体健康权益。

第三，须取得受试者书面同意。书面的知情同意要求，一方面是提供给受试者谨慎考虑的机会；另一方面，也是对临床试验相关情况详尽披露告知的保障。

本条第 2 款特别强调，“进行临床试验的，不得向受试者收取试验费用”。即尽管受试者可能身患疑难杂症，临床试验可能为其带去治愈或减缓病痛的巨大好处，但毕竟临床试验具有较大不确定性及损害风险，且临床试验有助于促进公共卫生事业的发展，具有社会公益性，故第 2 款明确禁止向临床试验受试者收取任何费用。

【对照适用】

本条虽涉及身体的医学临床试验，但在民法上系属新增规定。此前，我国涉及药物研发或医师执业的一些管理规范对临床试验有更为细化的规定。例如，国家药监局、国家卫生健康委2020年发布的《药物临床试验质量管理规范》第23条规定："研究者实施知情同意，应当遵守赫尔辛基宣言的伦理原则，并符合以下要求：（一）研究者应当使用经伦理委员会同意的最新版的知情同意书和其他提供给受试者的信息。如有必要，临床试验过程中的受试者应当再次签署知情同意书。（二）研究者获得可能影响受试者继续参加试验的新信息时，应当及时告知受试者或者其监护人，并作相应记录。（三）研究人员不得采用强迫、利诱等不正当的方式影响受试者参加或者继续临床试验。（四）研究者或者指定研究人员应当充分告知受试者有关临床试验的所有相关事宜，包括书面信息和伦理委员会的同意意见。（五）知情同意书等提供给受试者的口头和书面资料均应当采用通俗易懂的语言和表达方式，使受试者或者其监护人、见证人易于理解。（六）签署知情同意书之前，研究者或者指定研究人员应当给予受试者或者其监护人充分的时间和机会了解临床试验的详细情况，并详尽回答受试者或者其监护人提出的与临床试验相关的问题。（七）受试者或者其监护人，以及执行知情同意的研究者应当在知情同意书上分别签名并注明日期，如非受试者本人签署，应当注明关系。（八）若受试者或者其监护人缺乏阅读能力，应当有一位公正的见证人见证整个知情同意过程。研究者应当向受试者或者其监护人、见证人详细说明知情同意书和其他文字资料的内容。如受试者或者其监护人口头同意参加试验，在有能力情况下应当尽量签署知情同意书，见证人还应当在知情同意书上签字并注明日期，以证明受试者或者其监护人就知情同意书和其他文字资料得到了研究者准确地解释，并理解了相关内容，同意参加临床试验。（九）受试者或者其监护人应当得到已签署姓名和日期的知情同意书原件或者副本和其他提供给受试者的书面资料，包括更新版知情同意书原件或者副本，和其他提供给受试者的书面资料的修订文本。（十）受试者为无民事行为能力的，应当取得其监护人的书面知情同意；受试者为限制民事行为能力的人的，应当取得本人及其监护人的书面知情同意。当监护人代表受试者知情同意时，应当在受试者可理解的范围内告知受试者临床试验的相关信息，并尽量让受试者亲自签署知情同意书和注明日期。（十一）紧急情况下，参加临床试验前不能获得受试者的知情同意时，其监护人可以代表受试者知情同意，若其监护人也不在场时，受试者的入选方式应当在试验方案以及其他文件中清楚表述，并获得伦理委员会的书面同意；同时应当尽快得到受试者或者其监护人可以继续参加临床试验的知情同意。（十二）当受试者参加非治疗性临床试验，应当由受试者本人在知情同意书上签字同意和注明日期。只有符合下列条件，非治疗临床试验可由监护人代表受试者知情同意：临床试验只能在无知情同意能力的受试者中实施；受试者的预期风险低；受试者健康的负面影响已减至最低，且法律法规不禁止该类临床试验的实施；该类受试者的入选已经得到伦理委员会审查同意。该类临床试验原则上只能在患有试验药物适用的疾病或者状况的患者中实施。在临床试验中应当严密观察受试者，若受试者出现过度痛苦或者不适的表现，应当让其退出试验，还应当给以必要的处置以保证受试者的安全。（十三）病史记录中应当记录受试者知情同意的具体时间和人员。（十四）儿童作为受试者，应当征得其监护人的知情同意并签署知情同意书。当儿童有能力做出同意参加临床试验的决定时，还应当征得其本人同意，如果儿童受试者本人不同意参加临床试验或者中途决定退出临床试验时，即使监护人已经同意参加或者愿意继续参加，也应当以儿童受试者本人的决定为准，除非在严重或者危及生命疾病的治疗性临床试验中，研究者、其监护人认为儿童受试者若不参加研究其生命会受到危害，这时其监护人的同意即可使患者继续参与研究。在临床试验过程中，儿童受试者达到了签署知情同意的条件，则需要由本人签署知情同意之后方可继续实施。”

此外，临床试验的国际规范主要有：《世界医学大会赫尔辛基宣言——人体医学研究的伦理准则》《涉及人的生物医学研究的国际伦理准则》等。

第一千零九条　从事与人体基因、人体胚胎等有关的医学和科研活动，应当遵守法律、行政法规和国家有关规定，不得危害人体健康，不得违背伦理道德，不得损害公共利益。

【要义精解】

本条明确规定从事与人体基因、人体胚胎等有关的医学和科研活动，不得违法和违背公序良俗。

随着现代科学技术的发展，人体基因的研究不断推进，但任何科学技术都有两面性，值得人们深切关注以及法律的有效规制。人体基因技术作为科技的一部分，当然也不例外，它给人类带来希望的同时，也可能毁灭人类。人体基因的研究，有助于发现基因的结构、功能和在细胞内的表达以及与疾病的关系等，因此基因的应用将愈来愈广泛，尤其是在医学层面，使医疗真正能够实现“治本”，转向以预测性预防为主的医疗，从而使遗传疾病、糖尿病、精神疾病等有获得预测、预防和治愈的可能，并使人的寿命得以延长。但是，人体基因技术应用于人类，涉及基因序列的改变，不但有可能破坏其他基因，衍生道德及安全等争议，甚至影响人类未来发展进程，带来如基因隐私保护、基因武器等诸多将困扰人类的问题。

与人体胚胎相关的医学和科研活动，同样涉及人类繁衍及命运，尤其是人体胚胎的克隆，涉及生命伦理的问题，目前多数国家对于克隆人采取禁止的态度，禁止违背人类尊严的任何形式的克隆人类活动。我国坚持禁止生殖性克隆人的立场，但从人道主义、救死扶伤出发，应当允许治疗性克隆研究，只是须加强对于克隆研究的管理和控制，以避免治疗性克隆技术被不法分子滥用。

基于人体基因、人体胚胎等医学和科研活动具有重要意义，不可能禁止，但因其不加规制的话，也可能给人类带来毁灭或厄运，所以，本条特别规定，从事与人体基因、人体胚胎等有关的医学和科研活动的，应当遵守法律、行政法规和国家有关规定，不得危害人体健康，不得违背公序良俗。

【对照适用】

尽管人体基因、人体胚胎的研究在我国由来已久，但目前的法律规范仍很欠缺。《人体器官移植条例》对于人体克隆没有任何规定。联合国教育、科学及文化组织大会于1997年11月11日通过的《世界人类基因组与人权宣言》，明确提出任何有关人类基因组及其应用均须以尊重人权、基本自由和人的尊严为前提。

本条是我国法律首次就人体基因、人体胚胎科研问题作出明确规定，凸显我国《民法典》对于生命、身体、健康权益乃至人类命运的关切。

第一千零一十条　违背他人意愿，以言语、文字、图像、肢体行为等方式对他人实施性骚扰的，受害人有权依法请求行为人承担民事责任。

机关、企业、学校等单位应当采取合理的预防、受理投诉、调查处置等措施，防止和制止利用职权、从属关系等实施性骚扰。

【要义精解】

本条是关于禁止性骚扰的规定。

性骚扰是各国职场中经常发生的与性相关联的骚扰他人的现象。当前，各国对于性骚扰的界定并不很一致。在美国，反对性骚扰，是从美国禁止雇佣歧视立法（即公司权法第七篇）发展而来的职场规则，所以，性骚扰被称为“工作场所的性骚扰（Workplace Bullying）”。1980 年，美国联邦政府平等就业机会委员会在《就业机会均等法》中对性骚扰作出如下规定：在下列三种情形中，向对方作出的不受欢迎的与性有关的行为或提出性要求，及其他言语行动，是对《民权法案》第七章的违反，均会构成性骚扰：（1）迫使对方接受有关行为，作为受雇或就学的明示或暗示的条件；（2）对方接受有关行为与否，将成为影响个人升迁或学业成绩的先决条件；（3）有关行为具有以下目的或导致以下后果：不合理地干扰个人工作或学业或制造一个令人不安、不友善或令人反感的工作或学习环境。而在欧洲，欧洲议会 1990 年《关于保护男女工作人员尊严的议会决议》中将性骚扰界定为：性骚扰是指不受欢迎的性行为或其他以性为目的的行为，它损害工作女性和男性的尊严。性骚扰包括不受欢迎的身体、语言或非语言行为。

尽管学说与立法对于性骚扰界定有所不同，但总体而言，性骚扰具有如下特点：（1）性骚扰主要和工作场所或学习场所联系在一起。所以，性骚扰多被称为“职场性骚扰”。当然，学校也经常是性骚扰的发生场所，学校的性骚扰，可能针对教职员，也可能针对学生。（2）性骚扰必须是和性有关的言语或行为。性骚扰常常通过表达性挑逗语言、触摸生殖器、发送黄色图片等言语、文字、图像、肢体行为来实施。(3)性骚扰尚不构成性犯罪。违背他人意志实施的性攻击，可能构成强奸罪或猥亵妇女罪；而性骚扰通常不采取性攻击手段，只是通过与性有关的语言、行为等骚扰他人，构成有损他人人格尊严的性侵犯。

性骚扰多发生在职场，在职场发生的性骚扰又多为“密室交易”，采证十分困难。这对于受害者的维权救济十分不利。所以，反对职场性骚扰真正的责任主体应是机关、企业、学校等单位，这些主体在加强对管理人员的管理、完善性骚扰的规章制度的同时，还要诚实履行“照顾职场环境的义务”。例如，日本《男女雇佣机会均等法》第11条规定，雇主有责任在雇佣管理中防止发生性骚扰，即防止在工作中因对所雇佣的女性劳动者有与性有关的言行而使该女性受到损害，或者由于性言行而损害女性劳动者的就业环境。法国《劳动法修正案》第三编“卫生、安全、劳动条件”中，将确保劳动者免受性骚扰作为雇主和其他相关人员的主要义务。本条第2款亦明确规定：机关、企业、学校等单位应当采取合理的预防、受理投诉、调查处置等措施，防止和制止利用职权、从属关系等实施性骚扰。

性骚扰虽被确立为独立侵权行为，但其侵害的客体可能是多样的，例如，采用身体接触、诱奸等，可能构成侵犯他人身体权；采用发送黄色图片、挑逗性文字或语言骚扰等，可能侵害的是他人的健康权或人格尊严；偷窥个人休息室或更衣室等，可能侵害他人的隐私权。所以，被他人实施性骚扰的，受害人有权依法请求行为人承担民事责任，此民事责任应该根据被侵害的人格权益及侵害样态的不同等在个案中确定，具体可能主张停止侵害、排除妨碍、消除影响、损害赔偿等。

【对照适用】

禁止性骚扰是《民法典》新增的规定，体现了在性骚扰侵权中加强人格权保护的精神。《妇女权益保障法》第58条规定：“违反本法规定，对妇女实施性骚扰或者家庭暴力，构成违反治安管理行为的，受害人可以提请公安机关对违法行为人依法给予行政处罚，也可以依法向人民法院提起民事诉讼。”《女职工劳动保护特别规定》第11条规定：“在劳动场所，用人单位应当预防和制止对女职工的性骚扰。”该两条规定对于性骚扰可能导致的公私法责任以及用人单位防制性骚扰的责任加以明确。与其相比，本条扩大了预防制止性骚扰的主体范围，增加了利用从属关系实施性骚扰的行为方式。

第一千零一十一条　以非法拘禁等方式剥夺、限制他人的行动自由，或者非法搜查他人身体的，受害人有权依法请求行为人承担民事责任。

【要义精解】

本条是关于非法拘禁、非法搜查身体须承担民事责任的规定。

因为民法典人格权编未确立自由权为独立的具体人格权，而身体行动自由对于自然人至关重要。行动自由不受侵犯，是自然人参与社会交往和社会事务最起码、最基本的权利，是自然人参与各种社会活动和享受其他权利的先决条件。但身体行动自由受侵犯在实践中不时发生，主要体现为非法拘禁与限制。所以，本条明令禁止以非法拘禁等方式剥夺、限制他人的行动自由。

非法搜查，是指机关或个人违反法律权限或法律程序，擅自对自然人身体进行搜查的行为。非法搜查显然侵害了被搜查人的人格尊严，但是否构成对身体权的侵害，则不无疑问，毕竟，非法搜查不会损害权利人的身体组织完整性。我国学说与实践更多将非法搜查认定为侵害身体权的形态之一，认为在非法搜查中，若采用暴力手段，无论是否致个人身体受损，均构成对身体权的侵害〔1〕，因为行为人对他人身体进行了未经法定正当程序和权利人同意的接触〔2〕。

若以上述推论，本条所规制的身体行动自由亦应属于身体权的范畴。侵犯行动自由尽管不损害身体的完整、安全，但行动自由的限制毕竟与身体紧密相关，非法拘禁构成了对身体权人控制支配身体可能性的侵犯。所以，无论非法拘禁或非法搜查，均构成对身体权的侵犯，至于因此侵犯所应承担的民事责任，应视侵害情节和后果等因素具体判定。

---

〔1〕王利明：《人格权法研究》（第三版），中国人民大学出版社2018年版，第313页。

〔2〕刘士国主编：《中华人民共和国人格权法律条文建议附理由》，中国法制出版社2017年版，第59页。

【对照适用】

《宪法》第37条规定："中华人民共和国公民的人身自由不受侵犯。任何公民，非经人民检察院批准或者决定或者人民法院决定，并由公安机关执行，不受逮捕。禁止非法拘禁和以其他方法非法剥夺或者限制公民的人身自由，禁止非法搜查公民的身体。"可见，《宪法》以基本法的层次已经表达了对人身自由的高度肯定，以及对非法拘禁和非法搜查的价值反对。《刑法》对于非法拘禁明确入罪，其第238条规定："非法拘禁他人或者以其他方法非法剥夺他人人身自由的，处三年以下有期徒刑、拘役、管制或者剥夺政治权利。具有殴打、侮辱情节的，从重处罚。犯前款罪，致人重伤的，处三年以上十年以下有期徒刑；致人死亡的，处十年以上有期徒刑。使用暴力致人伤残、死亡的，依照本法第二百三十四条、第二百三十二条的规定定罪处罚。为索取债务非法扣押、拘禁他人的，依照前两款的规定处罚。国家机关工作人员利用职权犯前三款罪的，依照前三款的规定从重处罚。"本条则从民事责任层面表达对非法拘禁与非法搜查的否定。

第三章　姓名权和名称权

第一千零一十二条　自然人享有姓名权，有权依法决定、使用、变更或者许可他人使用自己的姓名，但是不得违背公序良俗。

【要义精解】

本条规定的是自然人姓名权的概念以及姓名权的积极权能。

姓名是自然人的名称，一般由“姓”与“名”组合而成。其中，“姓”是家族的名称，“名”是自己的名称。一个人因姓名而与其他人相区别，因此姓名是自然人重要的人格利益。姓名权作为具体人格权，其保护的是姓名权人的人格利益及其中的商业化利益。[1] 因而以规范对姓名构成进行明确规定，对姓名权分条析理，尤其是把握姓名权利的内涵、完善姓名之决定与使用的内容，具有重要意义。[2]

一、姓名权的享有主体

首先，根据本条规定，姓名权的享有主体只能是自然人。姓名权的保护范围不应扩宽至法人、非法人组织等主体。法人、非法人组织享有的是名称权。姓名包括正式姓名和非正式姓名。正式姓名应当是身份证上记载的姓名。一般来说，每个自然人都有一个正式姓名。而关于作家、艺术家、艺人等通常使用笔名、雅号、艺名等非正式姓名来取代真名，根据比较法的经验，当这些通称广为人知的时候，就和真名一样受到姓名权的保护。[3] 我国《民法典》第1017条亦对这些非正式姓名进行保护。

其次，如果某些称谓不属于指称具体自然人的称谓，那么它就不是受民法姓名权保护的称谓。比如，对于李先生、刘老师、王经理、北京人

---

〔1〕 王利明：《人格权法研究》（第三版），中国人民大学出版社2018年版，第362页。

〔2〕 张红：《民法典之姓名权立法论》，载《河北法学》2019年第10期。

〔3〕 参见［日］五十岚清：《人格权法》，铃木贤、葛敏译，北京大学出版社2009年版，第118页。

等，这些对某一类人的、非指特定具体某个人的称谓，就不是民法姓名权保护的对象。

最后，死者一般来说因死亡不再享有民事权利，故不再继续享有姓名权。根据我国的司法实践来看，实务部门倾向于认为姓名权虽然不能继承，但是其所延伸出的精神性利益和财产性利益仍然可以为继承人所享受。[1] 换言之，在特定自然人死亡后，他人若侵犯该自然人姓名权所延伸出来的财产性利益，继承人可就此主张债权损害赔偿请求权。[2]

二、姓名权的意义

姓名权之所以被认为是自然人的人格权，是因为它是能够标表自然人存在的符号，这种符号能够同具体的人相联系。人的姓名的作用就在于使人们在一般交往包括法律交往中相互识别[3]，个人的姓名经过长期的使用，对该人来说，成为了其人格象征，并成为其人格的一部分。这样就产生了保护姓名不受来自第三者侵害的意识。由此，作为人格权之一的姓名权逐渐得到了认可。[4] 姓名权旨在保护姓名载体的个性，因此旨在保护其人格的一部分。[5] 笔者认为姓名和姓名权有三方面的意义：

（一）生活方面的意义

在这一方面，姓名有利于交往，即方便了人们的交往，人与人通过姓名而标志出人格的抽象存在，即使在没有具体的人在场的时候，也可以轻易地谈论其长短。也就是说，姓名的出现，使人们抽象地谈论一个人的时候变得容易，即使个体的人不在场的情况下，也能够使其与其他人相区别。

（二）私法上的意义

姓名使法律意义上的交易变得简单和方便，无论在契约自由、过错责任和所有权的行使方面都成为简单和容易的事情。同时，姓名更容易使人的尊严、名誉等得到更好的彰显。如果没有姓名，个人个性的发展和名誉、信用等的积累将变得困难。这也从反面说明了为什么早期的日本只有贵族才拥有姓和名，它是贵族的特权。

---

〔1〕 参见湖南省长沙市中级人民法院（2013）长中民一终字第02518号民事判决书。

〔2〕 参见河南省周口市中级人民法院（2016）豫16民终1414号民事判决书；张红：《〈民法典各分编（草案）〉人格权编评析》，载《法学评论》2019年第1期。

〔3〕 ［德］卡尔·拉伦茨：《德国民法通论》，王晓晔等译，法律出版社2004年版，第166页。

〔4〕 ［德］卡尔·拉伦茨：《德国民法通论》，王晓晔等译，法律出版社2004年版，第170页。

〔5〕 ［德］卡尔·拉伦茨：《德国民法通论》，王晓晔等译，法律出版社2004年版，第169页；［德］迪特尔·梅迪库斯：《德国民法总论》，邵建东译，法律出版社2000年版，第796页。

（三）在公法方面的意义

姓名不仅与税收、服兵役等相联系，甚至与国家的管理制度密不可分。一方面，姓名的出现使国家对人的管理更容易和更方便；另一方面，如果一个人可以轻易改变姓名而与前面的姓名失去联系，则其以前所有的历史和义务等都将消失，那么，一个债务人就可以通过改变姓名而逃避债务，或者一个因有严重前科而不适合从事某项工作的人将无法甄别。这将是十分可怕的事情。

三、姓名权的权能

根据本条规定，自然人依据其姓名权有依法决定、使用、变更或者许可他人使用自己的姓名的权利。即姓名自我决定权、姓名使用权、姓名变更权、许可他人使用姓名的权利等四项权利，极大地丰富和发展了《民法典》第110条姓名权的内涵。由于姓名权是一种由法律明确规定的权利，因此，它就不仅是一种“法益”，它有着积极的权利属性。

（一）姓名自我决定权

姓名的自我决定权，是指在姓名的设定和变更方面，姓名权人具有自由决定权，任何第三人不得非法干预。这应该是人格发展和自我决定的重要表现形式，这也是姓名权作为一种特别人格权的特别之处，其他人格权基本上不存在设定方面的问题。

但是，事实上，一个人出生后就需要以姓名为符号将自己与其他人相区别，而此时，本人还不具有决定自己姓名的行为能力，所以姓名的决定权往往是由父母或者其他监护人来行使。等权利人自己具备相应行为能力后，可以决定自己的艺名、笔名、化名、别名，也可以对自己的姓名加以变更。但对于“姓”“名”的选择应尊崇法律（如《居民身份证法》）、法规（如《个人存款账户实名制规定》）、立法与司法解释的相关强制性规定与公序良俗的要求。相对来说，对于“名”的选择，权利人有比“姓”更大的选择空间。

（二）姓名使用权

姓名使用权，是指自然人根据自己的意愿使用自己姓名的权利。权利人有权决定是否使用、如何使用自己的姓名，比如，是否在作品上签署自己的姓名；在作品上可以签署正式的姓名，也可以签署笔名。[1]

---

〔1〕 魏振瀛主编：《民法》（第七版），北京大学出版社2017年版，第646页。

另外，姓名是自然人彼此区别的标志，也是自然人行为及行为后果的标志，因此，姓名的使用往往超出私权的范畴。国家可以基于公共管理的需要，对姓名的使用设定限制。比如，依《个人存款账户实名制规定》，在中华人民共和国境内的金融机构开立个人存款账户的个人，应当使用实名。

（三）姓名变更权

姓名变更权，是指自然人依照有关规定改变自己姓名的权利。这一权利包括两方面的含义。第一，自然人有权根据自己的意思改变自己的姓名；第二，自然人改变自己姓名时应当遵守有关规定。

（四）许可他人使用自己姓名权

姓名权人除在生活交往和法律交往中使用自己的姓名外，还可以许可他人使用自己的姓名。该种许可使用一般来说都是有偿的，非常类似于肖像的被允许使用。一般来说，未经许可使用他人姓名的，将构成侵犯姓名权。当然，这种许可使用应明确使用的范围和目的。超出范围和目的使用，仍然属于未经许可而使用他人姓名。

【对照适用】

迄今为止的学术著作和教科书在谈到姓名权时，似乎毫无疑问地将姓名权列为人格权的范畴。我国自原《民法通则》时起，直到原《民法总则》都规定有姓名权这一权利。我国原《民法通则》首次对姓名权作出了规定，并将其纳入“人身权”的范畴，该法第 99 条第 1 款规定：“公民享有姓名权，有权决定、使用和依照规定改变自己的姓名，禁止他人干涉、盗用、假冒。”从这一条款的行文来看，立法者显然是将姓名权作为一种绝对权来对待，即仅凭自己的意志即可实现，并排除他人的干扰。在姓名权保护方面，根据 1988 年最高人民法院颁布的《关于贯彻执行〈中华人民共和国民法通则〉若干问题的意见（试行）》（以下简称《民通意见》），第 141 条、第 150 条和第 151 条，盗用、假冒他人姓名属于侵害姓名权的行为，侵权人应当赔偿损失，非法所得应当予以追缴。2009 年原《侵权责任法》第 2 条第 2 款也明确将姓名权纳入了原《侵权责任法》的保护范围，适用原《侵权责任法》的一般条款。2017 年颁布的原《民法总则》第 110 条第 1 款明确将“姓名权”规定为一项人格权，但并没有具体规定其权能。

姓名权在德国，虽然自萨维尼时代就反对将人格权作为民法上的权利来对待、从而在其民法典中就没有关于人格权的一般概念。但其民法典却在第12条明确规定了姓名权，并且其学者一般都坚称其民法典第12条规定的姓名权属于第823条侵权行为保护的“其他权利”的范畴。[1]《瑞士民法典》也存在同样的问题，于第29条及第30条规定了姓名权，而且是在“人格保护”之外专门规定了姓名权。

根据笔者观点，姓名权不但和其他人格权与人格利益一样，属于“防御性的法益”，姓名权还有其积极意义上的权利，那就是权利人可以依法决定、使用、变更或者许可他人使用自己的姓名。《民法典》关于姓名权一章的规定，即是直接证明承认了姓名权积极与消极两方面的权能。

一、自然人姓氏的选择与决定

为自己命名是自然人的基本权利之一。姓名权人具有姓氏与名称的自由决定权，任何第三人不得非法干预。此为人格发展和自我决定的重要表现形式，也是姓名权作为一项人格权的特殊之处，其他人格权基本上不存在设定方面的问题。[2] 姓名的自我决定权是指在姓名的设定和变更方面，而姓名又包括“姓”“名”两部分，故姓名决定权应当包括姓氏设定、姓氏变更、名字设定、名字变更四个方面的权能。

具体先来看自然人姓氏设定方面的规则。自然人的姓氏体现着血缘传承、文化传统、伦理与社会秩序，在涉及私益的同时还负载着公共利益的因素。因此，相对于自然人的“名”，自然人对姓氏的选择与决定受到很大的限制。我国原《婚姻法》第22条规定，子女首先可以随父姓、随母姓。根据全国人大常委会2014年出台的《关于〈中华人民共和国民法通则〉第九十九条第一款、〈中华人民共和国婚姻法〉第二十二条的解释》规定：“公民原则上应当随父姓或者母姓。有下列情形之一的，可以在父姓和母姓之外选取姓氏：（一）选取其他直系长辈血亲的姓氏；（二）因由法定扶养人以外的人扶养而选取扶养人姓氏；（三）有不违反公序良俗的其他正当理由。少数民族公民的姓氏可以从本民族的文化传统和风俗习惯。”

---

〔1〕［德］卡尔·拉伦茨：《德国民法通论》，王晓晔等译，法律出版社2004年版，第166—170页。

〔2〕李永军：《论姓名权的性质与法律保护》，载《比较法研究》2012年第1期。

《民法典》延续了原《民法通则》、原《婚姻法》与《全国人民代表大会常务委员会关于〈中华人民共和国民法通则〉第九十九条第一款、〈中华人民共和国婚姻法〉第二十二条的解释》的规定，自然人自出生取得姓氏，随父姓或母姓；在不违反公序良俗的情形下，可在父姓和母姓之外选取姓氏，这也是民法意思自治理念的应有之义。并且，结合我国少数民族众多的实际，《民法典》第1015条第2款同时还规定："少数民族自然人的姓氏可以遵从本民族的文化传统和风俗习惯。"《民法典》的规定是尊重历史、尊重传统、尊重国情作出的合理之举，是立法科学性与统一性的体现。

刚出生的自然人与未成年人，无民事行为能力，缺乏基本的判断与识别能力，因而不能决定自己的姓氏，根据传统与法律规定，刚出生的自然人姓氏由其父母决定。父母不仅仅是指自然人的生父母，也包括了继父母、养父母在内。

对于自然人本人以及其父母在决定自然人姓氏选择上，有以下几个问题需要明确：

其一，可否自由创设其他姓氏类型。

对此问题，著名的"北雁云依"案可以作为一个很好的阐释。本案作为对相关法律解释的实务回应，对争议问题积极予以法律解释，判决说理充分，判决结果对公民姓名权的行使起到良好的导向和示范作用。有利于指导和规范公民依法行使姓名权，公安机关依法进行户籍登记，为人民法院依法审理此类案件提供参照。该案也同时在2017年11月15日被最高人民法院作为第89号指导案例发布，至今都有对下级法院的裁判指引作用。

有观点认为，没有必要坚持"公民原则上应当随父姓或母姓"。[1] 正如学者们所言，这样的观点低估了姓氏在传统文化中的重要地位及其在生活中的作用。绝大部分的称姓选择遵照上述原则，与传统文化的要求相契合。但并非绝对不能选择其他称姓，唯需正当理由方可。[2] 基于个人偏好选取或变更称姓，不但是对传统文化、道德观念的突破，也在人口管理上

〔1〕 黄泷一：《姓氏选择、公序良俗与法律解释——最高法院第89号指导案例与姓名权立法解释评述》，载《法治研究》2018年第5期。

〔2〕 李新天、郑鸣：《"第三姓"的立法解释透析与制度反思》，载《时代法学》2016年第3期。张红：《民法典之姓名权立法论》，载《河北法学》2019年第10期。

增添了不小的麻烦。[1] 但并非任何情况均不准许自然人选择父母姓氏之外的姓氏，法律上对此应设立专门条款，唯有基于所规定的情形方能选择“第三姓”。[2] 而这种专门的法律条款，即为现在《民法典》中的第1015条。

其二，姓名的内涵是否仅限于本名。

姓名的内涵该如何界定？是否涉及外文名称的中文翻译？关于该问题，著名的美国前NBA球星迈克尔·杰弗里·乔丹诉乔丹公司案即为很好的体现。本案案情如下：乔丹公司注册了“乔丹”商标（28类，体育活动器材），并曾获得驰名商标认定。美国前NBA球星迈克尔·杰弗里·乔丹向商评委要求宣告乔丹商标无效，被商评委驳回。北京一中院和北京高院均判决维持商评委决定有效。美国篮球明星乔丹向最高法院申请再审。[3] 根据《商标法》第32条的规定，“申请商标注册不得损害他人现有的在先权利……”，那么关于美国篮球明星乔丹的部分中文译名是否可以认定为姓名权的范畴？是否可以认为存在在先权利？

根据最高人民法院的裁判立场，自然人所主张的特定名称与该自然人已经建立稳定的对应关系时，即使该对应关系达不到“唯一”的程度，也可以依法获得姓名权的保护，并由此肯定“乔丹”受姓名权保护。[4] 也即是说，外文译名只要满足以下几个要件就应得到姓名权法律规定的保护：（1）该特定名称在我国具有一定的知名度、为相关公众所知悉；（2）相关公众使用该特定名称指代该自然人；（3）该特定名称已经与该自然人之间建立了稳定的对应关系。笔者认为，这种通过稳定对应性来判定特定名称是否属于姓名权保护范围的裁判思路是值得肯定的，本质上由姓名的符号特征所决定，且“稳定对应性”主要通过自由裁量权加以认定。[5]

同样，自然人的具有一定社会知名度的笔名、艺名、网名、字号、姓名和名称的简称等，被他人使用足以造成公众混淆，与姓名和名称受同等保护。当这些通称广为人知的时候，就和真名一样受到姓名权的保护。[6]

---

[1] 最高人民法院第89号指导案例：山东省济南市历下区人民法院（2010）历行初字第4号行政判决书。

[2] 张红：《民法典之姓名权立法论》，载《河北法学》2019年第10期。

[3] 参见最高人民法院（2016）最高法行再27号行政判决书。

[4] 石冠彬：《姓名权侵权纠纷的裁判规则研究》，载《当代法学》2018年第3期。

[5] 石冠彬：《姓名权侵权纠纷的裁判规则研究》，载《当代法学》2018年第3期。

[6] 参见［日］五十岚清：《人格权法》，铃木贤、葛敏译，北京大学出版社2009年版，第118页。

此类称谓在构成上不要求符合姓名构造规范，但经过社会交往广泛传播而具备对特定自然人的识别性时，特定自然人对此类称谓的保持、使用、收益利益，具有受到法律保护的正当性。

二、自然人姓氏的变更

关于自然人姓氏的变更，亦包括变更为父母姓之内的姓氏、变更为父母姓之外第三姓氏等问题。武汉大学张红教授认为，姓的变更分为成年人姓的变更、未成年人姓的变更、继子女姓的变更、被收养人姓的变更四种情况。[1] 笔者认为，这一分类具有合理性，基本涵盖了所有姓氏变更的情形，而不同情形下的姓名权权利人变更姓名的具体规则亦不相同。

（一）成年人姓氏的变更

具有完全民事行为能力的成年人自行变更其姓氏，是不需要征得任何人同意的，只要其对于所欲变更后的姓氏的选择符合法律规定的选择范围并不违背公序良俗（《民法典》第1015条）即可。成年人不论父母离婚与否，均不影响其姓氏的变更。

成年人姓氏的变更以不违背公序良俗为前提，指的是如果变更姓氏或名称是为了规避责任、逃脱制裁的，不应被准许变更姓氏或名称。具体而言，应禁止正在被通缉的人和正在被羁押的人、涉嫌刑事犯罪或被判处有期徒刑以上刑罚之人、于征信系统中存在失信记录者、其他姓名信息与秩序稳定有紧密联系的人变更姓名。但上述限制应符合比例原则的要求。[2]

（二）父母离婚时未成年子女姓氏的变更

未成年人姓氏的变更问题主要涉及父母离婚后未成年子女的姓氏变更。按照我国最高人民法院的司法解释（1951年《关于子女姓氏问题的批复》、1981年《关于变更子女姓氏问题的复函》及1993年《关于人民法院审理离婚案件处理子女抚养问题的若干具体意见》），如果子女虽未成年，但有表示其意志的能力时，离婚后要变更子女姓氏，要征求子女本人的意见，并应以子女的意志为主。如果子女没有意思表示能力的，夫妻任何一方不得擅自更改离婚前的子女的姓名。不能以抚养责任来决定姓氏的变更，即离婚后的子女的监护人或者抚养人不得仅以自己为监护人或者抚

---

〔1〕 张红：《民法典之姓名权立法论》，载《河北法学》2019年第10期。
〔2〕 张红：《民法典之姓名权立法论》，载《河北法学》2019年第10期。

养责任人为由来单方决定没有意思表示能力的子女的姓氏。

（三）父母离婚后再婚的未成年子女的改姓

父母离婚后可能会和继父或继母再婚，未成年子女亦可能改随继父或继母姓。最高人民法院1993年《关于人民法院审理离婚案件处理子女抚养问题的若干具体意见》的第19条规定："父母不得因子女变更姓氏而拒付子女抚育费。父或母一方擅自将子女姓氏改为继母或继父姓氏而引起纠纷的，应责令恢复原姓氏。"公安部2006年《关于父母一方亡故另一方再婚未成年子女姓名变更有关问题处理意见的通知》规定："一、以本人的劳动收入为主要生活来源的十六周岁以上未满十八周岁的未成年人，自主决定本人姓名的变更；其父亲和继母，或者母亲和继父要求变更其姓名的，必须征得其本人的同意。二、十周岁以上的未成年人的父亲和继母，或者母亲和继父经协商同意，要求变更该未成年人姓名的，应当征得其本人的同意。三、不满十周岁的未成年人姓名的变更，由其父亲和继母，或者母亲和继父协商一致后决定。"

未成年人父母离婚或一方死亡后，与未成年人共同生活的一方与他人再婚，未成年人称姓选择范围里即出现了拟制血亲的父姓、母姓及其直系长辈亲属姓氏。很多情况下，继父母对未成年继子女视若己出，在姓名称呼一致上有着强烈的感情需求，但在法律层面，继父母与受其抚养教育的未成年子女形成的是拟制直系血亲关系，从社会伦理角度出发，拟制血亲关系让位于本源血亲关系，符合我国传统观念和道德模式，诉诸规范也并无不可。[1] 故生父母对于子女的姓名利益仍须放在优先位置，即本条情形下的子女称姓变更，需要其本源血亲与拟制血亲达成一致约定方可进行申报。可见，无论是司法解释的规定，还是户籍主管部门的规定，对于重组家庭的改名或更姓，都要求生父母意见协商一致；如未达成一致，考虑到重组家庭之特殊状况，主要抚养照顾子女之一方如有证据显示对子女有利者，户口管理机关或法院结合具体情况，或可肯定此种子女变更称姓。[2]

（四）被收养人姓氏的变更

原《收养法》第24条规定，养子女可以称父姓，可以称母姓，亦可

---

〔1〕张红：《姓名变更规范研究》，载《法学研究》2013年第3期。

〔2〕张红：《姓名变更规范研究》，载《法学研究》2013年第3期。

以保留原姓。根据我国的传统习惯，收养人收养子女是为了延续宗族、延续子嗣，故应当允许收养人向户籍管理机关申请变更被收养人姓氏。

三、自然人名的选择与决定

姓名权人对于“名”的选择与决定权，相较于姓氏，法律给予的限制就少很多了。“名”不像“姓”那样，体现着某个自然人的血族、父母双亲、婚姻、子嗣、兄弟姐妹等社会认知因素与亲属关系，也不会体现“姓”所能彰显的身份关系上的权利义务关系，因此，“名”的个人自决性就更高。笔者认为，自然人对于“名”的选择与决定仅受下列两个方面的限制。

（一）公序良俗的限制

新生儿没有决定权或决定的可能性，故其“名”的选择与决定，是由监护人决定与完成的。故监护人为其选择姓名应不得选取那些与公序良俗相违背的名字。公序良俗是公共秩序加善良风俗的简称，也就是经济与政治公序与社会一般道德，故随意选取或创造姓氏会增加社会管理的成本、风险与不确定性，同时对文化传统和伦理观念造成了冲击，因此自创（本来就不存在的）“北雁”的姓氏违背了公序良俗。[1]

（二）户籍管理规范上的文字规范限制

虽然姓名权的设立和变更是一个私权的问题，但同时也涉及国家的管理，甚至是公法上的利益。故公民个人的这种姓名的设定或者变更权利必须符合国家的法律和法规。

《居民身份证法》第4条规定：“居民身份证使用规范汉字和符合国家标准的数字符号填写。民族自治地方的自治机关根据本地区的实际情况，对居民身份证用汉字登记的内容，可以决定同时使用实行区域自治的民族的文字或者选用一种当地通用的文字。”根据该规定，如果权利人选取的名字的文字、符号不符合公安户籍管理部门的规范要求，那么其姓名权利也需要受一定的限制。在我国发生的“赵C姓名事件”也从另外一个方面说明了这种自由设定权或者变更权与管理制度之间的冲突和矛盾。

---

〔1〕 山东省济南市历下区人民法院（2010）历行初字第4号行政判决书。转引自黄泷一：《姓氏选择、公序良俗与法律解释——最高法院第89号指导案例与姓名权立法解释评述》，载《法治研究》2018年第5期。

自出生起，赵某荣的儿子就一直使用“赵C”一名20多年。2006年8月，正在贵州读大学的赵C到鹰潭市公安局月湖区分局江边派出所换发第二代身份证时，民警告诉他，公安部有通知，名字里面不能有“C”字，要改名。而后，鹰潭市公安局月湖区分局户籍科也告之，“赵C”录入不了公安部户籍网序。赵C认为，既然公安机关在其出生时把“赵C”的户口和第一代身份证都办了，现在又强迫他改名，显然是侵犯了公民的姓名决定权。为了捍卫自己的姓名权，2008年1月赵C将鹰潭市公安局月湖分局告上法庭。2008年6月6日，鹰潭市月湖区人民法院对此案作出一审判决，赵C胜诉。二审撤销了一审判决，判决赵C将用规范汉字更改名字，鹰潭市月湖区公安分局将免费为赵C办理更名手续。[1]

从学说上讲，单纯名字或者名字与姓氏相结合，读音、表意涉及侵害他人权益或者使该姓名丧失识别功能的，应该认为是对命名自由的滥用，对此种命名户籍管理机关应不予认可。在未成年人的名字确定问题上，应强调父母不得为子女取明显有害于其人格利益（难解、卑琐、使用上显然不便）的名字。此是为限制父母命名自由，保护子女正当利益。[2]

四、自然人名的变更

由于“名”更多地体现个人特征，故虽原始“名”来源于父母，但对其变更则一般不需要父母的合意，离婚后任何父母（包括继父母、养父母）一方即可为子女变更“名”，不需要未与子女共同生活的生父母的同意。关于未成年人本人的更名，考虑到大多数未成年人对名字含义的理解较为浅薄，难以理解父母的良苦用心，故对于未成年人自主申请改名应加以一定的限制，并且程序上按照我国《户口登记条例》第18条规定，未满18周岁的人需要变更姓名时，由本人或者父母、收养人向户口登记机关申请变更登记。除此之外，只需要不违背公序良俗并符合户籍管理规范上的文字规范限制即可进行更名。

关于姓名变更的情形与事由，不少地方规范性文件多以列举的方式予以明确规定，在一定程度上弥补了立法模糊缺陷。[3] 如《山东省户口登记

〔1〕有关此案发生、发展的前因后果，可参见陈华世：《赵C换二代证遭拒告公安局今一审宣判》，载《新法制报》2008年6月6日。
〔2〕张红：《姓名变更规范研究》，载《法学研究》2013年第3期。
〔3〕刘练军：《姓名变更及其规范再造：类案的考察与启示》，载《西部法学评论》2019年第6期。

管理规范（试行）》（鲁公通〔2016〕179 号）第 81 条规定："公民具有下列情形之一的，可以申请姓名变更：（一）名字的谐音或者含义违背公序良俗或者容易被误解、歧视的；（二）在同一村居（社区）、单位、学校或者近亲属中名字相同的；（三）因收养关系成立或者解除、父母离婚或者再婚等原因协商一致的；（四）名字中含有冷僻字、异体字、繁体字或者其他不规范汉字的；（五）公民出家或者僧人、道士还俗的；（六）其他特殊情形。"《江西省常住户口登记管理规定》（赣公字〔2015〕201 号）第 97 条规定："符合下列情形之一的，可以申请变更姓名：（一）宗教名与世俗名改换的；（二）因收养或解除收养关系及父母离异或再婚等原因需变更子女姓名的；（三）姓名或者姓名的谐音违背公序良俗或有辱人格或易造成性别混淆的；（四）名字中含有冷僻字的；（五）在同一学校或工作单位内姓名完全相同，给生活、工作带来不便的；（六）因户口登记机关工作失误，造成居民户口簿、居民身份证及人口信息管理系统记载的姓名不一致的；（七）妇女原冠夫姓申请去掉夫姓，或称氏改为姓名的；（八）公安机关认为确需变更姓名的其他情形。"对此应当认为，为保护自然人姓名权及其人格发展的需要，对其改变名字的"正当的理由"应从宽认定，比如自然人名字的使用在识别上出现困难或读音、字形难读、难解、不雅等情形。

五、自然人姓名的使用

（一）自然人对自己姓名的积极使用

姓名作为人格标识，可以进入商业领域，为营利性活动所使用。姓名权人将自己的姓名商业利用于广告宣传、作为商标或组织名称使用，从中获得相应的报酬。但姓名因其构成来源及构造规范的特性，在使用和理解上具有社会通用性，将姓名的文字为上述商业利用，须符合在此之上可加以使用的客观标准。

（二）自然人对自己姓名的消极使用

1. 当就姓名权发生纠纷时，有权要求司法机关确认自己的姓名权

《德国民法典》第 12 条规定，有权使用某一姓名的人，因他人争夺该姓名的使用，或者无权使用该姓名的人使用该姓名，从而使其利益受到损害时，权利人得请求排除此侵害。有继续受侵害之虞时，权利人得提出停止侵害之诉。本条内容即含有该含义。在我国有学者指出：姓名是户籍登记项目，因而每个人只能有一个正式姓名，即登记在登记簿上的姓名。姓

名的变更则需要公示，登记姓名的变更非依变更登记程序不生效力。[1] 例如，在诉讼中，任何人作为原告提起诉讼后，变更姓名的，必须提交相关变更的法律文件，否则其诉讼资格将成为问题，就如公司变更名称的，必须提供法律文件证明前后“两个公司”是一个主体，才有权利义务的可继受性。

2. 请求他人正确称呼自己的权利

请求他人正确称呼自己的权利，即自然人享有请求其他人在交往中正确地称呼自己的权利。如果在一字多音多义，或者汉语中四声不同而有不同的表示意思时，特别是带有侮辱、贬低等目的时，更是如此。在日本的“NHK 日语读音诉讼案”中，NHK 电视台违反韩国牧师明确的意思表示，将其姓名用日语发音进行了播送。对此，韩国牧师提起了诉讼，请求道歉并要求今后对自己及其他所有韩国人、朝鲜人的姓名使用朝鲜语的读音进行称呼。该案件的一审判决认为：姓名被正确称呼所带来的利益不是法律上的利益，而仅仅是事实上的利益。不过，如果这种称呼无视、蔑视人格时，可以认定为违法行为。但本案不属于这种情况。原告不服，提起上诉。最高法院作为二审法院认为：人的姓名被他人正确称呼，应该说具有受侵权行为法保护的人格利益的属性，认可了姓名被正确称呼的利益的权利性。但最高法院接着又指出：姓名权被正确称呼的利益，与姓名权不被他人冒用的权利、利益不同，在性质上作为侵权行为法保护的利益并不十分坚固。即使姓名被他人不正确地称呼，不能马上就认为侵权行为的成立。[2] 日本这一判例，有一点是有意义的，即以明确的态度承认了姓名被正确称呼是一种人格权。在笔者看来，NHK 违反本人明确表示的态度，就已经属于故意的问题，而姓名受法律保护的事实就说明侵犯之具有违法性。仅仅是在确定侵害后果是否具有方面存在问题，但姓名权人已经明确告知的情况下，说明姓名权人对此是具有利益的，起码是精神利益。因此，笔者认为该案构成侵权行为。

六、自然人姓名的许可他人使用

姓名权人除在生活交往和法律交往中使用自己的姓名外，还可以许可他人使用自己的姓名。姓名的商业性使用主要表现为姓名权人许可他人于

---

〔1〕 张俊浩主编：《民法学原理》（修订第三版），中国政法大学出版社 2000 年版，第 147—148 页。

〔2〕［日］五十岚清：《人格权法》，铃木贤、葛敏译，北京大学出版社 2009 年版，第 116 页。

商业领域使用其姓名。这种使用非物权性的转让使用，而仅限于债权性的使用。[1] 该种许可使用一般来说都是有偿的，非常类似于肖像的被允许使用。

不论是姓名权人自我使用，还是得授权的使用行为，均受一定的限制，不得有损他人合法权益及社会公益。一般来说，未经许可使用他人姓名的，将构成侵犯姓名权。当然，这种许可使用应明确使用的范围和目的。超出范围和目的使用，仍然属于未经许可而使用他人姓名。例如，A为自然人，与合伙企业B达成协议，允许B合伙企业使用自己的姓名作为该合伙的商号的一部分。后来，B变更合伙为公司，继续使用A的姓名作为公司的商号的一部分，但没有通知A。A认为变更后的公司未经其许可使用其姓名而侵犯了其姓名权。这种情况下，的确应该按照侵犯A的姓名权处理。

七、他人对自然人姓名的合理使用

姓名是权利主体的外在表征，彰示人格主体的存在。姓名权人参与社会活动，姓名作为象征性权利主体的抽象人格符号，代表权利主体参与各种法律关系。人格利益的社会化要求关注个体与群体的尊严与自由，并在其中处理好二者的关系，使之平衡稳定。[2] 名权与肖像权在权能、意义上有很大的相似性，都可以许可他人使用，而《民法典》第1020条规定了对他人肖像权的合理使用，姓名权没有这方面的规定，是法律漏洞。而公序良俗条款有着原则性过强、规范性不足的弊端，为限制法官的自由裁量权、避免公序良俗之滥用，应当参照对他人肖像权的合理使用的规定，增加他人对自然人姓名合理使用的类型化规定。笔者认为，应当在以下几种情况下，可以不经姓名权人允许，合理使用其姓名：（1）为个人学习、科学研究、艺术欣赏、介绍或评论；（2）为报道时事新闻，在报刊、电视台、网络等媒体中不可避免地使用他人姓名；（3）国家机关为执行公务、保障公共安全等目的在必要范围内使用他人姓名；（4）工作单位在合理范围内使用其工作人员姓名。[3]

---

〔1〕叶涛：《民法典编纂中人格标识财产利益的制度构建——从人格权衍生财产利益的比较展开》，载《河南财经政法大学学报》2018年第4期。

〔2〕孟勤国：《人格权独立成编是中国民法典的不二选择》，载《东方法学》2017年第6期；张红：《民法典之姓名权立法论》，载《河北法学》2019年第10期。

〔3〕类似观点，参见张红：《民法典之姓名权立法论》，载《河北法学》2019年第10期。

第一千零一十三条　法人、非法人组织享有名称权，有权依法决定、使用、变更、转让或者许可他人使用自己的名称。

【要义精解】

本条规定的是法人、非法人组织名称权的概念以及名称权的积极权能。

法人是具有民事权利能力和民事行为能力，依法独立享有民事权利和承担民事义务的组织。非法人组织，是指不具有法人资格，但是能够依法以自己的名义从事民事活动的组织，亦称“非法人团体”。名称权指自然人以外的其他民事主体依法享有的决定、使用、变更及转让自己的名称并排除他人非法干涉的人格权。《民法典》第110条第2款规定，法人、非法人组织享有名称权。

名称是法人和非法人组织在社会活动中用以确定和代表自身并区别他人的文字符号或标志。从定义上看，名称的主要功能是区别名称持有人与其他主体，表明主体的身份，使名称持有主体与其他主体能够区分开。有鉴于此，一切能够使持有主体在其影响范围内，或者在特定的行为中能够个体化的文字、标志符号等都受名称权保护。

从本款文本上看，名称权的主体是本法第三章及第四章规定的法人或者非法人组织，实际不限于此，其他非民事权利主体的团体也可以享有名称权。名称权对名称持有人提供的是两级保护：一级是财产利益，另一级是精神利益。从精神利益方面看，关于名称权性质，到底是人格权还是无形财产权利，很难对其进行准确的界定，与自然人的姓名权不同，法人和非法人组织的名称权更倾向于无形财产权。[1]

根据本条规定，名称权的内容包括决定、使用、变更、转让或者许可他人使用自己的名称等。与自然人姓名权不可转让性质相比，名称权的可转让性与自然人姓名权有很大的不同。

【对照适用】

一、《民法典》对法人人格权的态度

《民法典》的法人人格权制度基本沿用了原《民法通则》的规定。原

〔1〕 陈甦主编：《民法总则评注》（下册），法律出版社2017年版，第778页。

《民法通则》第99条第2款规定："法人、个体工商户、个人合伙享有名称权。企业法人、个体工商户、个人合伙有权使用、依法转让自己的名称。"第101条规定："公民、法人享有名誉权，公民的人格尊严受法律保护，禁止用侮辱、诽谤等方式损害公民、法人的名誉。"第102条规定："公民、法人享有荣誉权，禁止非法剥夺公民、法人的荣誉称号。"也即是说，我国民法仅承认法人在名称、名誉、荣誉几个方面的人格权。法人、非法人组织之所以能够在一定范围内享有人格权，首先是因为法人、非法人组织能够在一定范围内成为其成员的人格性的利益的承载者、保护者，为了对这些人格性的利益进行保护，可以借助于法人、非法人组织的主体独立性，通过赋予法人人格权的方式来进行保护；其次是因为法人具有一些与它的存在有本质上联系的基本利益。这些利益得到法律的保护，也具有人格权的特征。〔1〕

二、法人、非法人组织是否具有人格权的学术争议

关于法人、非法人组织是否具有人格权这一问题，学界争议比较多。虽然法人具有人格权占有通说地位，但是也有很多学者认为法人、非法人组织这些团体组织是不具有人格权的。如北京大学的尹田教授认为，法人等拟制权利主体（团体人格）不应享有人格权，其主要理由是：人格权是一个历史性概念，具有特定内涵和价值，不能以同等含义适用于团体人格；法人的"人格权"无精神利益，实质上是一种财产权；法人的"人格权"绝非一切法人均得享有，故其不是任何团体人格存在之必须；一般人格权的基础为人类尊严之保护，故法人无一般人格权。〔2〕

从比较法的做法来看，大陆法系民法典中一般不规定法人人格权，而是在法人权利能力部分作出规定，法人一般仅享有与其目的相适应的民事权利。〔3〕笔者倾向于认为，法人、非法人组织无人格权，无论是把人格权看成自然法上的权利还是宪法上的权利，法人都不能享有人格权；认为法人有人格权，实际上是把两种性质不同的东西混淆的结果，即将自然人的姓名权与法人的名称权、自然人的荣誉与法人的荣誉等表面一样但实质不

---

〔1〕薛军：《法人人格权的基本理论问题探析》，载《法律科学（西北政法学院学报）》2004年第1期。

〔2〕尹田：《论人格权的本质——兼评我国民法草案关于人格权的规定》，载《法学研究》2003年第4期。

〔3〕薛军：《法人人格权理论的展开》，载《上海财经大学学报》2011年第6期。

同的东西等同起来。[1] 法人无人格权，部分学者所谓的法人的人格权应当属于知识产权的范畴。[2] 当然，现今不少学者提出折中的观点，如中南财经政法大学的温世扬教授认为，法人等团体人格无须也不可能如同自然人那样普遍享有一般意义上的人格权。然而，正如有的学者指出的那样，法人可以享有某些种类的人格权，在现代已经得到理论和立法实践的确认，承认法人可以享有人格权具有立法政策判断上的妥当性，对保护自然人的人格具有工具性的价值。[3] 考虑到法人、非法人组织只能享有名称权、名誉权（荣誉权）等几种具体人格权（不享有“一般人格权”及物质性人格权），温世扬教授认为，人格权编应以自然人人格权为立足点，对法人、非法人组织人格权采取“准用”立法技术，准用本编关于自然人姓名权、名誉权、荣誉权的规定。[4]

也即是说，法人、非法人组织仅享有名称权、名誉权、荣誉权这几类社会性人格权，不享有诸如自然人的生命权、身体权、健康权等物质性人格权。根据中国人民大学石佳友教授的观点，名称权为“彰显其身份的权利（Right to Identity）”，具有身份识别的功能（Identification Function）。[5] 名誉权、荣誉权涉及法人、非法人组织的人格尊严，亦受民法人格权体系的保护。

三、享有名称权的组织体范围

至于何种范围的组织体享有名称权，原《民法通则》第 99 条和原《民法总则》第 110 条在表述上虽有变化，但反映的主要是不同时期立法机关对组织型民事主体的不同理解认识。原《民法通则》第 99 条明确规定，名称权的主体包括法人、个体工商户、个人合伙。《企业名称登记管理规定》规定的企业名称权主体不限于企业法人，还包括不具有法人资格的企业。原《民法通则》第 26 条和第 33 条规定，个体工商户、个人合伙可以自愿选择是否使用字号。《事业单位登记管理暂行条例》及其实施细

---

〔1〕 李永军:《民法总论》，法律出版社 2006 年版，第 257 页。

〔2〕 张俊浩主编:《民法学原理》（修订第三版），中国政法大学出版社 2000 年版，第 138 页；李永军:《民法总则》，中国法制出版社 2018 年版，第 228 页。

〔3〕 薛军:《法人人格权的基本理论问题探析》，载《法律科学（西北政法学院学报）》2004 年第 1 期。

〔4〕 温世扬:《我国民法典草案的完善研究 · 民法典人格权编草案评议》，载《政治与法律》2019 年第 3 期。

〔5〕 石佳友:《守成与创新的务实结合：〈中华人民共和国民法人格权编（草案）〉评析》，载《比较法研究》2018 年第 2 期。

则、《基金会管理条例》、《社会团体登记管理条例》等行政法规、规章均明确规定了上述法人组织的设立登记事项中包括名称事项。因此，从实际情况来看，名称权的主体不限于法人、个体工商户和个人合伙，还包括其他非法人的企业组织。这一点已为原《民法总则》第110条第2款所确认："法人、非法人组织享有名称权、名誉权、荣誉权等权利。"根据原《民法总则》第102条、第103条的规定，个人独资企业、合伙企业、不具有法人资格的专业服务机构等经依法登记设立的组织属于非法人组织，可以享有名称权。营利法人和非营利法人亦可成为名称权的主体。[1]

四、法人、非法人组织名称权的内容

（一）名称决定权

法人、非法人组织有权决定自己的名称。但是，法人、非法人组织在决定自己的名称时，应当遵守相关法律法规的限制性规定。

首先，法人、非法人组织在选择与决定自己的名称时，应符合文字选择规范的要求，避免给名称登记管理机关带来管理上的麻烦，并使其与公序良俗的要求相符。根据《企业名称登记管理规定》第11条规定，企业名称不得有下列情形：（1）损害国家尊严或者利益；（2）损害社会公共利益或者妨碍社会公共秩序；（3）使用或者变相使用政党、党政军机关、群团组织名称及其简称、特定称谓和部队番号；（4）使用外国国家（地区）、国际组织名称及其通用简称、特定称谓；（5）含有淫秽、色情、赌博、迷信、恐怖、暴力的内容；（6）含有民族、种族、宗教、性别歧视的内容；（7）违背公序良俗或者可能有其他不良影响；（8）可能使公众受骗或者产生误解；（9）法律、行政法规以及国家规定禁止的其他情形。

其次，法人、非法人组织所决定采用的名称应具有一定的区别力。法人、非法人组织的名称是法人、非法人组织在社会活动中用以确定和代表自身并与其他民事主体相区分的文字或符号。为使特定的法人、非法人组织与其他民事主体相区分，故法人、非法人组织在选择名称上应使其具有一定的区别力。换言之，名称能够使持有该名称的法人或非法人组织具有个体化的特征。没有区别力的名称，从在交际中取得效果后受保护，亦即在名称持有者参与的社会活动范围内，交际能将名称与它的持有者对号入

[1] 罗昆：《名称转让制度刍议》，载《财经法学》2019年第4期。

座。[1] 有鉴于此，一切能够使持有主体在其影响范围内，或者在特定的行为中个体化的文字、标志、符号等都受名称权的保护。[2] 故名称权、姓名权等权利又被称为“标表型人格权”[3] 或“人格标识权”[4]。

特别需要说明的是，人们常说的字号与法人、非法人组织的名称不是一个概念。根据《企业名称登记管理规定》第6条规定，企业名称由行政区划名称、字号、行业或者经营特点、组织形式组成。跨省、自治区、直辖市经营的企业，其名称可以不含行政区划名称；跨行业综合经营的企业，其名称可以不含行业或者经营特点。因此可以看成，字号仅仅是法人、非法人组织的一个组成单元、组成部分，当然一般是最核心、最具有识别性的组成部分。[5]

最后，法人、非法人组织应当将所拟定的名称进行登记。与自然人获得姓名后需要登记一样，法人、非法人组织在决定自己的名称后，一般都需要登记注册。《企业名称登记管理实施办法》第3条规定，企业应当依法选择自己的名称，并申请登记注册。企业自成立之日起享有名称权。法人、非法人组织的名称权随着法人、非法人组织的终止而消灭。

（二）名称使用权

法人、非法人组织在规定的范围内享有名称使用权。法人、非法人组织使用名称，应当遵循诚实信用的原则。企业应当在住所处标明企业名称。企业的印章、银行账户、信笺所使用的企业名称，应当与其营业执照、统一社会信用代码证书上的法人、非法人组织名称相同。法律文书使用的法人、非法人组织名称，也应当与该法人、非法人组织营业执照或统一社会信用代码证书上的法人、非法人组织名称相同。

（三）名称变更权

法人、非法人组织享有变更名称的权利。但是名称的变更应需要严格按照法定程序。《企业法人登记管理条例》第17条规定，企业法人改变名称，应当申请办理变更登记。

---

〔1〕 陈甦主编：《民法总则评注》（下册），法律出版社2017年版，第778页。
〔2〕 陈甦主编：《民法总则评注》（下册），法律出版社2017年版，第777页。
〔3〕 张俊浩主编：《民法学原理》（修订第三版），中国政法大学出版社2000年版，第142—158页。
〔4〕 马俊驹：《人格和人格权理论讲稿》，法律出版社2009年版，第249页。
〔5〕 魏振瀛主编：《民法》（第七版），北京大学出版社2017年版，第647页。

（四）名称转让权

《企业名称登记管理规定》第19条规定，企业名称转让或者授权他人使用的，相关企业应当依法通过国家企业信用信息公示系统向社会公示。

根据商法学者的见解，企业名称转让有相对转让与绝对转让两种方式。其中，绝对转让是指出让方在出让名称后，不得继续使用该名称，必须变更登记为其他名称或注销。绝对转让即法人、非法人组织不再继续使用该名称，将名称及其营业一并转让给受让人，作为转让人的法人、非法人组织则面临解散、终止组织体的境地。因为法律视为作为转让人的法人、非法人组织自愿放弃该名称的人格标识功能以及团体人格载体之利益。此时该名称对于出让方而言徒具财产利益和交换利益，不宜继续作为人格权之客体予以保护，其进入交易领域不应被认为是对人格权专属性之破坏。

（五）名称许可他人使用

法人、非法人组织将自己的名称许可他人使用，又称为“名称的相对转让”，是指名称权的出让方在出让名称后仍可在原地或其他地域继续使用该名称。实践中常见的比如营利法人承认连锁加盟、活动冠名、作为非营利法人的学校校名许可他人使用等现象即属之。

第一千零一十四条　任何组织或者个人不得以干涉、盗用、假冒等方式侵害他人的姓名权或者名称权。

【要义精解】

本条是关于姓名权与名称权的消极权能的规定，即避免他人干涉、盗用、假冒等方式侵害他人的姓名权或者名称权。

【对照适用】

一、常见侵害姓名权的行为

（一）干涉他人姓名权的行使

干涉他人姓名权的行使，是指行为人干涉他人行使姓名权，如干涉、阻挠他人使用自己的姓名，或者干涉、阻挠他人改变自己的姓名。干涉行为既包括干涉他人使用真名，也包括干涉他人使用笔名、艺名、化名等。[1] 一

---

〔1〕王利明：《人格权法研究》（第三版），中国人民大学出版社2018年版，第382页。

般来说，干涉他人姓名权行使多出现在以下几种类型中。

1. 干涉养子女决定、使用、更改姓名

前文已述，收养子女现实中为的是绵延宗族的需要，故养子女随养父母姓、养父母为其更名亦与我国民间习惯相符，可以说养子女在未成年的时候其姓名权是受到一定限制的，法律不应加以干涉。但是，养子女一旦具有了完全民事行为能力，那么其就应该获得完整的姓名权，养子女在成年后要求变更姓名，只要符合《民法典》第1012条决定、使用自己姓名的相关法律法规的要求，任何人都不应进行干涉。

2. 干涉被监护人决定、使用、更改姓名

前文已述，未成年人以及无民事行为能力、限制民事行为能力的自然人的自我命名权是受限制的，其姓名的选择、决定、更改应由其监护人决定。但在未成年人成年以后，其自然取得自我命名权，如果原监护人对该成年自然人行使姓名权加以干涉的，可构成侵害姓名权。〔1〕

当未成年子女的父母离婚后，没有监护人的一方父母不得干涉有监护权的父母（包括继父母、养父母）一方决定、使用、更改未成年子女姓名的权利，但后者真正要行使这种权利时也必须以取得无监护权一方的同意，即应当与未成年子女的生父或生母协商决定姓名的更改，擅自将未成年子女的姓氏改为生父母以外的他人的姓氏，也可能侵害亲生父母的命名权。

3. 干涉他人使用与自己相同的姓名

由于我国人口众多，因而重名问题不可避免。人口的众多加上自然人在取名追求上的追求时尚、跟风的偏好使得重名这一问题愈发突出。同名同姓的增加不仅给人们生活带来很多不便，也往往引发了很多法律上的争议与纠纷。这是比较法上的“姓名权冲突”，即两个以上自然人使用相同姓名，其中一人行使其姓名权而产生的对他人姓名权行使的妨碍。重名不必然导致姓名权冲突，我国也不禁止自然人重名。姓名权冲突指的是自然人不是出于某种不正当目的而使用与他人相同的姓名，故意造成身份的混淆。〔2〕如某人强迫同村的两个与其姓名相同的人更改姓名，表面上是为了避免姓名权冲突，实际上已构成对他人姓名权的侵害。

---

〔1〕王利明：《人格权法研究》（第三版），中国人民大学出版社2018年版，第383页。

〔2〕王利明：《人格权法研究》（第三版），中国人民大学出版社2018年版，第379页。

只要对方使用与某人相同的姓名不是为了故意造成姓名权冲突，引发社会不特定第三人对其身份识别的混淆，那么后者就不得干涉对方选取并使用与某人相同的姓名，否则就应当承担干涉他人使用与自己相同的姓名的侵权责任。

（二）盗用、假冒他人姓名

1. 盗用、假冒他人姓名与侵犯姓名权

盗用他人姓名，即未经他人同意，擅自以他人名义实施有害于他人和社会的行为。例如，盗用他人的姓名领取不合法的收入，在罚款通知单上签上他人的姓名。而假冒他人姓名则是指冒名顶替，换言之，指冒充他人进行活动。例如，未经他人同意，在自己作品的"序"中署上他人的姓名，擅自在招生广告中使用某个名教授的姓名，擅自在自己的美术作品上标上他人的姓名等。[1] 盗用、冒用他人姓名的侵权人常常利用他人对知名人士的崇敬、羡慕、信任，使用某知名人士的姓名从事各种活动。在实践中，利用与他人同姓名的条件冒充他人实施行为，利用与他人姓名容易相混的条件冒充他人，以及利用他人的身份和名义从事某种行为，也应认为属于假冒行为。

盗用他人姓名和假冒他人姓名的行为很类似，都是非法利用他人姓名并侵害了权利人的姓名权，但两者之间存在一定的区别。盗用的结果常常直接损害了被盗用者的利益，而假冒者的目的并不是直接损害被假冒者的利益，而只是使用他人的姓名从事某种民事、经济及其他活动，目的是为了谋取个人的非法所得。假冒他人姓名也可能是为了愚弄他人或者恶意侵害他人，但行为人可能并未从中获取利益，此种行为也构成对他人姓名权的侵害。

2. 盗用、假冒他人姓名与侵犯其他人格权

在很多情况下，虽然行为人是冒用或者盗用他人姓名，但是如果假冒或盗用姓名侵害到被冒名人其他权利时，也可不认定为侵犯姓名权，而直接认定构成其他权利的侵权。如某人用真实存在的人的姓名刻画小说或者影视剧的人物，使人联想到真实的人与影视剧作品或者小说中的人物的关系时，侵犯了姓名人的姓名权吗？对于这种情况，德国过去采用的是"侵犯姓名权"，但现在认为，这里损害的不在于姓名的使用，而是对其私生

---

〔1〕 王利明：《人格权法研究》（第三版），中国人民大学出版社2018年版，第384页。

活的暴露，侵犯的是隐私权而不是姓名权。[1] 笔者觉得这样分析是有道理的，即使在刻画人物时，用一个真实的人的故事作为核心，而却用一个其他的名字，使人联想到作品中的人就是生活中的某人时，情况是一样的，要么侵犯了其隐私权，要么侵害的是名誉权或者其他人格权。[2] 例如，有人不愿意他人知道自己的财富，但自己的名字却出现在“财富排行榜”中；自己虽然拥有宝马汽车，但却不愿意自己的姓名出现在拥有该车的名单中；等等。这些表面看是侵犯了姓名权，真正被侵犯的客体不是姓名而是隐私或者名誉。[3]

3. 盗用、冒用他人姓名与侵犯知识产权

最高人民法院的观点认为，如果假冒他人姓名旨在侵害他人著作权，则应当认定为侵害他人著作权的行为，而不宜作为侵害姓名权处理。[4] 如临摹他人绘画作品，在未经作者同意的情况下，签署他人姓名，并以营利为目的出售该复制品，构成对著作权的侵犯，不属于侵犯姓名权。[5]

二、侵害名称权的行为

侵害名称权构成侵权行为。原《民法通则》第 99 条是有关名称权侵害的规定的解释，该条规定：“公民享有姓名权，有权决定、使用和依照规定改变自己的姓名，禁止他人干涉、盗用、假冒。”原《民法通则》第 99 条的规定将侵害他人名称权的行为类型化为干涉、盗用、假冒三种，此种行为主要的表现是干涉、盗用、假冒他人名称，但又不限于干涉、假冒、盗用。立法目的是防止行为人未经许可而利用他人名称权的行为，凡是未经许可利用他人名称权的行为，除法律规定的情形，都应当构成对他人名称权的侵害。一般认为常见侵害名称权的行为包括以下两种：

（一）非法干涉法人、非法人组织对名称的使用

非法干涉他人对名称的使用，干涉内容包括对名称的设定、专有使用、依法变更和依法转让的干预等，干涉行为大多出于故意。例如，强制

[1] ［德］卡尔·拉伦茨：《德国民法通论》，王晓晔等译，法律出版社 2004 年版，第 169 页。

[2] 李永军：《论姓名权的性质与法律保护》，载《比较法研究》2012 年第 1 期。

[3] 李永军：《论姓名权的性质与法律保护》，载《比较法研究》2012 年第 1 期。

[4] 参见《最高人民法院关于范曾诉盛林虎姓名权纠纷案的复函》［1990 年 11 月 5 日（1989）民他字第 55 号］。

[5] 参见《最高人民法院关于范曾诉盛林虎姓名权纠纷案的复函》［1990 年 11 月 5 日（1989）民他字第 55 号］。

法人或非法人组织使用或不使用某一名称，阻挠名称的转让、变更的行为。非法宣布撤销他人的名称，也属于干涉名称权的行为。[1] 行为人在转让其名称权后，不正当地限制新权利人对名称的使用等，均构成非法干涉他人对名称的使用。[2]

（二）盗用、假冒法人、非法人组织的名称

盗用、假冒法人、非法人组织的名称，又称非法使用他人名称，是指未经他人许可，冒用或盗用他人登记的名称。盗用名称是未经名称权人同意，擅自以他人的名称进行活动。冒用名称是冒充他人的名称，以为自己的目的而行为，即冒名顶替。盗用和冒用他人名称，即为非法使用，各国立法均认定其为侵权行为。在名称登记范围内，同行业的营业不得以不正当竞争目的而使用与登记名称相似或易于为人误认的名称。此种行为为名称的混同，也是非法使用他人名称的侵权行为。企业名称在转让后，转让方不得继续使用已转让的企业名称，否则也构成对受让企业方的名称权的侵害。原《民通意见》第 141 条规定，盗用、假冒他人名称造成损害的，应当认定为侵犯名称权的行为。此次《民法典》继续沿用了原《民通意见》的规定，盗用、假冒法人、非法人组织的名称，构成对法人、非法人组织名称权这一人格权的侵犯。

在司法实践中，判断某一行为是否侵害名称权的主要标准就是公众是否认为行为人所使用的名称与权利人的名称有直接的关联，如果公众认为行为人所使用的名称与权利人的名称具有直接的关联，则该行为就构成对权利人名称权的侵害，否则就不构成侵害名称权的行为。

第一千零一十五条　自然人应当随父姓或者母姓，但是有下列情形之一的，可以在父姓和母姓之外选取姓氏：

（一）选取其他直系长辈血亲的姓氏；

（二）因由法定扶养人以外的人扶养而选取扶养人姓氏；

（三）有不违背公序良俗的其他正当理由。

少数民族自然人的姓氏可以遵从本民族的文化传统和风俗习惯。

---

〔1〕 杨立新、吴兆祥：《论名称权及其民法保护》，载《江苏社会科学》1995 年第 1 期。

〔2〕 王利明：《人格权法研究》（第三版），中国人民大学出版社 2018 年版，第 415 页。

【要义精解】

本条规定的是自然人姓氏的选取范围。

与自然人的“名”不同，自然人的姓氏体现着血缘传承、伦理秩序和文化传统，其本身具有一定的身份定位功能，不仅是个人的人格标志，而且具有一定的伦理性在内。[1] 原则上自然人的姓氏选择应在父亲或母亲两者之间择其一，即符合我国社会上对姓氏取得的传统认识。毕竟，自然人的姓名权属于自然人的私法权利，自然人应有一定程度上的选择权与决定权（包括更名权）。但是这种不选择父或母一方的姓氏的做法必须有法律上的“正当理由”。在不违反公序良俗的情形下，立法没必要对姓氏的选择作出过于严苛的限制，因而允许自然人可在父姓和母姓之外选取姓氏。本条第1款列举的三种情形是从公序良俗原则出发作出的限制。依据本条第2款，我国少数民族众多，命名习惯也应民族的不同而有很大差异。因此，对于少数民族公民姓氏的选择，应允许其根据本民族的文化传统和风俗习惯决定，其限定条件本质上依然是本民族的公序良俗。

【对照适用】

2014年11月1日，第十二届全国人民代表大会常务委员会第十一次会议通过了《全国人民代表大会常务委员会关于〈中华人民共和国民法通则〉第九十九条第一款、〈中华人民共和国婚姻法〉第二十二条的解释》（以下简称《姓名权立法解释》）。该《姓名权立法解释》规定：“公民依法享有姓名权。公民行使姓名权，还应当尊重社会公德，不得损害社会公共利益。公民原则上应当随父姓或者母姓。有下列情形之一的，可以在父姓和母姓之外选取姓氏：（一）选取其他直系长辈血亲的姓氏；（二）因由法定扶养人以外的人抚养而选取抚养人姓氏；（三）有不违反公序良俗的其他正当理由。少数民族公民的姓氏可以从本民族的文化传统和风俗习惯。”可以说，《民法典》第1015条即是对该立法解释的继承与延续。

一、自然人一般情况下应当随父姓或者母姓的必要性

第一，虽然自然人享有姓名权，有权决定与改变自己的姓名。但是，

---

[1] 王利明：《人格权法研究》（第三版），中国人民大学出版社2018年版，第373页。

对于无民事行为能力的自然人，不具有意思能力与识别能力，应由其监护人为其选定姓名。根据我国《户口登记条例》第 7 条规定，婴儿出生后一个月内，由户主、亲属、抚养人或者邻居向婴儿常住地户口登记机关申报出生登记，并将其姓名记入户籍登记簿。弃婴应由收养人或者育婴机关向户口登记机关申报出生登记。实践中，新生婴儿的父母为婴儿选取姓名并进行登记，是父母的权利与义务，一般也由父母完成，因而首选父或母一方的姓氏是一种习惯的做法。

第二，自然人姓氏承担着家庭血缘传承的文化传统，与一个人关系最近的血亲就是其父母，故自然人随父姓或者母姓符合中华传统文化和伦理观念，符合我国的文化传统与文化习惯。法律之所以作出此种规定，是因为姓名本身具有一种身份定位功能，其不是个人的人格标志，而且具有一定的伦理因素。“姓”和“名”不同，“姓”具有很强的伦理性，具有浓厚的身份属性，是其家族血脉传统的标识，也是区分自然人与其他群体自然人的一种身份标志，按照我国传统文化和伦理秩序，子女随父或者母姓被认为是天经地义的事，这也反映了个人“姓”的身份属性。

二、关于选取父母姓氏范围之外的其他姓氏

本条第一款规定子女应当随父姓或者随母姓，并不意味着只能随父姓或者母姓，依据该条的规定，权利人决定其姓名的自由也受到一定的限制，即权利人决定自己的姓名时，原则上应当随父姓或者母姓，但在以下情形下，权利人也可以选取父姓和母姓以外的其他姓氏。

（一）选取其他直系长辈血亲的姓氏

父母之外的直系长辈血亲，包括祖父母、外祖父母、曾祖父母、外曾祖父母等直系长辈。例如，我国一些地方存在“三代还宗”的习俗，即因入赘等原因，子女改姓女方的姓，到第三代时，孩子又要改为其祖父的姓，这是我国许多地方长期存在的民间习俗，在法律上应当予以尊重。因此，《姓名权立法解释》以及《民法典》允许公民在决定自己的姓名时选择其他直系长辈血亲的姓氏，这样的姓氏选择符合我国很多地方的习惯与风俗，不违反公共利益与善良风俗，自然应当得到允许。

（二）由法定扶养人以外的人扶养而选取扶养人姓氏

依据我国法律的规定，法定扶养义务主要是指子女对父母的赡养义务，父母对子女的抚养义务。此种扶养义务是法律明确规定的义务。但在法定扶养义务之外，其他近亲属也可能负担相应的扶养义务，如对父母死亡或无力抚养的未成年人，有负担能力的祖父母、外祖父母即有抚养义务。如果被法定扶养人以外的人扶养，则公民可以选择扶养人的姓氏作为自己的姓氏，这在客观上也有利于鼓励法定扶养义务人之外的近亲属对公民履行扶养义务。

（三）有不违反公序良俗的其他正当理由

如果有不违反公序良俗的其他正当理由，则公民也可以选择父姓和母姓以外的姓氏，该条对公民在父姓和母姓之外选择姓氏作出了兜底性的规定。因为社会生活纷繁复杂，除前述两种情形外，还存在其他允许公民选择姓氏的正当理由。例如，依据原《收养法》第24条的规定，子女在被他人收养之后，可以随养父或者养母的姓。当然，该条使用了“有不违反公序良俗的其他正当理由”的表述，公民在父姓和母姓外选择姓氏的行为是否存在正当理由，还应当由法官根据个案进行认定。例如，如果个人选择“周扒皮”“黄色狼”等作为姓名，则应当认定该姓名有违公序良俗。[1]

（四）少数民族自然人的姓氏可以遵从本民族的文化传统和风俗习惯

依据本条第2款规定：“少数民族自然人的姓氏可以遵从本民族的文化传统和风俗习惯。”依据这一规定，少数民族公民在选择姓氏时，可以不受原则上随父姓或者母姓的限制，而可以按照本民族的文化传统和风俗习惯来选择姓氏。该规定也是尊重少数民族文化传统和风俗习惯的体现，一些少数民族的姓氏具有特殊的血缘传承的功能，对于维护本民族的文化传统和伦理秩序具有重要意义，其姓氏的选择也应当尊重其文化传统和风俗习惯，可以不受原则上随父姓或者母姓的限制，也不受其他民族公序良俗的限制。

第一千零一十六条　自然人决定、变更姓名，或者法人、非法人组织决定、变更、转让名称的，应当依法向有关机关办理登记手续，但是法律另有规定的除外。

民事主体变更姓名、名称的，变更前实施的民事法律行为对其具有法律约束力。

---

〔1〕王利明：《人格权法研究》（第三版），中国人民大学出版社2018年版，第375页。

【要义精解】

本条规定的是民事主体姓名、名称的登记及其效力。

不管是自然人的姓名，还是法人、非法人组织的名称，其姓名、名称发生设定、变更、转让（仅限法人、非法人组织名称）等变动时，要依法向有关机关办理登记。法律所欲达到的规范目的之一就是创造一个有序的环境并提供相应的公共服务[1]，而社会的分工导致了社会管理的精细化，诸如户籍登记制度、身份证件签发、人事档案系统等制度的建立，其目的都在于建立起精细化的社会管理机制。[2] 由于姓名、名称的表征功能，姓名、名称的背后是一个实体民事主体的存在，因而姓名、名称能够成为社会管理中的重要手段。对姓名、名称的行政管理与登记，一方面增强了交往过程中信息传递的明确性，另一方面通过对姓名、名称的管理巩固了社会运行的秩序性。通过姓名识别可以在社会交往中实现信息的有效交换，而这些信息的交换要保持其真实性和可靠性就需要国家的管理和规制。

【对照适用】

对于自然人的姓名与法人、非法人组织的名称，不同的民事主体具体负责的登记机关也不一样。

一、自然人姓名的登记机关

自然人的身份证明证件有多种，自然人当事人的姓名以其合法有效的身份证件为准，那么这些不同的身份证件其登记机关也不一样。

（一）户籍登记的姓名信息

《户口登记条例》第7条规定，婴儿出生后1个月以内，由户主、亲属、抚养人或者邻居向婴儿常住地户口登记机关申报出生登记。弃婴，由收养人或者育婴机关向户口登记机关申报出生登记。自然人户籍的出生登记主要是向出生地的户籍登记机关进行登记。《户口登记条例》第3条规定了不同群体的不同登记机关："户口登记工作，由各级公安机关主管。城市和设有公安派出所的镇，以公安派出所管辖区为户口管辖区；乡和不设公安派出所的镇，以乡、镇管辖区为户口管辖区。乡、镇人民委员会和

〔1〕 崔雪丽：《美国宪法解释研究》，山东人民出版社2011年版，第68页。
〔2〕 张红：《人格权各论》，高等教育出版社2015年版，第11页。

公安派出所为户口登记机关。居住在机关、团体、学校、企业、事业等单位内部和公共宿舍的户口，由各单位指定专人，协助户口登记机关办理户口登记；分散居住的户口，由户口登记机关直接办理户口登记。居住在军事机关和军人宿舍的非现役军人的户口，由各单位指定专人，协助户口登记机关办理户口登记。农业、渔业、盐业、林业、牧畜业、手工业等生产合作社的户口，由合作社指定专人，协助户口登记机关办理户口登记。合作社以外的户口，由户口登记机关直接办理户口登记。”《户口登记条例》第18条还规定了自然人变更姓名时的变更登记。[1]

（二）自然人身份证上的姓名登记

自然人的身份证作为最常见的自然人身份证件，在申请身份证时需要提供自然人的姓名，并进行登记。[2]《居民身份证法》第11条还规定：“……公民姓名变更……应当换领新证……”。“公民姓名变更”是指公民变更自己姓名的情况。根据我国法律规定，公民享有姓名权，其中就包括公民有改变自己姓名的权利。但是为了便于国家有关管理机关对公民实行居民身份证的管理和有利于公民自己的工作、生活的方便，公民在变更自己的姓名后，应当及时、主动地向公安机关申请换领新的居民身份证。

（三）军人相关证件

一般以军官证、文职干部证、士兵证、学员证等为准。2008年以后，在役的人民解放军军人、人民武装警察可以同时拥有居民身份证。

（四）港、澳、台居民相关证件

以其所在地颁发的身份证件，以及“港澳居民来往内地通行证（港澳同胞回乡证）”或“台湾居民来往大陆通行证和其他有效旅行证件”为准。

（五）外国人相关身份证件

外国人在中国大陆从事民事活动，必须同时拥有护照和签证。护照与签证上都应记载外国公民的姓名。

---

〔1〕《户口登记条例》第18条规定：“公民变更姓名，依照下列规定办理：（一）未满十八周岁的人需要变更姓名的时候，由本人或者父母、收养人向户口登记机关申请变更登记；（二）十八周岁以上的人需要变更姓名的时候，由本人向户口登记机关申请变更登记。”

〔2〕《居民身份证法》第3条规定：“居民身份证登记的项目包括：姓名、性别、民族、出生日期、常住户口所在地住址、公民身份号码、本人相片、指纹信息、证件的有效期和签发机关。公民身份号码是每个公民唯一的、终身不变的身份代码，由公安机关按照公民身份号码国家标准编制。公民申请领取、换领、补领居民身份证，应当登记指纹信息。”

二、法人、非法人组织的名称登记机关

（一）法人名称的登记机关

《民法典》规定，法人分为营利法人、非营利法人、特别法人。

1. 营利法人的名称登记机关

营利法人主要是公司与企业。根据《企业名称登记管理规定》第 2 条之规定，县级以上人民政府市场监督管理部门负责中国境内设立企业的企业名称登记管理。国务院市场监督管理部门主管全国企业名称登记管理工作，负责制定企业名称登记管理的具体规范。省、自治区、直辖市人民政府市场监督管理部门负责建立本行政区域统一的企业名称申报系统和企业名称数据库，并向社会开放。

《公司登记管理条例》第 4 条规定，工商行政管理机关是公司登记机关。《公司登记管理条例》规定了公司名称登记的预先核准制度。同时第 28 条规定，公司变更名称的，应当自变更决议或者决定作出之日起 30 日内申请变更登记。

2. 非营利法人的名称登记机关

非营利法人是《民法总则》出台后的表述，包括事业单位、社会团体、基金会、社会服务机构等。

（1）事业单位法人的名称登记

事业单位，按照《事业单位登记管理暂行条例》的规定，是指从事教育、科技、文化、卫生等活动的社会服务组织。《事业单位登记管理暂行条例》第 5 条规定，县级以上各级人民政府机构编制管理机关所属的事业单位登记管理机构负责实施事业单位的登记管理工作。第 8 条第 2 款规定："事业单位法人登记事项包括：名称、住所、宗旨和业务范围、法定代表人、经费来源（开办资金）等情况。"也即是说，事业单位法人登记中，包括对名称的登记。符合登记条件的事业单位法人，登记机关给予《事业单位法人证书》，《事业单位法人证书》记载有事业单位的名称。《事业单位登记管理暂行条例》第 14 条还规定了事业单位名称变更的程序，即"事业单位的登记、备案或者变更名称、住所以及注销登记或者注销备案，由登记管理机关予以公告"。

（2）社会团体法人的名称

根据《社会团体登记管理条例》规定，社会团体，是指中国公民自愿组成，为实现会员共同意愿，按照其章程开展活动的非营利性社会组

织。第6条规定，国务院民政部门和县级以上地方各级人民政府民政部门是本级人民政府的社会团体登记管理机关。第10条第2款规定了社会团体法人名称的具体登记要求："社会团体的名称应当符合法律、法规的规定，不得违背社会道德风尚。社会团体的名称应当与其业务范围、成员分布、活动地域相一致，准确反映其特征。全国性的社会团体的名称冠以'中国'、'全国'、'中华'等字样的，应当按照国家有关规定经过批准，地方性的社会团体的名称不得冠以'中国'、'全国'、'中华'等字样。"第12条第2款规定："社会团体登记事项包括：名称、住所、宗旨、业务范围、活动地域、法定代表人、活动资金和业务主管单位。"也即是说，社会团体法人登记中，包括对名称的登记。符合登记条件的社会团体法人，登记机关给予《社会团体法人登记证书》，《社会团体法人登记证书》记载有事业单位的名称。第14条规定，社会团体章程中应当明确社会团体法人的名称。《社会团体登记管理条例》第23条还规定了社会团体法人名称变更的程序，即"社会团体……变更名称……由登记管理机关予以公告"。

(3) 基金会的名称

根据《基金会管理条例》规定，基金会是指利用自然人、法人或者其他组织捐赠的财产，以从事公益事业为目的，按照本条例的规定成立的非营利性法人。《基金会管理条例》第6条规定，国务院民政部门和省、自治区、直辖市人民政府民政部门是基金会的登记管理机关。第11条规定，基金会设立登记的事项就包括对名称的登记。第12条同样还规定，基金会分支机构、基金会代表机构的设立登记亦需要登记名称。

(4) 社会服务机构的名称

社会服务机构的主要形式是民办非企业单位。依据《民办非企业单位登记管理暂行条例》规定，民办非企业单位是指企业事业单位、社会团体和其他社会力量以及公民个人利用非国有资产举办的，从事非营利性社会服务活动的社会组织。《民办非企业单位登记管理暂行条例》第5条规定，国务院民政部门和县级以上地方各级人民政府民政部门是本级人民政府的民办非企业单位登记管理机关。符合法人条件的，登记机关颁给《民办非企业单位（法人）登记证书》。《民办非企业单位登记管理暂行条例》第8条第2款涉及对登记名称规范的要求，即民办非企业单位的名称应当符合国务院民政部门的规定，不得冠以"中国""全国""中华"等字样。第

18 条还规定了民办非企业单位成立变更名称的公告程序。

3. 特别法人的名称登记

根据《民法典》第 96 条规定，“本节规定的机关法人、农村集体经济组织法人、城镇农村的合作经济组织法人、基层群众性自治组织法人，为特别法人”。

（1）机关法人的名称

机关法人可以分为直接依据法律设立和依据审批设立，也可分为权力机关、行政机关、审判机关与法律监督机关以及国家军事机关。依法律设立的机关法人，应按设立时的批准文件确定名称。

（2）农村集体经济组织法人的名称

根据《宪法》《土地管理法》《村民委员会组织法》等法律的规定，农村集体经济组织是农村集体土地、其他集体财产的所有人、管理人、发包人、投资人以及对集体事务的管理人。通说认为公司章程犹如公司“宪法”，章程无疑是法人规范化存续、治理的根本性制度载体，必不可少。准以此理，农村集体经济组织特别法人的设立也得有章程才行。故名称作为章程内容的必要记载事项，也是需要登记的。

（3）合作经济组织法人的名称

合作经济组织法人，是指依法取得法人资格的合作经济组织。早在《民法总则》对合作经济组织作出规定以前，中国实践中即已发展出各种类型的合作经济组织，其通常被冠以“××合作社”的名称。这主要包括农民专业合作社，城市、农村信用合作社，供销合作社，住宅合作社四类。[1] 根据《民法典》第 100 条第 2 款的规定，“法律、行政法规对城镇农村的合作经济组织有规定的，依照其规定”。

（4）基层群众性自治组织法人的名称

根据《民法典》第 101 条规定，“居民委员会、村民委员会具有基层群众性自治组织法人资格，可以从事为履行职能所需要的民事活动”。

（二）非法人组织名称登记机关

依据《民法典》规定，非法人组织是指“不具有法人资格，但是能够依法以自己的名义从事民事活动的组织”，包括个人独资企业、合伙企业、

〔1〕 刘大洪、秋隽思：《我国合作经济组织的发展困境与立法反思》，载《现代法学》2019 年第 3 期。

不具有法人资格的专业服务机构等，其名称应与登记或批准其设立的文件为准。

1. 个人独资企业的名称

根据《个人独资企业法》规定，个人独资企业登记机关予以登记的，发放《个人独资企业营业执照》，其名称以《个人独资企业营业执照》为准。

2. 合伙企业的名称

根据《合伙企业法》规定，合伙企业“是指自然人、法人和其他组织依照本法在中国境内设立的普通合伙企业和有限合伙企业”，其名称以批准其设立的《合伙企业营业执照》为准。

3. 不具有法人资格的专业服务机构的名称

《民法典》列举了第三种非法人组织的形式，即“不具有法人资格的专业服务机构”。应该是指“专业服务机构”中，不具有法人资格的非法人组织。

第一千零一十七条　具有一定社会知名度，被他人使用足以造成公众混淆的笔名、艺名、网名、译名、字号、姓名和名称的简称等，参照适用姓名权和名称权保护的有关规定。

【要义精解】

本条是关于姓名权、名称权保护范围的扩张问题，即自然人和法人、非法人组织的笔名、艺名、网名、译名、字号、姓名和名称的简称等都参照适用本章有关姓名权和名称权的保护的规定。

由于作家、艺术家、艺人等通常使用笔名、雅号、艺名等来取代真名，所以当这些通称广为人知的时候，就与真名一样受到姓名权的保护。[1] 当这些特殊名称被他人使用足以造成公众混淆的，与姓名和名称受同等保护。与姓名和名称受同等保护不仅是指被干涉、盗用、冒用后的权利保护，亦指其本身的决定、变更与使用为法律所确认。

---

〔1〕 参见［日］五十岚清：《人格权法》，铃木贤、葛敏译，北京大学出版社 2009 年版，第 118 页。

【对照适用】

一、受保护的笔名、艺名、网名、译名、字号、姓名和名称的简称范围

自然人和法人、非法人组织的笔名、艺名、网名、译名、字号、姓名和名称的简称称谓在构成上不要求符合姓名构造规范，但经过社会交往广泛传播而具备对特定自然人、法人、非法人组织的识别性时，特定自然人、法人、非法人组织对此类称谓的保持、使用、收益利益，具有受到法律保护的正当性。

笔名是作者发表作品时，隐去真实姓名所署的别名。笔名的使用在文学中比较常见，人们耳熟能详的茅盾、巴金、老舍、曹禺、夏衍、丁玲、艾青等都是笔名，甚至一个人也可能有多个笔名，如鲁迅笔名的使用者周树人就曾使用过且介、鲁迅、何家干、仲度、白道、及锋等100多个不同的笔名。

艺名是艺人演出时所用的别名。在过去，街头艺人的艺名多半来源于他们号中的俗号。艺名也有自定的，有不少演员的艺名是自定，而不是取用俗号。相形之下，他们的艺名比较文雅。例如，京剧演员梅兰芳，原名梅澜。取艺名梅兰芳，一方面留下原名的痕迹（兰和澜谐音），另一方面也表示自己是旦角演员，即“兰芳”习惯上是女人用的名字。

网名指公民在网上使用的名字。由于网络是一个虚拟的世界，为了避免使用真实姓名带来的麻烦所以发明了网名。网名一般是指网友在网络世界里的一个虚拟名称。包含：论坛网名、qq网名、MSN网名、游戏网名等。qq网名则是网名中的一种。而大家最熟悉的就是腾讯qq的网名，聊天软件上对应的虚拟名称。它具有随意性、不稳定性和不真实性。

译名是指民事主体的外文姓名或名称翻译成中文的称谓。译名符合条件的可以主张姓名权或名称权的保护。一般来说，外国民事主体就特定名称主张姓名权或名称权保护的，需要满足以下几个条件：(1)该特定姓名或名称在我国具有一定的知名度，为相关公众所知悉；(2)相关公众使用该特定名称指代该特定的民事主体；(3)该特定姓名或名称已经与该特定民事主体之间建立了稳定的对应关系。

字号是指除了名称以外的称呼或一家商铺的名称，也指以文字作为编次的符号。比如“阿迪”“耐克”“联想”“华为”都属于字号的范围。

不仅姓名和名称本身，姓名和名称的简称亦受本章姓名权和名称权的保护。

二、关于“被他人使用足以造成公众混淆”的理解

本条对于笔名等通称的保护规定了“足以致使公众混淆”的要件。对此，以姓名权保护笔名等通称须达到“混淆”的程度，系对姓名权的内涵理解出现偏差。有学者认为：若笔名、艺名、网名必达“混淆”程度方可受姓名权之保护，则不至于导致混淆的上述称谓就不能受到姓名权的保护，存在保护上的漏洞。[1] 故只要该通称拥有一定的社会知名度、为一定公众所知晓，就应与姓名一样保护。[2] 在司法实践中很多法院的判决体现了这一认识，如有的法院认为“某一特定名称在具有一定知名度的基础上，若公众能借此与特定自然人建立稳定的对应关系，则可以姓名权保护这一特定名称”[3]，解释上应值得赞同。

---

〔1〕张红：《民法典之姓名权立法论》，载《河北法学》2019 年第 10 期；张红：《〈民法典各分编（草案）〉人格权编评析》，载《法学评论》2019 年第 1 期。

〔2〕王叶刚：《民法典人格权编的规则设计》，载《政治与法律》2017 年第 8 期。

〔3〕北京市朝阳区人民法院（2017）京 0105 朝民初字第 1832 号民事判决书。

第四章　肖 像 权

第一千零一十八条　自然人享有肖像权，有权依法制作、使用、公开或者许可他人使用自己的肖像。

肖像是通过影像、雕塑、绘画等方式在一定载体上所反映的特定自然人可以被识别的外部形象。

【要义精解】

本条是关于自然人肖像的概念、肖像权的积极权能的规定。

一、对肖像的概念的理解

明确肖像权的内涵、权能、保护等问题的前提，应明确什么是肖像，即作为肖像权的客体与保护对象。我国原《民法通则》第100条虽为肖像权保护之法律规范，但何为肖像，如何构成肖像侵权等具体问题并未有明确规定，最高人民法院颁布的司法解释也未对此加以详述。因此，实务工作中如何判断肖像权人与再现形式之间的关系成为一个很有争议的问题。《民法典》第1018条第2款规定，肖像是通过影像、雕塑、绘画等方式在一定载体上所反映的特定自然人可以被识别的外部形象。对此，应当从以下几个方面把握肖像的内涵与外延。

（一）肖像是特定自然人外部形象与肖像载体结合的产物

首先，肖像权的主体范围仅限于自然人，法人、非法人组织不享有肖像权。肖像反映的是自然人的外貌特征，是个人与其他自然人相区别的重要标志。肖像以形象标记着自然人的特征。[1] 肖像是自然人享有的人格利益，并且只能为自然人享有。在例外情况下，数个自然人的肖像可以组合在一起成立既具个人性，又具集体性的集体肖像权。对于法人、非法人组织来讲，因其只是一个社会组织而没有具体的形象，故法人、非法人组织

〔1〕 王利明：《人格权法研究》（第三版），中国人民大学出版社2018年版，第418页。

不可能有肖像；即使反映某个企业形象的摄影、照片等也不是肖像。[1]

其次，应当区分“肖像”“自然人外部形象”“肖像载体”三个概念。“自然人外部形象”主要是自然人本身给他人形成的一种视觉映象，主要指的是自然人的面部特征，但又不仅是面部形象，包括身体、体型等自然人的整体形象都可以作为肖像的内容。如王泽鉴教授的观点：“肖像固以人之面部特征为主要内容，但应从宽解释，凡注意呈现个人外部形象者，均包括在内，例如拍摄某模特众所周知之美腿做商品广告，当可辨识某人时亦得构成对肖像权之侵害。”[2] 自然人的外部形象不构成肖像，只有这种外部形象被固定在一定物质载体后得以再现才能称之为肖像。故“自然人的外部形象”与“肖像载体”相结合的，产生的才是“肖像”。

最后，关于本条所指的肖像载体范围。本条第2款规定的肖像的载体为影像、雕塑、绘画三种形式，解释上应当认为“等”还包括其他可以使自然人外貌再现的物质载体。例如，照相、录像、电影等。[3] 通说认为，不要求这种载体为艺术作品，虽然肖像的主要载体形式为影像、雕塑、绘画、照相、录像、电影等艺术作品，但艺术作品并非是肖像的唯一形式。现实中不乏未经过作者发挥主观能动性再次创作的肖像呈现，如监控录像中载某人肖像的截屏，是一种实时记录而非艺术作品[4]，但亦可成为肖像权保护的肖像之载体范畴。

（二）肖像需要有可识别性

清晰的可识别性是肖像应有之义，受到肖像权保护的肖像必须是呈现在特定肖像载体之上的能够被识别为特定人的外部形象。当在一张图片中某个人清晰可辨之时，人们在该肖像中所看到的是人格，是一项主观的权利。肖像权所保护的肖像应具有完整、清晰、直观、可辨的形象再现性或称形象标识性。如果肖像载体上记载的自然人外部形象不能再现原形人的相貌综合特征，不能使载体上记载的肖像特征与其他人的外貌特征相区分，那么就不足以使之与特定的自然人产生认识上的关联与联系，那么这样的外部形象不属于肖像权的保护之形象范畴。载体所表

---

〔1〕 王利明：《人格权法研究》（第三版），中国人民大学出版社2018年版，第418页。

〔2〕 王泽鉴：《人格权法：法释义学、比较法、案例研究》，北京大学出版社2013年版，第141页。

〔3〕 杨立新：《人格权法》，法律出版社2011年版，第441页。

〔4〕 张红：《人格权各论》，高等教育出版社2015年版，第152页。

现的外部形象内容能够完整、清晰、直观地表现原形人的相貌特征，或者该载体仅再现了自然人肖像的某一部分达到了肖像这一符号所具有的基本功能，此时肖像权人就应当获得排除自己肖像被非法贬损、使用的权利。故只要能够通过载体所再现的内容清楚地辨别其所反映的自然人形象属于谁即可。[1]

此外，这种识别性只需要一般理性第三人可以识别即可，不能借助专用的、高科技的手段。如“叶某诉安贞医院、人民交通出版社、广告公司肖像权纠纷案”中法院所认定的那样，载体的内容是凭借高科技手段进行对比才确定属于某人肖像的一部分，因而不具有清晰与直观的可识别性，所以这一载体不能称为该原告叶璇的肖像，原告对这一照片所体现的内容不享有肖像权。[2]

比较法上，大陆法系国家的司法实践也普遍对肖像认定的标准相对宽泛，它们将肖像这一概念的中心界定于可识别性（Erkennbarkeit），即借助一定表现形式呈现可使人识别出本人。而最具可识别性的便是容貌（Gesichtszuge；Features），但不以此为限。图像中无容貌者或容貌模糊者，也可通过其他身体特征（如姿态、举手投足方法、体格、嗓音、特殊发型[3]等）或者身体外之特征（服饰、装扮、姓名、球衣号码等）或物（如驾驶之车辆或骑乘之马匹）识别出特定人，也属于肖像。[4]

美国的公开权制度也以具有可识别性为要件。在“怀特诉三星电子公司（美国）案”[5]（White v. Samsung Electronics America，Inc.）中，被告三星公司在其广告中以一个机器人作为商品代言人，而该机器人的装扮与《幸运之轮》节目主持人凡娜·怀特（Vanna White）极为相似，因此第九巡回法院认为，习惯法上的公开权不限于对他人姓名及外观的侵害，只要未经权利人同意而为任何能够与权利人产生联想之行为，均属公开权之侵害。

---

〔1〕 张红：《人格权各论》，高等教育出版社 2015 年版，第 153 页。

〔2〕 《中华人民共和国最高人民法院公报》2003 年第 6 期（总第 86 期），第 21—22 页。

〔3〕 BGH GRUR 1979，732，733. 原告为知名足球守门员，被告以一张自原告背后拍摄的照片，为其电视机做广告。法院认为，尽管争诉照片并没有原告的容貌，但从其体格、举止及发型，可认出原告，符合艺术著作权法第 22 条肖像的概念。转引自张红：《人格权各论》，高等教育出版社 2015 年版，第 155 页。

〔4〕 张红：《人格权各论》，高等教育出版社 2015 年版，第 155 页。

〔5〕 White v Samsung Electronics America，Inc.，971F. 2d 1395（9th Cir. 1992）.

（三）肖像应具有客观性

肖像的客观性指的是以艺术手段创造出来的肖像必须是现实生活中实际存在的人的肖像的反映，即肖像的主体须为实在的个人而非虚构的人。凡是艺术创作中虚拟出来的形象，比如孙悟空、米老鼠、唐老鸭等虽具有一定的形象性，但因为不具有客观性，故不应作为肖像权客体的肖像从而受到民法人格权法的保护。此种形象应该通过知识产权等法律加以保护。[1]

（四）肖像权保护的利益范围

肖像利益的保护包括肖像精神利益与肖像财产利益。肖像权主要反映的是精神利益，为个人所专属。早在 20 世纪，德国实务界便认为肖像权的目的在于防范精神利益的侵害，如在“Graf Zeppelin”案中，被告将原告姓名与半身像申请商标登记。法院认为，此举在某种程度上并不符合每个人的品位。[2] 肖像蕴含的财产价值在近年来得以发掘，尤其是明星等公众人物。美国创设“公开权”以保护这一财产利益，并在司法实践中不断发展。

随着商业的发展，肖像所带来的财产利益也日渐得到司法实务的认可。当权利人为商业目的使用时，其财产利益一般经由权利人和使用人协商确定，而这种经过权利人允许的情况下的使用行为自然不会发生对权利人精神损害的不利后果，即便有精神损害的结果也因为同意而免责。精神利益是肖像权的核心内容，因而对精神利益的保护应该是贯穿始终的，只要构成对肖像权的侵害就应该认为肖像权的精神利益有所侵害。但是否应加以赔偿则根据精神损害的有关规定处理。[3]

二、对肖像权的积极权能的理解

任何一项独立的权利均具有消极与积极两方面的权能。本条第 1 款规定的是肖像权的积极权能。即制作、使用、公开或者许可他人使用四个方面的积极权能。

（一）制作自己的肖像

肖像制作权又称“形象再现权”，即肖像权利人决定制作或不制作肖

〔1〕 王利明：《人格权法研究》（第三版），中国人民大学出版社 2018 年版，第 420 页。

〔2〕 RG vom 28. 10. 1910. RGZ 74, 308.

〔3〕 张红：《〈民法典各分编（草案）〉人格权编评析》，载《法学评论》2019 年第 1 期。

像及禁止或允许他人制作自己的肖像。[1] 肖像权人有权根据自己的合法需要，自己或许可他人通过造型艺术及其他形式再现自己的形象。只有通过制作转化为肖像，才能脱离人体而为人们传播和利用。[2] 未经肖像权人本人同意不得为他人摄影、作画、写生以及从事其他肖像制作活动。他人在制作本人肖像时应征得肖像权人的同意。如未经同意擅自制作他人肖像，即使未予公布，亦构成对肖像制作权的侵害。[3]

（二）使用自己的肖像

肖像权在体现人格利益的同时，还体现为一定的财产利益。作为一种标表型人格权，肖像权可以固定于一定载体之上，与肖像权人的人身相分离而为肖像权人单独支配和使用。肖像权人可以通过使用自己的肖像获取一定的利益，也可以通过许可他人使用自己的肖像而获得一定的利益。即肖像权人使用自己的肖像包括自己使用与许可他人使用两种使用方式。而本条所说的“使用自己的肖像”应系狭义上的肖像权人自己使用肖像之意。

（三）公开自己的肖像

肖像权的公开发表权，是指对于已经制作的肖像，禁止他人未经授权而擅自加以公开或使用的权利，或者说是肖像权人有权决定是否公开以及在何种情况下公开其肖像的权利[4]。这种公开发表权其实属于肖像权人自己使用权的内涵之一，肖像的许可与公开实质上是使用的表现形式之一。[5] 解释上不应作为一种独立存在的肖像权权能。

（四）许可他人使用自己的肖像

本人许可他人使用自己的肖像，可以采用两种方式：一是肖像权人单方面授权使他人有权使用自己的肖像，需要注意的是，本人的授权范围一定要明确。例如，应当规定使用人的使用时间、方式、对使用的限制等。如果使用人超出了使用范围而使用他人肖像，也可构成对他人肖像权的侵

---

〔1〕 王利明：《人格权法研究》（第三版），中国人民大学出版社 2018 年版，第 424 页。
〔2〕 参见杨立新等：《〈中国民法典·人格权编〉草案建议稿的说明》，载王利明主编：《中国民法典草案建议稿及说明》，中国法制出版社 2004 年版，第 336 页。
〔3〕 王泽鉴：《侵权行为法》，中国政法大学出版社 2001 年版，第 137—138 页。
〔4〕 张红：《人格权各论》，高等教育出版社 2015 年版，第 175 页。
〔5〕 王泽鉴：《人格权法：法释义学、比较法、案例研究》，北京大学出版社 2013 年版，第 141 页。

害。二是本人与肖像使用权人订立肖像使用合同。所谓肖像使用合同，是指肖像权人与使用人就肖像的许可使用达成协议。许可使用在性质上属于合同关系，其内容只是规定他人可以利用其肖像，而不属于肖像权的转让。肖像使用合同既可以是有偿的，也可以是无偿的，但在内容上应明确规定使用范围、方式、期限等。如果合同未许可使用人可再次转让肖像使用权，则使用人不得将肖像使用权转让给他人。使用权人必须按照合同严格使用。例如，合同中允许被告使用而并未允许第三人使用，第三人使用了原告的肖像；或者允许在某一产品使用而并未允许在另一产品上使用，使用人却在另一产品上使用的，均构成侵权。使用人超出约定的使用用途和使用期限使用他人肖像或者违反合同约定使用他人肖像，则不仅违反肖像使用合同而应负违约责任，而且侵害了肖像权人的肖像权，权利人可在侵权责任和违约责任中选择一种提出请求。〔1〕

【对照适用】

一、集体肖像权的保护问题

如果一张照片或者其他作品仅仅涉及某一个自然人时，其对该作品中的肖像享有肖像权似乎没有什么争议，仅仅是如何才构成侵权的问题需要研究。但是，如果是两个人以上的集体照片时，肖像权如何行使？第三人侵犯时又如何保护呢？

1887 年法国巴黎高等法院作出了一个意义深远的判决。某著名演员要求判决照相馆撤去其所陈列的包括自己肖像在内的合影照片。法院认为，一人关于其肖像的所有利益为全体利益所压倒，一人的个性为全画面所掩盖，而人格权失去其存在的基础。包括该演员在内的集体照片无撤回之必要，于是判决驳回其诉讼请求。〔2〕这一判决对于后世影响较大，即使在今天仍然具有重大的影响。

对于集体肖像权的问题，中国存在两种主张。一种主张认为，集体肖像中各肖像权人不得主张肖像权。理由是个人肖像权湮没在集体之中，全体肖像权人对该集体肖像享有无法分割的精神利益和物质利益。此时，不

〔1〕王利明：《人格权法研究》（第三版），中国人民大学出版社 2018 年版，第 445 页。
〔2〕朱文杰：《论集体肖像中的个人肖像权的合理使用和法律保护》，载中国民商法律网，http://old.civillaw.com.cn/article/default.asp?id=14036，2020 年 4 月 14 日访问。

能因为一个人的利益而使全体肖像权人的利益受损。集体肖像由于法律意义与物理特性相分离，且牵涉第三人（其他合影者等）之利益，故在第三人与权利人之间，为利益平衡，集体合影中个人的肖像权应受一定限制。另一种主张认为，判断使用集体肖像的行为是否侵害了集体肖像中特定个人的肖像权，除了行为人客观上具备使用集体肖像行为外，还要看行为人故意的指向。如果行为人只是为了使用集体肖像中特定个人的肖像而使用集体肖像，则不具有使用该特定个人之外的其他合影者肖像的故意，因而，对该特定个人之外的合影者不构成侵权。后一种观点为法院在判决中所采用。

对于集体肖像权的问题，笔者认为应注意区分不同情况处理：（1）集体享有肖像权，也可以向第三人主张肖像权；（2）个人对第三人主张肖像权时，必须证明第三人有特别使用其个人肖像的故意；（3）集体中的任何个人如果为了突出自己而使用集体肖像权时，为正当使用，如在自己的自传中讲述自己的经历时使用集体照片等。[1]

二、死者肖像利益的保护问题

关于自然人死后是否享有人格权（人格利益），谁可以作为原告起诉的问题。我国的立法与司法实践对此态度亦不明晰。最高人民法院在《关于周海婴诉绍兴越王珠宝金行侵犯鲁迅肖像权一案应否受理的答复意见》中指出："公民死亡后，其肖像权应依法保护。任何污损、丑化或擅自以营利为目的使用死者肖像构成侵权的，死者的近亲属有权向人民法院提起诉讼。"这里仅仅是说人死亡后，其肖像权受法律保护，但并非说死者享有肖像权。如何保护呢？必须是死者的近亲属以自己的名义并以自己的权利受到侵害为由请求法律救济。对此，《最高人民法院关于确定民事侵权精神损害赔偿责任若干问题的解释》的有关规定可以佐证。该司法解释第3条规定："死者的姓名、肖像、名誉、荣誉、隐私、遗体、遗骨等受到侵害，其近亲属向人民法院提起诉讼请求精神损害赔偿的，人民法院应当依法予以支持。"

学者一般都认为，享有权利的前提是自然人具有权利能力。而权利能力会因人的出生当然取得，因人的死亡当然消灭。既然人已经死亡了，肖像权对其也就没有任何意义。因此，肖像权肯定是对活着的人有意义，而

---

〔1〕 李永军：《民法总则》，中国法制出版社2018年版，第260页。

非对死人有意义。所以，死者肯定不享有肖像权。

自然人死亡后自无肖像权可言，法律所保护的是其因生前肖像的存在而延续的对其继承人有价值的精神利益与财产利益。[1] 如此，近亲属便有更合理的依据主张权利。

侵害死者肖像上的精神利益，主要包括两种情形：一是因侵害死者的肖像精神利益使生者蒙羞，生者的名誉直接受损。在这种情况下可以直接认定是名誉权损害。二是对死者肖像的不当使用使死者本来余存的良好形象被破坏，损害了生者对死者的敬爱、追慕之情，是对生者一般人格利益的侵害，得寻求一般人格权之请求权基础。[2]

侵害死者肖像上的财产利益，即是对继承人获得的死者人格财产权的侵犯。这是一种独占的无形财产权，可自己使用或授权他人使用。同时继承人行使此项权利应不得违背死者明示或可推知的意思，法官在具体个案中有必要判断是否要对继承人有关此项权利的行使进行限制。[3]

三、名人肖像的保护问题

世界各国一般都承认，对名人的隐私和肖像采取较一般人为弱的保护方式。杨立新教授指出："公众人物的肖像权要受到一定的限制，这是各国立法的一个通例，也是必然的。例如，我们的领袖受到各界人民的爱戴，悬挂他们的肖像，这也是使用，但是这构成侵权吗？显然不构成侵权。著名演员受到各界人士的喜欢，影迷们使用他们的肖像也不构成侵权。这一点与隐私权的保护是一样的。但是，这种使用公众人物肖像的限制是有界限的，这就是合理使用，而不是商业化使用。如果是出于商业化目的而使用公众人物的肖像、姓名、隐私，法律是不允许的，同样认为构成侵害公众人物的肖像权、姓名权或者隐私权，应当承担侵权责任。"[4] 这主要是因为，名人是社会的模范，也是道德的楷模，对他们的肖像权或者隐私权的弱化保护，其实就是加强社会公众对他们的监督，让他们真正成为模范和楷模。另外，名人所享有的社会资源也比社会一般人多，因

〔1〕张红：《死者生前人格上财产利益之保护》，载《法学研究》2011 年第 2 期。

〔2〕张红：《论一般人格权作为基本权利之保护手段——以对"齐玉苓案"的再检讨为中心》，载《法商研究》2009 年第 4 期。

〔3〕张红：《死者生前人格上财产利益之保护》，载《法学研究》2011 年第 2 期。

〔4〕杨立新：《对名人肖像权纠纷的几点启示》，载中国民商法律网，http://old.civillaw.com.cn/article/defacclt.asp?id=44324，2020 年 4 月 14 日访问。

此，让他们接受更加严格的监督也是应该的。[1]

第一千零一十九条　任何组织或者个人不得以丑化、污损，或者利用信息技术手段伪造等方式侵害他人的肖像权。未经肖像权人同意，不得制作、使用、公开肖像权人的肖像，但是法律另有规定的除外。

未经肖像权人同意，肖像作品权利人不得以发表、复制、发行、出租、展览等方式使用或者公开肖像权人的肖像。

【要义精解】

本条规定的是自然人肖像权的消极权能。

任何一项独立的权利均具有消极与积极两方面的权能。本条规定的是肖像权的消极权能。即禁止他人侵害肖像权人之肖像权的权能。肖像权是一种人格权、一种绝对权，故除肖像权人之外的所有人都是义务人，均负有不得侵害肖像权人肖像权的义务。该权能主要包括以下几个方面：第一，肖像权人有权禁止他人非法以丑化、污损，或者利用信息技术手段伪造等方式侵害他人的肖像权。第二，除法律另有规定外（主要是肖像权的合理使用制度），未经肖像权人同意，不得制作、使用、公开肖像权人的肖像。第三，未经肖像权人同意，肖像作品权利人不得以发表、复制、发行、出租、展览等方式使用或者公开肖像权人的肖像。第一方面体现的是肖像的精神利益，而后两方面体现的是肖像的财产利益。

【对照适用】

一、禁止任何组织或者个人以丑化、污损，或者利用信息技术手段伪造等方式侵害肖像权

肖像权是一种绝对权、人格权，故除肖像权人之外的所有自然人和组织都是义务人，均负有不得侵害肖像权人肖像权的义务，肖像权人有权禁止他人非法以丑化、污损，或者利用信息技术手段伪造等方式侵害他人的肖像权。在他人侵害肖像权人的肖像权时，权利人有权请求他人停止侵害、排除妨碍、赔偿损失。

---

〔1〕李永军：《民法总则》，中国法制出版社2018年版，第284页。

行为人该种对他人肖像权的侵犯还有可能发生在侵害肖像权的同时还构成对名誉权的侵犯。比如，在他人的肖像上打叉、涂画或者焚烧、撕扯、倒挂他人的肖像，从而损坏了肖像权人在公众中的良好形象，影响了社会公众对其良好的社会评价，则可同时构成肖像权与名誉权。根据学界绝大多数学者的观点，为充分实现权利人的救济，该种情况下不应适用权利竞合理论，而应当适用权利聚合理论，权利人可以同时基于两种权利提起两个请求权。[1]

二、禁止任何组织或者个人未经肖像权人同意，制作、使用、公开肖像权人的肖像

使用他人肖像，应当经过肖像权人的同意。未经肖像权人同意，任何组织或者个人不得制作、使用、公开肖像权人的肖像。行为人未经许可使用他人肖像的行为，构成对他人肖像的非法利用。所谓非法利用，是指未取得他人同意而非法再现他人肖像的行为，包括商业性的利用和非商业性的利用。例如，非法制作他人的肖像作品、非法复制和传播他人肖像作品等。具体来说，非法利用他人肖像的行为包括非法使用他人肖像。非法使用既包括以营利为目的而将他人肖像制成画像、照片、图片、塑像、雕像等出售给他人，或用做广告、商标、产品说明书等[2]，也包括非以营利为目的而将制作的肖像予以公布、陈列、复制等使用行为。但在《民法典》第1020条中，诸如为个人学习、艺术欣赏、课堂教学或者科学研究、新闻报道、为展示特定公共环境等法律规定的肖像权合理使用制度中的特定类型中的使用他人肖像，可以不经肖像权人同意。

三、禁止肖像作品权利人未经肖像权人同意，以发表、复制、发行、出租、展览等方式使用或者公开肖像权人的肖像

肖像权与肖像作品的权利人在现实中也会发生冲突。冲突主要表现在：肖像必然通过某种载体表达出来，而当表达肖像的形式被当作作品进行保护时，作品的创作人对该作品享有著作权。而著作权人要行使著作权时，必然涉及作品所表达的具体个人的肖像；肖像权人要行使肖像权时，也会涉及著作权。因此，二者有冲突的可能性。

---

〔1〕 李永军：《民法总则》，中国法制出版社2018年版，第277页；王成：《侵犯肖像权之加害行为的认定及肖像权的保护原则》，载《清华法学》2008年第2期。

〔2〕 王利明：《人格权法研究》（第三版），中国人民大学出版社2018年版，第445页。

肖像权作为一种重要的人格权，在我国是通过民法来保护的，而著作权是通过《著作权法》来保护的。我国《著作权法》第3条规定了美术、摄影作品属于著作权法所保护的对象。而肖像往往通过美术、摄影、绘画、雕塑等造型艺术形式表现出来，因此，肖像作品一般也受著作权法保护。那么，一幅肖像作品上就存在肖像权与肖像作品著作权发生冲突的可能。肖像权与肖像作品著作权发生冲突的情况有两种：第一，公民委托他人为自己拍摄照片、绘制肖像或塑造雕像；第二，以他人为原型创作肖像作品。[1]

根据本条第2款的规定，肖像作品的著作权当然受到肖像权的制约，这是肖像作品的本质所决定的。肖像作品的作者享有肖像作品的著作权，但这不能取代肖像权人的权利，著作权人也绝不会因此而自动取得使用他人肖像的权利。肖像权人只是同意作者拍摄、绘制其肖像，并不意味着同意作者可以任意使用、公开其肖像。肖像作品著作权的行使，如果不经肖像权人同意，就会和肖像权形成冲突。肖像作品的著作权人要使用、公开作品中的肖像，当然应当征得肖像权人的同意（授权），否则就属于侵害肖像权的行为。[2]

第一千零二十条　合理实施下列行为的，可以不经肖像权人同意：

（一）为个人学习、艺术欣赏、课堂教学或者科学研究，在必要范围内使用肖像权人已经公开的肖像；

（二）为实施新闻报道，不可避免地制作、使用、公开肖像权人的肖像；

（三）为依法履行职责，国家机关在必要范围内制作、使用、公开肖像权人的肖像；

（四）为展示特定公共环境，不可避免地制作、使用、公开肖像权人的肖像；

（五）为维护公共利益或者肖像权人合法权益，制作、使用、公开肖像权人的肖像的其他行为。

---

〔1〕程啸、杨明宇：《肖像权与肖像作品著作权冲突的研究》，载《四川大学学报（哲学社会科学版）》2000年第3期。

〔2〕张红：《〈民法典各分编（草案）〉人格权编评析》，载《法学评论》2019年第1期。

【要义精解】

本条是关于肖像权的合理使用的规定。

在我国，权利都是法律赋予的，并都受到法律的限制。民事权利不仅要体现个人意志、利益，而且要体现社会公共利益的要求。当个人肖像权的保护与言论自由、社会公共利益存在冲突时如何平衡？肖像权的合理使用需要考量哪些因素则是本条要解决的问题。

法律在特殊情况下出于维护公共利益的需要，可以对肖像权的内容作出限制。法律之所以要对肖像权进行限制，其主要原因在于，肖像权作为个人权利，与社会公共利益可能会发生冲突，因而有必要适度限制个人肖像权，允许为了公共利益和社会利益的需要而使用他人肖像且无须征得他人同意，避免其损害公共利益，妨害社会共同生活。从比较法上来看，各国基于自己不同的国情，所规定的合理使用的范围不尽一致。从我国的实际情况来看，基于公共利益、舆论监督等需要，也应准确地界定肖像合理使用的界限。[1]

在法律上，肖像权的内容及其行使应依法受到限制，对肖像权的限制主要体现在肖像权的合理使用上。所谓合理使用，是指行为人利用他人肖像虽然未经权利人同意，但基于公共利益等目的的需要，可以无偿对他人肖像加以利用的行为。[2]

本条列举了肖像权合理使用的几种类型。该条列举 4 项具体的合理使用行为，第 5 项为兜底条款。

【对照适用】

一、为个人学习、艺术欣赏、课堂教学或者科学研究，在必要范围内使用肖像权人已经公开的肖像

为了个人学习、艺术欣赏、课堂教学或者科学研究的目的而在一定范围内使用他人肖像，不需要经过肖像权人的同意。科学文化教育活动有时需要利用个人肖像，所以，许多国家法律规定，基于教育科学文化发展的需要可以合理使用他人肖像。例如，2001 年制定的《加利福尼亚

---

〔1〕 王利明：《人格权法研究》（第三版），中国人民大学出版社 2018 年版，第 452 页。
〔2〕 张红：《肖像权保护中的利益平衡》，载《中国法学》2014 年第 1 期。

民法典》第 334 条规定，任何人采用任何方式或者在任何产品上或商品上使用已故者的姓名、声音、签名、肖像或照片，或者从事商业广告、销售、推销，将对因此而造成的损害承担责任。但在下列情况下的使用除外：在剧本、书籍、杂志等非从事商业广告或促销广告中使用已故的人的姓名、声音、签名、肖像或照片等；在具有政治和新闻价值的信息中使用。

需要注意的是，这里使用的必须是已经公开的肖像。使用肖像的行为必为上述目的，而非营利使用。典型情况如在医学专业期刊上使用他人照片以展示、讲解专业知识。在专业书籍上使用他人肖像可否？对此不可一概而论，若该专业书籍纯为科研、教学交流，使用他人肖像行为属合理使用。

二、为实施新闻报道，不可避免地制作、使用、公开肖像权人的肖像

新闻报道经常需要使用与报道相关的当事人的肖像，许多事件本身是通过现场拍摄来报道的，如果不能利用肖像，则新闻报道无法进行。所以，在此情况下，对于所涉及人物的肖像权应当予以合理限制，即便新闻报道未经许可使用了他人的肖像，一般也不构成对他人肖像权的侵害。[1]如果个人肖像与特定意义公共事件相结合，则个人之肖像权已经走出私人领域，进入公共场合。个人之肖像权应当让位于公共利益，权利人不得排斥他人对社会事件进行报道、讨论、回顾和研究时使用与社会事件相结合的肖像。[2]

此外，若为记载或宣传特定公众活动而使用参与者的肖像也是合理使用。使用他人肖像用于时事新闻报道在必要性上须满足“不可避免”的要求，否则亦为侵权。

为舆论监督的需要而使用他人肖像也是合理使用。本条没有列举此点，解释上应当包含之。舆论监督的价值就是维护公共利益，借助大众传播工具对社会生活中出现的各种丑陋和违法现象进行批评与监督，能够维护公共利益与社会秩序，故应当允许个人在特定情况下出于正当舆论监督需要而使用他人肖像。

---

〔1〕 张红：《人格权各论》，高等教育出版社 2015 年版，第 206 页。

〔2〕 王成：《侵犯肖像权之加害行为的认定及肖像权的保护原则》，载《清华法学》2008 年第 2 期。

三、为依法履行职责，国家机关在必要范围内制作、使用、公开肖像权人的肖像

国家机关依法履行职责体现了国家和社会公共利益，具有优先正当性。如公安机关在通缉令中使用被通缉者的肖像，或司法机关在诉讼中使用他人肖像作为证据。适用该款应注意以下几点：(1) 必须是国家机关执行职务范围内的需要使用他人肖像。如果是企业、非法人组织则无权未经权利人同意而使用其肖像；(2) 国家机关执行公务时使用他人肖像必须是仅涉及公民本人（必要范围），否则需要予以相应说明或加以技术手段保护其他人。如国家机关执行职务非直接涉及的第三人，则应采取必要的技术处理对其肖像加以保护，否则也可能不构成不合理使用，应承担侵权责任。

四、为展示特定公共环境，不可避免地制作、使用、公开肖像权人的肖像

自然人出现在公共场所中，其应当认识到自己有被摄录之可能，且其进入公共环境，可视为对他人摄录包含自己的照片、视频允许，对自己的肖像权益的处分。特定多数人之封闭场所，也可以公共场所论之，如举办大型演唱会的体育场即公共场所。此外，摄录他人必不以该自然人为突出呈现，而仅仅作为点缀。[1] 事实上，这种情形下的拍摄，难免偶有拍摄到他人，不可能完全避开或一一征得允许，故可阻却违法。[2] 就此而言，拍摄大型活动或公共道路等地之摄影材料出现某一自然人，且不一起为画面唯一呈现，仅作为点缀，即为合理使用。

五、为维护公共利益或者肖像权人合法权益，制作、使用、公开肖像权人的肖像的其他行为

（一）为公共利益

1. 为介绍、评论某一作品或者说明某一问题，可善意使用他人之肖像

此系借鉴著作权合理使用制度情形而来，其基础仍是基于公共利益而对个人肖像权予以限制，有利于文化、科学的发展。

2. 纪念馆、档案馆、博物馆、美术馆等为陈列或保存版本的需要，可

---

〔1〕 王泽鉴：《侵权行为》（第三版），北京大学出版社2016年版，第168—169页。

〔2〕 王泽鉴：《人格权法：法释义学、比较法、案例研究》，北京大学出版社2013年版，第143页。

复制本馆收藏的肖像作品

纪念馆、档案馆、博物馆、美术馆等为陈列或保存版本的需要，复制本馆收藏的具有特殊价值和意义的肖像作品，其落脚点仍在公共利益。如为保存开国大典的历史照片而进行复制，以免原件损坏丧失珍贵的历史呈现。典型如“金某某案”，该案中，被告与其他组织联合举办“溥仪生平展”；原告系溥仪同父异母之胞弟，起诉被告未经同意使用溥仪肖像。被告以合理使用作为辩解。法院最后以“溥仪属历史公众人物”为由认定被告行为非侵权行为。[1] 虽然法院以“公众人物”解决这起纠纷，但从合理使用理论观察，使用溥仪肖像进行展览的行为属合理使用；若博物馆对溥仪肖像进行复制，亦为合理使用。

（二）为肖像权人合法权益

为肖像权人自身的利益而使用其肖像。如自然人失去音信，近亲属张贴的带有失踪人照片的寻人启事即属于为肖像权人的利益而使用其肖像；再如在宣告失踪、宣告死亡等程序中，法院的公告程序亦可能用到失踪人的肖像。这种情况下，使用他人肖像的人主观上大多为善意，其为肖像权人自身利益而使用肖像权人之肖像，有利于及时维护肖像权人的利益，而不会造成负面影响。

第一千零二十一条　当事人对肖像许可使用合同中关于肖像使用条款的理解有争议的，应当作出有利于肖像权人的解释。

【要义精解】

本条是针对肖像许可使用合同中对肖像权人的有利解释规则。

肖像许可使用合同是肖像权人与肖像使用权人订立肖像使用合同。肖像许可使用在性质上属于合同关系，其内容只是规定他人可以利用其肖像，而不属于肖像权的转让。肖像使用合同既可以是有偿的，也可以是无偿的，但在内容上应明确规定使用范围、方式、期限等问题。如果合同未许可使用人可再次转让肖像使用权，则使用人不得将肖像使用权转让给他人。使用权人必须按照合同严格使用。例如，合同中允许被告使用而并未允许第三人使用，第三人使用了原告的肖像；或者允许在某一产品使用而

〔1〕 北京市东城区人民法院（2006）东民初字第 2942 号民事判决书。

并未允许在另一产品上使用，使用人却在另一产品上使用的，均构成侵权。使用人超出约定的使用用途和使用期限使用他人肖像或者违反合同约定使用他人肖像，则不仅违反肖像使用合同而应负违约责任，而且侵害了肖像权人的肖像权，权利人可在侵权责任和违约责任中选择一种提出请求。[1]

本条是对原《民法总则》和《合同法》关于意思表示解释、合同解释一般规则的突破。原《民法总则》和《合同法》关于意思表示、合同解释的规定，都是立足于双方利益的平衡，探究双方的共同意思，遵从习惯和诚信原则，而不是仅对一方有利的解释。本条之所以这样规定，是侧重保护肖像权这一人格权的法政策需要。[2] 即在肖像许可使用合同中就肖像使用的范围、方式等约定不明确的，应当作出有利于肖像权人的解释。这种特殊解释规则，目的在于通过特殊解释方法之采用，直接干预具体案件当事人之间的关系，排除作出不利于肖像权人的解释结果，维护利益平衡。[3]

不仅如此，《民法典》第 1023 条第 1 款还规定："对姓名等的许可使用，参照适用肖像许可使用的有关规定。"这就把通过肖像许可使用合同行使公开权的方法推而广之，确定其他人格利益的许可使用方法参照肖像使用许可合同的相关规定，就可以确定姓名许可使用合同、名称许可使用合同、隐私许可使用合同或者个人信息许可使用合同的基本内容。[4]

【对照适用】

当人格利益中包含有财产利益因素时，这种财产利益因素被开发使用，会创造出财产价值。这种情况下，可以通过许可使用合同，对人格利益的开发进行交易。[5] 承认肖像权等人格权具有精神和财产的双重利益，在比较法上已经是比较普遍的现象。目前对肖像商业化利用的调整模式主要有两种：一是以美国为代表的公开权保护模式；二是以德国为代表的统一保护模式。

---

[1] 王利明：《人格权法研究》（第三版），中国人民大学出版社 2018 年版，第 445 页。
[2] 张红：《〈民法典各分编（草案）〉人格权编评析》，载《法学评论》2019 年第 1 期。
[3] 张红：《〈民法典各分编（草案）〉人格权编评析》，载《法学评论》2019 年第 1 期。
[4] 杨立新：《民法典人格权编草案逻辑结构的特点与问题》，载《东方法学》2019 年第 2 期。
[5] 杨立新：《民法典人格权编草案逻辑结构的特点与问题》，载《东方法学》2019 年第 2 期。

一、美国公开权保护模式

（一）何为“公开权”

公开权（Right of Publicity），也有学者译作“形象权”，它脱胎于19世纪末以来所形成的美国传统隐私权观念，诞生于1953年Haelan案[1]。该案法官认为“毫无疑问，对肖像等人格标识，人们拥有独立的隐私权，但除此之外，人们也应对其肖像公开而产生的财产价值享有权利”，指出“大多数社会名人并未因他人未经允许使用其肖像而受有精神损害，而是因为未获得相应的肖像许可使用费而受有损害”。至此，美国司法判例开始将商业化利用肖像等人格标识的权利从隐私权中分离出来。之后，理论界更是强调隐私权在保护肖像等人格特征上的不足，主张承认公开权的独立性，并且从不同角度对公开权的概念作出了界定：如McCarthy认为，公开权是自然人享有的控制其人格标识使用的权利[2]。

（二）公开权的设立目的

公开权客体就是公开权保护的人格标识的范围，其保护肖像等人格标识得作商业上利用而具有财产价值。为公开权所保护的客体的范围在不断扩大，总体来说可以分为以下几个方面：肖像、姓名、声音、标语口号、与个人有联想关系的特殊物品。[3] 美国通说观点认为公开权为财产权，作为独立的诉因对肖像商业化利用中的财产价值提供保护。公开权人除了可以授权他人使用外，还可以通过合同将权利所有权转让给受让人。人格权公开权的行使，主要是通过人格利益的许可使用合同实现的。[4]

二、德国统一保护模式

德国民法学界起先认为肖像权等人格权不具有实在的、可支配的客

---

〔1〕 在该案件中Haelan口香糖制造公司与美国的众多知名棒球运动员签订了肖像权独占性许可使用协议，Haelan公司有权在其相关商品中使用这些运动员的肖像，并排除他人的利用。Russel发现了Haelan公司所获得的商业利润，在明知Haelan公司已经享有独占性许可使用权的情况下，也与这些棒球运动员签订了许可使用协议，并将所获得的使用权有偿转让给了被告Topps口香糖公司，被告将这些运动员的肖像使用在自己的商品上，提高自己商品的知名度以获得更多的经济利润。原告认为被告侵犯了其独占使用权，被告辩称隐私权并不保护商业上利益且不具有可转让性，原告并没有获得再利用运动员肖像的独占性权利。

〔2〕 J. Thomas McCarthy, *The Rights of Publicity and Privacy*, Vol. I（1999）. 转引自王泽鉴：《人格权法：法释义学、比较法、案例研究》，北京大学出版社2013年版，第22页。

〔3〕 王泽鉴：《人格权法：法释义学、比较法、案例研究》，北京大学出版社2013年版，第266页。

〔4〕 杨立新：《民法典人格权编草案逻辑结构的特点与问题》，载《东方法学》2019年第2期。

体，难以纳入包括权利主体及客体的权利概念之内[1]，故《德国民法典》没有将肖像的商业化利用纳入调整范围之内。随着大众传媒的发展，这种商业利用肖像的现象越来越普及，肖像的经济价值日益凸显。立法者也意识到了肖像权的经济利用性，于1907年颁布了保护肖像权的《艺术和摄影作品著作权法》，认可了肖像权具有一定的财产价值。至此，德国开始承认肖像中具有财产利益，其保护范围不再限于精神利益，而是涵盖了肖像商业化利用上的财产利益。

在肖像的许可使用方面，德国通说是统一模式下的肖像权使用许可。肖像权等人格权具有不可转让性，不能够完全地转让出去，但是允许肖像权人将肖像权的部分权能分离出来，以类似设立使用权的形式，作为子权利转移给他人做商业化使用。这种使用并没有脱离肖像权人的掌控，仍在肖像权人的影响之下。采取这种方式是因为德国人格权法一贯坚持的立场：人格标识中的精神利益是主要内容，财产利益是附着在精神利益上存在的，二者是唇亡齿寒的关系。[2]

肖像权使用许可合同分为独占性的许可合同与非独占性的许可合同。在前者，肖像权人许可被许可人使用其肖像，并承诺不再许可第三人以相同的权利，若肖像权人为第三人代言同类产品，则构成违约，应当承担违约责任[3]；在后者，肖像权人许可被许可人使用其肖像的同时许可第三人以相同的权利。

第一千零二十二条　当事人对肖像许可使用期限没有约定或者约定不明确的，任何一方当事人可以随时解除肖像许可使用合同，但是应当在合理期限之前通知对方。

当事人对肖像许可使用期限有明确约定，肖像权人有正当理由的，可以解除肖像许可使用合同，但是应当在合理期限之前通知对方。因解除合同造成对方损失的，除不可归责于肖像权人的事由外，应当赔偿损失。

---

〔1〕王泽鉴：《人格权法：法释义学、比较法、案例研究》，北京大学出版社2013年版，第272页。

〔2〕孟祥润：《肖像商业化利用的法律规制》，西南政法大学2015年硕士学位论文，第16页。

〔3〕参见“广西某保健品有限公司等诉张柏芝广告合同纠纷案”，广东省广州市中级人民法院（2007）穗中法民四初字第29号民事判决书。

【要义精解】

本条是关于肖像许可使用合同的任意解除权规定。

肖像许可使用合同属于合同的一种，原则上适用合同法有关合同订立、履行、违约、解除等一般性规定，但肖像许可使用合同毕竟不是财产性合同，其虽然有财产性因素，但主要的还关乎人格尊严与人格自由，兹事体大，故合同编不可能容纳人格权的许可使用合同。故有必要在人格权编中对人格权的许可利用规则作出规定，以体现该问题与人格尊严的价值关联性。

《民法典》第1022条第1款所述内容属于不定期肖像许可使用合同的任意解除权。根据合同是一次完成履行还是多次连续履行，合同可以分为继续性合同与非继续性合同。同样，肖像许可使用合同亦可分为继续性和非继续性合同。肖像许可使用合同一般都是继续性合同，非继续性合同是不可以随意解除的。继续性合同根据是否约定明确的使用期间，又分为不定期的继续性许可使用合同和定期的继续性许可使用合同。一般而言，不定期的继续性合同是可以随时解除的。例如，《民法典》第730条规定："当事人对租赁期限没有约定或者约定不明确，依照本法第五百一十条的规定仍不能确定的，视为不定期租赁；当事人可以随时解除合同，但是应当在合理期限之前通知对方。"本条第1款规定肖像权人与肖像所有权人对肖像许可使用期限没有约定或者约定不明确的，属于不定期肖像许可使用合同，合同双方的任何一方当事人可以随时解除肖像许可使用合同，但是根据诚实信用原则的要求，主张解除合同的一方应当在合理期限之前通知对方，以便给对方必要的时间以作其他替代性安排。

《民法典》第1022条第2款所述内容属于定期肖像许可使用合同的任意解除权。根据合同编的规定，除非具有法定解除、约定解除的事由出现，抑或是双方合意解除合同之外，定有合同履行期的合同是不允许一方任意解除的。这是合同严守原则、合同神圣原则的应有之义。本条第2款赋予定期肖像许可使用合同肖像权人单方解除合同的权利，是对合同信守原则的突破。这种突破必须有法理上的强有力的理由。这个理由即是"当事人有正当理由"。一般认为，继续履行肖像许可使用合同会构成对肖像权人精神利益的侵害，属于这里的"正当理由"。涉及肖像权人解除合同具有"正当理由"，但面对因解除合同造成对方损失的，除不可归责于肖像权人的事由外，还应当赔偿对方的损失。

此外，合同解除后的损害赔偿该如何认定？人格权尤其是可以商业化利用的人格权受到侵害也有可能导致财产损失或者经济损失，这是一种获益损失即可得利益的丧失。[1] 此时适用可预见性规则较为合理。

第一千零二十三条　对姓名等的许可使用，参照适用肖像许可使用的有关规定。

对自然人声音的保护，参照适用肖像权保护的有关规定。

【要义精解】

本条是关于肖像权一章相关内容的参照适用的规范。

本条第1款规定的是其他标表型人格权的许可使用参照本节肖像权许可使用的规定。人格权中有几类具体人格权，既具有精神利益，也具有财产利益，同时还具有表彰民事主体特征的功能，比如姓名、名称、肖像、声音等，学说上称之为“标表型人格权”（张俊浩）或者“人格标识权”（马俊驹）。所谓标表型人格权，即权利人基于其自身特有的标记、表彰符号、声音等享有的权利，姓名权、肖像权为其著例。[2] 人是符号的动物，符号化的思维和符号化的行为是人类生活中最富有代表性的特征，符号的功能在于通过其自身指代另一物，姓名、肖像、声音等人格要素能够吸收人的人格价值和形象价值而被赋予独特的第二含义，成为具有指向性、将不同对象区别开来的符号。[3] 正如肖像权人可以与肖像使用权人订立肖像使用许可合同一样，姓名权人、名称权人、隐私权人等人格权主体也可以和有使用需求的主体签订姓名许可使用合同、名称许可使用合同、隐私许可使用合同或者个人信息许可使用合同的基本内容。对于这些合同约定的内容、争议的解决、有利解释原则，都可以准用本章关于肖像权许可使用合同的规定。

本条第2款规定的自然人声音的保护参照本章肖像权保护的规定。

---

〔1〕 罗昆：《人格权法与合同法的互动探讨》，载《东方法学》2017年第6期。

〔2〕 房绍坤、曹相见：《标表型人格权的构造与人格权商品化批判》，载《中国社会科学》2018年第7期。

〔3〕 谢晓尧：《商品化权：人格符号的利益扩张与衡平》，载《法商研究》2005年第3期。

自然人的声音均不相同，包括音质、音色、音高等，整体可以将每个自然人的声音与其他自然人的声音相区分，因而和自然人的肖像一样，人各不同，具有表彰个人特征的特质。声音这一人格利益无法为肖像权或隐私权等现有人格权加以涵盖，具有其独特性与独立性规定的必要。有学者认为，如果依靠一般人格权对自然人声音进行保护，就仍然是将其作为人格法益予以保护，其力度显然不够。因此，人格权编应该单独规定形象权和声音权，对这两个人格权给予更好的法律保护。[1]《民法典》没有规定声音权这一单独的人格权，而是将自然人声音当作一种人格利益加以保护。对于对自然人声音的保护，准用本章有关肖像权保护的规定。

【对照适用】

一、自然人声音民法保护的必要性

自然人声音作为一种人格标识，同具有表征自然人自身，并可以许可他人使用的功能。声音的特殊性在于其可为他人模仿。在现代社会，随着影视技术、音像技术、网络技术等高科技的发展，复制、传播、模仿个人声音的方式方法越来越多，声音利益受到侵害的问题也越来越突出。例如，将某人的声音分解，并和他人的形象合成，也可以将某人的一段著名的讲演或者对白抽取出来作为广告词使用，或模仿他人的声音进行表演等。由于声音也反映了一个人的人格特征，并且可以被复制、传播，个体对声音享有人格利益，因而具有保护的必要性。[2]

二、自然人声音加以保护的比较法模式

（一）将自然人声音当成人格利益进行保护

将自然人声音作为一种人格利益保护的立法，如《秘鲁共和国新民法典》第 15 条第 1 款规定，未取得本人明确授权的，不得利用其肖像和声音，或在本人已死亡时，只能按顺位经其配偶卑血亲、尊血亲或兄弟姐妹同意，方可利用之。该法典第 15 条第 3 款规定，在利用其肖像和声音时侵犯其本人荣誉、尊严或声誉的，上述例外不予适用。从上述规定来看，该法实际上是将声音作为一种人格利益加以保护的。

---

〔1〕 杨立新：《民法典人格权编草案逻辑结构的特点与问题》，载《东方法学》2019 年第 2 期。
〔2〕 王利明：《人格权法研究》（第三版），中国人民大学出版社 2018 年版，第 441—442 页。

（二）将自然人声音当成人格权客体进行保护

将自然人声音当成人格权客体进行保护的立法例亦有之，比如加拿大《魁北克民法典》第36条从隐私权的角度对声音利益进行了保护，也即是将自然人声音作为一种权利的客体加以保护。该法第36条规定，特别是有下列行为之一的，为侵犯他人隐私：（1）进入或者占领他人的住宅。（2）故意截取或者使用他人的私人通信工具。（3）盗用或者使用他人的肖像或者声音，尽管在私人寓所内。（4）尽一切可能持续将他人的私生活公开。（5）使用他人的姓名、肖像、形象或者声音，但向大众合理公开信息的除外。（6）使用他人的信件、手稿或者其他的私人文件。再如法国巴黎上诉法院在1970年5月15日作出的判决中，认定下述问题“必须得到特别保护，以免受到侵害：对个人姓名、肖像、声音、隐私、名誉以及荣誉所享有的权利，被忘却的权利以及对个人自身经历所享有的权利”。〔1〕

（三）通过公开权对自然人声音予以保护

该模式主要是美国的公开权模式。该模式下，自然人的声音其实是一种商业化利用的人格利益。例如，在著名的Midler v. Ford Motor Co. 案中，美国联邦第九巡回上诉法院推翻了地区法院的判决，法官认定声音如同面孔一样，具有可区别性与个性，人类的声音是表明身份的最易被感受的方式，判定模仿著名歌手的声音构成侵权。〔2〕

三、我国民法对自然人声音的保护模式：学说与立法

（一）我国学界对自然人声音的保护模式的认识

1. 肖像权保护说

持此观点的学者，如杨立新教授。其主张将声音纳入肖像权的保护范围。〔3〕但是应当看到的是，声音与肖像毕竟属于不同的人格利益客体，其在指向对象、侵害方式等方面均不相同，将声音放置于肖像权或隐私权中加以保护均是不合适的，声音作为一种人格利益应有其独立的存在空间。

---

〔1〕Recueil Dalloz, Sirey, 1970, JPN, p. 466.

〔2〕在该案中，原告 Bette Midler 是美国著名歌手，曾经获得 Grammy 奖和1979年奥斯卡最佳女演员提名，被告福特汽车公司邀请其做广告时，遭到原告的拒绝。广告代理商便找到 Ula Hedig，让她模仿原告的声音，致使熟悉原告歌声的人都认为是原告的原唱。加州中区联邦地区法院拒绝了原告的要求，原告不服提起上诉，上诉法院支持了原告的诉讼请求。Midler v. Ford Motor Co. 849 F. 2d 460（9th Cir. 1988）。

〔3〕参见杨立新等：《〈中国民法典·人格权编〉草案建议稿的说明》，载王利明主编：《中国民法典草案建议稿及说明》，中国法制出版社2004年版，第337页。

2. 人格利益保护说

持此观点的学者，如王利明教授。其认为声音包含一定的人格利益，但并不典型，而且对声音利益的保护可以通过知识产权法、反不正当竞争法和侵权法等多个法律保护，因而没有将其类型化为具体人格权的必要，可以通过人格利益的保护方式对声音进行保护。[1]

（二）《民法典》的选择

我国《民法典》第110条并没有将声音规定为具体人格权，而是将其作为一种人格利益进行保护，类推适用有关肖像权保护的规定。

〔1〕王利明：《人格权法研究》（第三版），中国人民大学出版社2018年版，第443页。

第五章　名誉权和荣誉权

第一千零二十四条　民事主体享有名誉权。任何组织或者个人不得以侮辱、诽谤等方式侵害他人的名誉权。

名誉是对民事主体的品德、声望、才能、信用等的社会评价。

【要义精解】

本条是关于名誉的概念、名誉权的享有主体、名誉权的权能的规范。

一、名誉权的概念

本条第2款规定了名誉的概念，作为名誉权的客体，应当首先对此予以明确。第2款规定："名誉是对民事主体的品德、声望、才能、信用等的社会评价。"名誉是社会公众对民事主体的社会评价。民事主体的品德、声望、才能、信用等社会评价构成其名誉，为名誉权所保护。名誉权的客体应当为名誉，不同于一般标表型人格权之客体，名誉权作为一种精神性人格权，其调整对象不直接为相关的人格利益。

在此应当区分"名誉感"与"名誉"两个概念，名誉权与名誉感属不同范畴，名誉感系行为人自身内心的自我感受，是人们对自己价值的感情和自我评价。它是自然人人格尊严的内容，但是人格尊严并非名誉权的客体，而是一般人格权的客体。[1] 笔者认为，法律对名誉权的保护之主旨在于维护一个人的一般社会评价不受恶意或者非正常因素的干扰而降低，从而使其体面地面对社会及他人（体面地生活）。因此，这里所谓的名誉当然应该是外部社会的一般评价，而不应包括主体对自己的"主观评价"，即所谓的"名誉感"。作为名誉权客体的只能是名誉，而不是名誉感。随着互联网的发展，有学者提出虚拟世界之"社会评价"亦是名誉之组成部

〔1〕参见"汪某锋与南方日报社、深圳市人民政府法制办公室等名誉权纠纷案"，广东省高级人民法院（2015）粤高法民一提字第7号再审民事判决书。

分，理应为名誉权所保护[1]，值得赞同。

在名誉权的概念上，笔者同意杨立新教授的定义，应当从名誉权本身所保护的“法益”入手来定义，只有这样才能区分不同的人格权，而不能从“不受侵犯”入手来定义之。例如，说“所有权是一种对于物的占有、使用、收益和处分的权利”，说“债权是权利人得请求他人为或者不为特定行为的权利”等都是从法律保护的“法益”入手来定义的，而不是从“不受侵犯”入手。因此，名誉权是指民事主体对其一般社会评价所享有的保有和维持的人格权。

二、名誉权的享有主体

自然人的社会评价对于自然人的生活与工作甚为重要，犹如自然人的第二生命，因此自然人首先享有完整的名誉权。

根据我国《民法典》第 110 条与第 1024 条的相关规定，法人、非法人组织亦享有人格权。法人的名誉，亦即商业信誉，指有关其商业或职业道德、资信、商品质量或服务质量诸方面的社会评价。[2] 法人、非法人组织享有的名誉权，主要指向法人的信誉、生产能力、经营状况等因素，同时名誉权案件也是企业之间解决不正当竞争、商标纠纷、区域销售的法律手段。法人、非法人组织等组织体的“人格”毕竟是法律拟制之结果，故其与作为权利由天赋的自然人应进行区分。一般情况下，自然人享有名誉权之权能为最一般与完整，其他民事主体之名誉权行使和保护以必要为原则，参照自然人名誉权进行法律适用。[3]

三、名誉权的权能

与其他类型的人格权一样，名誉权亦包括积极权能与消极权能两种。所谓积极权能，系指名誉权主体享有的保有和维持对其名誉的客观公正评价的权能。而消极权能就是法律赋予名誉权主体享有的防止名誉被他人不当侵害而导致社会评价降低的防御性权能。

（一）名誉权的积极权能

学界通说认为，名誉权包括以下几个方面的积极权能：

1. “名誉保有权”，是指民事主体可以通过自己的活动来使自己的名

---

〔1〕 参见葛江虬：《论网络虚拟名誉及其民法保护》，载《河南大学学报（社会科学版）》2017 年第 4 期，第 1—11 页。

〔2〕 梁慧星：《民法总论》，法律出版社 2007 年版，第 96 页。

〔3〕 张红：《民法典之名誉权立法论》，载《东方法学》2020 年第 1 期。

誉处于最佳状态。包括民事主体为了保持自己的名誉不降低或不受损，凭借自己的各种行动来改进自己的名誉状态，而且他人对此不得非法干预。

2. “名誉利益支配权”，是指名誉权人对于名誉权所体现出来的利益所享有的支配权。即民事主体可以利用自己良好的名誉，在与他人进行政治、经济、文化等方面的交往中，为自己谋取合法的利益。依一般人身权理论，名誉权人不得将名誉利益任意抛弃，也不得转让，更不能继承。名誉为公众对民事主体的社会评价，缺乏可支配性与可交易性，并不直接产生财产利益。[1] 故名誉权只存在名誉权人自己使用的情况，而不存在通过转让合同的方式将名誉权交给他人使用的问题。

（二）名誉权的消极权能

这主要是名誉权人维护自己的名誉、排斥他人的侵害的权能。它是指名誉权人对于任何侵害自己名誉权的行为，都可以要求侵权行为人承担侵权责任并要求司法机关对侵权人予以民事制裁的权能，这无疑是名誉权中最重要的内容。本条第1款第2句规定“任何组织或者个人不得以侮辱、诽谤等方式侵害他人的名誉权”，即名誉权人可以拒绝他人以包括侮辱、诽谤在内的不法行为侵害其名誉权，并要求承担侵权责任。

【对照适用】

一、自然人“名誉感”的民法保护

所谓名誉感，是指公民对自己的内在价值（如素养、素质、思想品行、信用等所具有的感情）的评价，也有学者将之称为个人的自尊心。[2] 在本条的释义部分，明确了名誉权的保护客体是名誉（一般的社会的外部评价）而非内在的名誉感（自我的内部评价）。

根据绝大多数学者的认识，法律之所以不将对名誉权的保护扩大至“名誉感”，是因为：(1) 名誉感是极为脆弱的，很容易被他人的侮辱行为所伤害，对其予以完全保护是不可能的，也是不必要的；[3] (2) 名誉权与名誉感在本质上有区别，因而应区别保护；(3) 如果将名誉感纳入名誉权的保护范围，将不能确定法律保护名誉权的目的；(4) 如果名誉权包括

[1] 张红：《民法典之名誉权立法论》，载《东方法学》2020年第1期。
[2] 王利明：《人格权法研究》（第二版），中国人民大学出版社2012年版，第454页。
[3] 杨立新：《人格权法》，法律出版社2011年版，第504页。

名誉感，将使名誉权的客体变得不确定；（5）名誉权的客体如果包括名誉感，将不能解释法人的名誉权，因为法人没有自尊心和情感。[1]

与通说不同，也有学者认为名誉权应保护名誉感，侮辱行为一般是针对名誉感的，一般不会使被侮辱者的社会评价受到不良影响，即使有影响也是轻微的。名誉感极易受到伤害，如果法律不保护名誉感，受害人就不能向侵害人提起诉讼，侮辱行为就不能受到追究，从而不利于保护受害人的权利。[2]

如果名誉权中不包括名誉感，那么名誉感能否独立于名誉权而受到法律保护呢？日本判例认为，如果受害人的社会评价并未因此下降时，通常认为，是受害人的名誉感受到了伤害，这时侵害名誉权就不成立。但由于名誉感也是种人格利益，所以，对于超出一定限度的违法侵害，至少应当认可对其精神赔偿的请求。[3] 对此，我国学者也坚持同样的观点，即以侵犯其他人格尊严为由请求保护，而非以名誉权受到侵害为由请求保护。[4]

笔者同意以上学者关于区分名誉权与名誉感的观点，并在我国民法体系内区分保护。从我国民法典总则编来看，应以第 109 条的“人格尊严”受到侵害为由请求保护，而不是以第 110 条中的名誉权受到侵害为由请求保护。

二、侵害名誉权的认定

从本条第 1 款的规定来看，侵害名誉权的行为一般体现为行为人以侮辱、诽谤等方式侵害他人名誉，并导致受害人社会评价的降低。据此，侵害名誉权的构成要件应当包括如下几项。

（一）行为人实施了侮辱、诽谤等毁损名誉的行为

1. 侮辱

所谓侮辱行为，是指故意以暴力、语言、文字等方式贬低他人人格、毁损他人名誉的行为。侮辱行为具体分为书面侮辱、口头侮辱、暴力侮辱等类型。所谓暴力行为，是指对受害人施以暴力或者以暴力相威胁，使他

---

〔1〕 王利明：《人格权法研究》（第二版），中国人民大学出版社 2012 年版，第 456 页。

〔2〕 参见史尚宽：《债法总论》，中国台湾地区荣泰印书馆 1978 年版，第 147 页；王崇敏：《公民名誉权问题研究》，载《海南大学学报（社会科学版）》1991 年第 1 期。

〔3〕 ［日］五十岚清：《人格权法》，铃木贤、葛敏译，北京大学出版社 2009 年版，第 19 页。

〔4〕 王利明：《人格权法研究》（第二版），中国人民大学出版社 2012 年版，第 457 页；杨立新：《人格权法》，法律出版社 2011 年版，第 506 页。

人人格、名誉受到损害，例如，以暴力或者暴力相威胁让他人从自己胯下爬过去[1]、往他人身上吐唾沫、无理驱逐他人、无理搜身等。而所谓语言、文字方式，是指通过语言或者文字、图形，甚至数据等方式，对他人进行嘲笑、谩骂，甚至是不正当定性来毁损他人名誉的行为，例如，甲与某外国人见面，被乙无辜骂为汉奸、卖国贼等。

2. 诽谤

所谓诽谤，是指通过向他人传播散布虚假事实，从而导致他人社会评价降低的行为。根据卡夫法官（Justice Cave）的观点，“诽谤是有关某人名誉的虚假陈述”[2]。诽谤有两个最基本的特征：一是所述或者散布的是虚假事实，属于“造谣”；二是必须向受害人以外的人散布或者描述，具有第三人效应，也就是说，必须具有“公然性”特征。与侮辱仅限于故意不同，诽谤包括故意诽谤与过失诽谤两种。诽谤行为既可以是积极行为，也可以是消极的不作为。在某些情况下，法律对某些具有特殊身份的主体赋予了积极作为的义务，以防止诽谤行为的产生，如果有关主体未尽到此种作为的义务，也可能构成消极的诽谤。例如，杂志社发表稿件，负有审查稿件的真实性、防止侵害他人名誉权的义务。在现实生活中，诽谤行为是否成立往往与“真实性”抗辩相联系。

3. 不当诉讼与告发

不当诉讼，是指没有事实根据地向审判机关对他人提起诉讼的行为。既包括没有事实根据而捏造事实向审判机关控告他人，属于诬告；也包括没有事实根据而错误地认为存在事实向审判机关控告他人。

不当告发，是指没有事实根据而向国家有关机关或者组织揭发他人的行为，也包括诬告和错告。

在上述两种情况下，诬告肯定构成侵害名誉权的行为无疑。但是，在错告的情况下，还要认定被告是否具有过失，从而确定是否构成侵害名誉权。

4. 新闻报道失实

新闻报道失实侵犯名誉权，主要是新闻单位或者新闻从业人员及其他组织和个人违反新闻法规和其他法律规范，新闻报道内容严重失实，或者基本内容失实（单方信任信息来源未对其获取的信息做必要、全面的审查

---

〔1〕 王利明：《人格权法研究》（第二版），中国人民大学出版社2012年版，第469页。

〔2〕 Youssoupoff. v. Metro-Goldwyn-Mayer（1934）, 50 T. L. R. 581.

和核实，使其基本内容脱离实际或无法举证证明其内容的真实性)，而对他人名誉权产生的侵权。

5. 评论不当

新闻报道的内容属实，但新闻媒体及其工作人员的评论不当，超出一定限度的，该新闻报道仍然可能构成侵权。在现代民主社会，得受公评之事项与国家利益、民众福祉有密切联系，针对公众事务，意见的自由发表与讯息广泛交流乃是促进社会民主深化的重要机制，因此民众对得受公评之事项为善意而适当之评论，即纵有妨害他人名誉之情形，但基于社会公益的理由仍可以此作为抗辩。[1] 新闻媒体与社会大众都可能因对他人的不当评论而侵犯他人的名誉权。社会正当评论的合理性限度应结合评论人的主观过错（毁损他人名誉的主观意图)、是否涉及社会公益等方面综合考量。

6. 文学作品侵权

由于文学作品多样化的分类及其虚构性的特征，作者在文学作品创作过程中对于小说所依据事实的遵循容易受到文学创作自由的影响，进而使得文学作品，尤其是以原型人物为创作基础的文学作品中原型人物的名誉受到损害。文学作品侵害名誉权就是作者通过文学表达的方式侵害特定人的人格权的行为，作者在创作的文学作品中确有侮辱、诽谤原告或宣扬受害人生活隐私的违法内容即可被认定具有违法性。[2]

在我国，国内专门针对文学作品侵权的立法并不多，1993 年《最高人民法院关于审理名誉权案件若干问题的解答》第 9 条曾规定：“撰写、发表文学作品，不是以生活中特定的人为描写对象，仅是作品的情节与生活与某人的情况相似，不应认定为侵害他人名誉权。描写真人真事的文学作品，对特定人进行侮辱、诽谤或披露隐私损害其名誉的；或者虽未写明真实姓名和住址，但事实是以特定人或者特定人的特定事实为描写对象，文中有侮辱、诽谤或披露隐私的内容，致其名誉受到损害的，应认定为侵害他人名誉权。”《民法典》第 1027 条进一步明确了文学、艺术作品侵犯名誉权的规定。

实务中常见的侵害名誉权的方式主要为侮辱、诽谤、新闻报道失实、

---

〔1〕 张红:《人格权各论》，高等教育出版社 2015 年版，第 313 页。
〔2〕 张红:《人格权各论》，高等教育出版社 2015 年版，第 346—347 页。

评论不当、文学作品侵权、无证据而错告或诬告等其他侵权方式。另外，在原《侵权责任法》承认隐私权之后，以书面、口头等形式宣扬他人隐私，将以侵害民事主体的隐私权加以处理，若行为人在宣扬他人隐私的同时侵害了受害人的名誉权，则为隐私权与名誉权竞合的情形。因此，承认隐私权的独立性，以书面、口头等形式宣扬他人的隐私致他人名誉受到损害的，也就不适宜作为侵害名誉权的其他行为方式。其他侵害名誉权的方式尚无特定的类型，须根据实务的发展，按照保护名誉权的宗旨判断之。[1]

（二）受害人名誉受到损害的事实

受害人社会评价的降低是名誉权侵权的结果要件。无损害即无侵权同样适用于名誉权侵权。没有受害人社会评价的降低也就不存在名誉损害，名誉权侵权责任也就无从谈起。这一点主要包括以下几个方面。

1. 毁损名誉的行为必须指向特定受害人

各种侵害名誉权的行为必须具有特定的侵害对象，也就是说，毁损名誉的行为必须指向特定的人。从名誉权的特点来看，任何名誉权都具有特定性，即只能为特定的人所享有，因而，侵害名誉权只有针对特定的人实施，才能造成对该人的社会评价的降低，从而构成对名誉权的侵害。如果行为人的行为未指向特定的对象，仅泛指包括原告在内的一般人或某方面的人，不能具体认定指向谁，则不能认定侵害名誉权。史尚宽先生言："在无法人人格之团体，则团体之名誉，结果为其成员之名誉。"[2] 如果行为人的行为指向家庭和个人合伙的，应视为侵犯该组织各个成员的名誉。如果行为人的行为指向一群人，而依据行为实施时的情况，可使该特定的一群人都遭受名誉的毁损，也可认定为指向特定人。[3]

指名道姓地侮辱、诽谤属于最直接的侵犯名誉权的侵权方式。指向特定人并不限于指名道姓地侮辱、诽谤他人。在确定行为人的行为是否指向特定人时，应由原告举证，证明被告的行为在指向上的确定性。行为人通过一定的动作和方式，使社会一般人能认定为指向某人，或描述某人的相貌特征、语言特征、行为特征及生活和工作环境等能够使社会一般人认定

---

〔1〕 张红：《人格权各论》，高等教育出版社 2015 年版，第 288 页。
〔2〕 史尚宽：《债法总论》，中国政法大学出版社 2000 年版，第 145 页。
〔3〕 王利明：《人格权法研究》（第三版），中国人民大学出版社 2018 年版，第 501 页。

指向某人或某几个人，也可认为已指向特定人。在文学作品中，作者所描绘的人物的相貌特征、生活经历、工作环境等，足以使他人认定为某人，则作者的行为应视为指向特定的人。[1] 但该种含沙射影的认定应有严格的限制，即必须要求行为人主观上具有恶意——明知特定人存在并且知道该行为会损害该特定人的名誉而仍坚持实施。

2. 行为人的行为为第三人所知悉

认定名誉遭受损害，应当确定行为人的行为已为社会公众所知悉，并造成了受害人社会评价的降低。一般而言，只要行为人所实施的侮辱、诽谤等行为为第三人所知悉，就可以认定该诽谤行为已经对第三人产生了影响，从而造成受害人社会评价的降低。[2]

（三）侵害名誉权的行为与名誉受到损害之间存在因果关系

法律上的因果关系，是指损害结果和造成损害结果的原因之间的关联性，它是各种法律责任中确认责任归属的基础。[3] 对于因果关系的判定，学说众多，通说认为应采相当因果关系说，即必须加害人的行为侵害了被害人的权利，并产生了损害（被害人社会评价降低、心理痛苦以及财产上的损失）。亦即依常人的经验判断，当该种侵害行为出现通常均有发生此种损害结果的可能时，该行为人之行为与损害间具有相当因果关系。在侵害名誉权的案件中，侵害他人名誉权的行为与社会评价之降低的损害后果之间的因果关系是不证自明的，无须进行特别的举证，而侵害名誉权的行为与精神损害、附带性的财产损失之间的因果关系需要受害人加以证明。[4]

（四）侵权行为人主观上存在过错

我国法律虽未明确规定过失情况下应承担侵害名誉权之责任，然而故意和过失当属过错应有之义。过失侵害名誉权的，如杂志社、报纸等新闻媒体机构在新闻报道或刊载文章没有尽到合理审查之义务，或因其他严重失误等原因给他人名誉权造成损害的，仍可认定侵权成立。日本民法亦认为名誉毁损的成立原则上要求加害人必须具有故意或过失。[5]

---

〔1〕 王利明：《人格权法研究》（第三版），中国人民大学出版社 2018 年版，第 501 页。
〔2〕 王利明：《人格权法研究》（第三版），中国人民大学出版社 2018 年版，第 503 页。
〔3〕 王利明：《侵权责任法研究》（上卷），中国人民大学出版社 2010 年版，第 372 页。
〔4〕 张新宝：《名誉权的法律保护》，中国政法大学出版社 1997 年版，第 151 页。
〔5〕［日］五十岚清：《人格权法》，铃木贤、葛敏译，北京大学出版社 2009 年版，第 22 页。

三、“真实性”在何种情况下可以作为名誉侵权的抗辩事由

我国学者大多认为“真实性”是侵害名誉权案件中的一个重要的抗辩事由，但是，“真实性”是对所有人都适用，还是仅仅针对“媒体侵权”而特有的抗辩事由？

我国主流观点认为，不论公益与私益，“真实性”都构成侵害名誉权的抗辩事由。[1]

笔者认为，“真实性”应当作为侵犯名誉权的一个重要的抗辩事由，只要行为人所陈述的事实是真实的，就不构成侵害名誉权的行为。因为，从前面所列出的侵害名誉权的样态看，无论是诽谤还是侮辱，都与“不真实”有关，只要是真实的，就不能说是诽谤或者侮辱。另外，是否与“公众关注”有关，应该作为在认定“真实性”时宽严的一个因素，也就是说，当行为人的行为涉及公众关注或者公共利益目的时，在认定“真实性”方面要放宽，只要大部分真实或者基本真实就可以了，但在不涉及上述因素时，应该严格掌握“真实性”标准。这是因为，“真实性”之所以成为一个抗辩事由，是因为要调和言论自由与名誉权保护之间的矛盾。

所谓“事实陈述”，是指陈述过去或者现在一定的具体过程或者事态，具有描述或者经验的性质。所谓“意见表达”，是指对事务发表自己的见解或者立场，具有主观的确信，包括赞同或者非议。[2] 法律之所以对于自媒体等涉及公共关注事件或者公共利益持有如此的态度，主要原因有二：一是维护言论自由，意见表达是言论自由的重要表现形式；二是通过言论自由进行舆论监督是维护民主制度的重要工具。如果对于“意见表达”（评论）持有严格的态度就会压制人们的言论自由，让人们表达意见付出很高的成本，担心自己动辄获咎，不敢表达意见，从而破坏舆论监督和民主制度。

但是，同时也必须指出，对于“评论或者意见表达”持有宽容的态度，并非等于说“意见表达”或者“评论”在任何时候都不构成对名誉权的侵害，仅仅是说，区别两者的目的在于构成要件不同，对于受害人的损害也不同。正如日本学者所言，在揭示事实的名誉毁损和意见及评论引起的名誉毁损中，由于是否构成侵权行为的要件不同，对出现问题

---

〔1〕 王利明：《人格权法研究》（第二版），中国人民大学出版社 2012 年版，第 487 页；杨立新：《人格权法》，法律出版社 2011 年版，第 523 页。

〔2〕 王泽鉴：《人格权法：法释义学、比较法、案例研究》，中国台湾地区三民书局 2012 年版，第 182 页。

的表达，非常有必要区分其究竟是属于对事实的揭示还是表达了意见或者评论。[1] 如果从一般的社会生活经验来说，对于事实的歪曲与评论比较，前者对于原告的损害更大，因为评论是主观的，每个人的主观想法不同，评论就不一样，人们对于“评论”或者“意见表达”的相信度并不高，但如果是事实陈述，则是客观的，如果不真实，就会导致人们对其评价降低。所以，一般来说，只要评论者的评论公正或者恰当没有恶意，一般不会承担侵权责任。但是，如果意见表达离开事实，或者具有恶意，同样会构成侵权。也正因为如此，日本的判例认为，对于作为评论的前提的事实也要求具有真实性和相当性，对于没有事实真实性前提的评论或者意见表达，如果使用了带有侮辱性的言辞，侵害了名誉权或者名誉感，被告要承担侵权责任。[2] 笔者同意这种观点，因为如果没有任何的事实作为前提，哪怕是基本真实的或者有理由相信是真实的事实，就定性评论，甚至带有侮辱性的评论，与侮辱没有本质的不同。

四、对团体名誉损害的认定

关于“对团体名誉损害的认定”，可以讨论的问题主要有两个：一是认定团体侵权中的“特定”问题；二是个人与团体的关系问题。

对于第一个问题，例如，有人说“某某省的人都是骗子”，笔者本人就属于这一个省份，这种定性的评价是否侵害了笔者的名誉权？对此，日本判例认为，在这种情况下，对象比较模糊，原则上应理解为对该集团的所属人群不造成名誉损毁。但是，如果集团比较小，且集团组成人员是特定的，对这样的集团进行诽谤时，则构成对集团成员名誉权的侵害。例如，法院认为某新闻报道对于居住在某公寓的人成立的自治会及其成员构成名誉侵害。[3] 笔者赞同日本判例的观点，因为，如果集团较大，则在两个方面就出现变化：一是无法确定“特定的人”，即被告是指集团中的哪一个人；二是当集团足够大时，人们也难以相信如此大的集团中的每个人都是“骗子”，从而对名誉权的损害也就难以成立。例如，中国人到国外，会听到有个别的外国人评价“中国人都如何如何”，尽管笔者觉得这种评价过于偏激，听后觉得不舒服，但难以认定这种评价是针对笔者本人的，

---

〔1〕［日］五十岚清：《人格权法》，铃木贤、葛敏译，北京大学出版社2009年版，第35页。
〔2〕［日］五十岚清：《人格权法》，铃木贤、葛敏译，北京大学出版社2009年版，第56—58页。
〔3〕［日］五十岚清：《人格权法》，铃木贤、葛敏译，北京大学出版社2009年版，第27页。

或者这种评价不客观。

对于第二个问题，在一个具体的法人（集团）中，如何看待个人与法人的关系？例如，北京市海淀区人民法院曾经受理过一起案件：2012 年 8 月 21 日，教授邹某在其新浪实名认证微博中发布消息称，某高校院长在某餐馆吃饭时只要看到漂亮服务员就必然进行性侵害。某高校为此以侵害名誉权为由起诉邹某。这里其实就涉及一个问题：邹某本人的这种行为没有直接说某高校，而是说“某高校的教授”，实际上就涉及个体与团体的关系问题。在一审和二审中某高校是否是适格的原告，就是一个辩论焦点。被告方坚持说某高校不是其批评言论的直接对象，邹某主要是批评某高校少数院长、副院长、教授生活作风问题。2014 年 8 月 20 日，北京市海淀区人民法院一审认定邹某构成侵害某高校名誉权，判决其删除相关微博，并于判决生效 10 天内公开在新浪微博连续 7 天向某高校道歉。被告不服，上诉至北京市第一中级人民法院。2014 年 12 月 23 日北京市一中院二审公开宣判上诉人邹某与被上诉人某高校及北京某餐饮有限公司两起名誉权纠纷案，驳回上诉，维持原判。这是我国首例对不特定人诽谤造成对团体侵害的案例，是值得肯定的。在该案中，实际上某高校的每一个教授都是适格的原告，因为某高校的组成人员是固定的，对某高校的这种诽谤确实侵害了某高校教授的名誉权，即引起人们对于某高校教授社会评价的降低。对于某高校造成了很坏的影响，也造成人们对某高校社会评价的降低。反之，如果对于一个法人（团体）的诽谤，也有可能损害其成员的名誉权，就如日本的判例观点，如果集团比较小，且集团组成人员是特定的，对这样的集团进行诽谤时，则构成对集团成员名誉权的侵害。[1]

第一千零二十五条　行为人为公共利益实施新闻报道、舆论监督等行为，影响他人名誉的，不承担民事责任，但是有下列情形之一的除外：

（一）捏造、歪曲事实；

（二）对他人提供的严重失实内容未尽到合理核实义务；

（三）使用侮辱性言辞等贬损他人名誉。

---

〔1〕 李永军：《民法总则》，中国法制出版社 2018 年版，第 335—336 页。

【要义精解】

本条是关于名誉侵权抗辩事由的规定。即除故意采用侮辱、诽谤的手段侵害他人名誉、未尽合理审查义务的报道失实损害他人名誉外，对于无主观过错的失实新闻报道、舆论监督等行为，即使对他人名誉造成损害，也可基于新闻报道、舆论监督行为的正当性主张不构成名誉侵权，从而不承担侵权责任。

新闻报道的内容属实，但新闻媒体及其工作人员的评论不当，超出一定限度的，该新闻报道仍然可能构成侵权。在现代民主社会，得受公评之事项与国家利益、民众福祉有密切联系，针对公众事务，意见的自由发表与讯息广泛交流乃是促进社会民主深化的重要机制，因此民众对得受公评之事项为善意而适当之评论，即纵有妨害他人名誉之情形，但基于社会公益的理由仍可以此作为抗辩。〔1〕 新闻媒体与社会大众都可能因对他人的不当舆论评论而侵犯他人的名誉权。行为人要想避免承担侵权责任需要证明自己无侵害他人名誉权的主观故意，并且自己行使的是正当的新闻报道、舆论监督等行为。

【对照适用】

一、新闻报道、舆论监督的主体

新闻报道的主体应为新闻媒体。新闻媒体包括传统媒体报刊、广播、电视，且随着互联网的兴起，网络逐渐成为一种新的媒体类型。可能成为新闻报道侵犯名誉权的主体主要有四类：媒体本身、媒体专业人员、新闻信息提供者和其他使用媒体进行侵权的自然人。〔2〕 在当下互联网高速发展的现代社会，新闻媒体不仅包括报刊、广播、电视这些传统媒体，还应当包括像微信公众号、网络直播的自媒体。自媒体不仅是制造新闻、传播新闻的媒体，其还生产和传播更多的元内容。网民所产生的所有内容都被认为是自媒体内容，如人生感悟、小说、文化评论、文学作品、散文和科普文章、商业广告等。〔3〕 新媒体的媒介侵权包括所有面对大众的传播活动中

---

〔1〕 张红：《人格权各论》，高等教育出版社 2015 年版，第 313 页。

〔2〕 刘凯湘：《在私权保障与新闻自由之间——以媒体侵权的类型为视角》，载《法律适用》2013 年第 9 期。

〔3〕 张彬：《对“自媒体”的概念界定及思考》，载《今传媒》2008 年第 8 期。

产生的侵权行为，而媒介侵权行为不仅包括传统媒体行使舆论监督权过当的侵权行为，同时也包含着公众通过自媒体的平台来行使表达自由权过当的侵权行为。[1]

舆论监督的主体问题一直是学界争议的焦点。《辞海》对舆论监督有如下定义："舆论监督是指公众通过舆论机关或者利用舆论工具行使宪法和法律赋予的舆论权力，除了批评不良的社会现象外，重点是权力组织与决策，监督对象不包括公民的隐私，舆论监督是社会民主与公民的必要组成部分，也是促进社会管理部门改进工作，避免犯错误，有利于维护社会秩序，维护公共利益的有效途径。"[2] 舆论监督的对象一般为公权力，属于公众对公权力的监督，因此可以有效制约公权力的滥用，使社会公共利益得以维护。舆论监督是民主社会的基础，公众依法享有言论自由的权利，而舆论即是言论自由的表现，因而公众成为了舆论监督的权利主体与真正动力。[3] 从概念推演来看，舆论监督的主体是公众，公众是舆论的源泉和驱动力。但是，在现实中发动舆论监督功能的，往往也是报刊、广播、电视这些传统媒体。

二、新闻媒体舆论监督抗辩的性质澄清

新闻媒体舆论监督抗辩的性质澄清解决的是舆论监督作为一种抗辩事由提出时，是阻却了新闻媒体报道行为的违法性，从而使其报道行为不构成侵权行为，还是在已构成对被报道对象人格权侵权的情况下，作为阻却被侵权人请求权行使的抗辩理由提出，从而使自身得以免责？这是需要明确的一个问题。

王泽鉴先生认为，是否构成违法性的阻却事由还要根据个案中的法益进行具体考量。[4] 名誉权与言论自由都是宪法上明确规定的公民基本权利，无位阶高低之分，因此需要结合个案的具体情形进行判断何者应该优先受法律的保护。舆论监督是公民言论自由的延伸，没有言论自由舆论监督无从谈起。而"新闻自由"是"言论自由"中特殊的部分，主体由公众限缩到了新闻媒体，同样保障着舆论监督权利的行使。也因与此基于新闻

---

〔1〕张家瑞：《新闻媒体舆论监督抗辩的司法实证研究》，吉林大学2018年硕士学位论文，第3—4页。

〔2〕夏征农：《辞海》，上海辞书出版社1999年缩印本，第367页。

〔3〕田大宪：《舆论监督主体的误读与解构》，载《新闻大学》2006年第4期。

〔4〕王泽鉴：《侵权行为》（第三版），北京大学出版社2016年版，第271页。

自由之上的作为“第四权利”的舆论监督是一种软性监督，所保护的是社会公共利益。[1]

结合司法实践与通说观点来看，法院的做法倾向于认定舆论监督是对公共利益的保护，而作为名誉侵权的违法性阻却事由，性质上应当属于权利障碍的抗辩，这种抗辩是主张对方的请求权因一定事由而自始不发生。

三、新闻报道、舆论监督阻却名誉侵权的适用

在本条出台之前，规范这一违法阻却要件的规定为《最高人民法院关于审理名誉权案件若干问题的解释》第 6 条，该条规定：“新闻单位根据国家机关依职权制作的公开的文书和实施的公开的职权行为所作的报道，其报道客观准确的，不应当认定为侵害他人名誉权；其报道失实，或者前述文书和职权行为已公开纠正而拒绝更正报道，致使他人名誉受到损害的，应当认定为侵害他人名誉权。”本条的适用必须符合下列条件：(1) 报道必须以国家机关根据其权力制定的公共文件为依据，公共权力和实施的行为；(2) 报告必须准确公正客观；(3) 媒体不是主观恶意的。新闻报道、舆论监督者应当以下列理由主张本条的抗辩：

1. 所进行的新闻报道是真实的、符合客观现实的

真实性是新闻的基本原则，是新闻的生命线。[2] 新闻是对变动着的客观世界的反映，所以新闻真实是一种动态的真实、过程的真实、阶段性的真实。同时，由于新闻的时效性特点，新闻报道的阶段不准确甚至失实往往在所难免。对于真实，新闻界提出了三个概念，即客观真实、法律真实与新闻真实。[3] 所谓真实，是必须全面反映相应社会主体或事实的全貌，而不能选择性地发布部分事实、掩盖其他事实。所谓客观，是必须听取各方的意见并在公开的报道中反映各方的不同意见，尤其在批评性报道中，新闻媒体必须事先听取被批评方对拟报道的内容进行的解释、申辩和说明，并在报道中如实反映被批评者自身的意见。[4]

---

〔1〕 陈欣：《论舆论监督对权力的制约——兼评〈反腐倡廉的法理学思考〉》，载张文显主编：《法学理论前沿论坛》（第一卷），科学出版社 2003 年版，第 37 页。

〔2〕 张红：《事实陈述、意见表达与公益性言论保护——最高法院 1993 年〈名誉权问题解答〉第 8 条之检讨》，载《法律科学》2010 年第 3 期。

〔3〕 周泽：《案件透视：新闻官司媒体为何多喊冤?》，载《法制日报》网络版 2001 年 9 月 29 日。

〔4〕 浙江省杭州市中级人民法院（2015）浙杭民终字第 3493 号民事判决书。

2. 对他人提供的内容尽到合理核实义务

新闻媒体对刊登的文章负有审稿义务，对文章内容应进行全面核实。在报道他人时，新闻媒体有义务核实有关描述和评论的真实客观性，也有义务核实报道中涉及的对被报道人的描述和评论内容不侵害其合法权利。如果新闻媒体没有对有关描述和评论的真实性进行核实，没有尽到应尽的责任和义务，则司法实践中会认为新闻媒体存在主观过错，从而对新闻媒体侵害被报道人的名誉权认定应承担相应的责任。[1] 新闻媒体除了作出新闻报道外，直接转载文章也要尽到必要的核实义务，否则容易超越客观报道、正当舆论监督的合理范畴。[2]

3. 报道内容不构成侮辱等贬低他人名誉

在新闻媒体报道的有侵权争议的报道中，报道是否属实也是衡量报道真实性的重要构成要件。在司法实践中，尽管报道中的大部分内容为网民引用，但是如果新闻媒体进行了现场调查，被报道对象没有提供相反的证据就可以认定这基本上是属实的。若新闻媒体还就有争议的疑问进行了咨询，普通受众可以判断有争议的文章并没有将被报道对象过度贬低，而是对现有问题的讨论。如果满足上述条件，总体而言报道的结论有合理的依据，基本不构成诽谤。尽管使用的语言很尖锐，但并不构成侮辱。[3]

第一千零二十六条　认定行为人是否尽到前条第二项规定的合理核实义务，应当考虑下列因素：

（一）内容来源的可信度；

（二）对明显可能引发争议的内容是否进行了必要的调查；

（三）内容的时限性；

（四）内容与公序良俗的关联性；

（五）受害人名誉受贬损的可能性；

（六）核实能力和核实成本。

---

〔1〕张家瑞：《新闻媒体舆论监督抗辩的司法实证研究》，吉林大学 2018 年硕士学位论文，第 33 页。

〔2〕北京市海淀区人民法院（2015）海民初字第 29266 号民事判决书。

〔3〕魏永征：《被告席上的记者》，上海人民出版社 1994 年版，第 30 页。转引自张家瑞：《新闻媒体舆论监督抗辩的司法实证研究》，吉林大学 2018 年硕士学位论文，第 22 页。

【要义精解】

本条是对使用他人提供的失实内容实施新闻报道、舆论监督作为违法阻却抗辩事由的合理审查义务的认定因素。

【对照适用】

本条列举了六个认定实施新闻报道、舆论监督的主体在使用他人提供的内容尽到合理审查义务的考虑因素。

其一，内容来源的可信度；

其二，对明显可能引发争议的内容是否进行了必要的调查；

其三，内容的时限性；

其四，内容与公序良俗的关联性；

其五，受害人名誉受贬损的可能性；

其六，核实能力和核实成本。

第一千零二十七条　行为人发表的文学、艺术作品以真人真事或者特定人为描述对象，含有侮辱、诽谤内容，侵害他人名誉权的，受害人有权依法请求该行为人承担民事责任。

行为人发表的文学、艺术作品不以特定人为描述对象，仅其中的情节与该特定人的情况相似的，不承担民事责任。

【要义精解】

本条是关于文学、艺术作品侵犯他人名誉权的认定标准。

文学、艺术作品若含有侮辱、诽谤内容是否构成名誉侵权、作者是否需要承担侵权责任，关键在于认定作品所描述的对象是否可以合理指向现实生活中的某个人（原告），本条共分两款，第1款是认定构成侵害原告名誉、作者须承担侵权责任的情况，第2款是不构成名誉侵权的情况。

【对照适用】

在比较法上，《美国侵权法》第23章规定了诽谤法，诽谤的构成要件有四：第一，关于原告的不实或贬损性的言论；第二，过错地将该言论公开给能明白其含义的第三人；第三，被告对于言论不实存在过错；

第四，证明损害的存在或该言论本身是可诉的。而当诽谤指向一个群体或虚构小说人物时，必须判定诽谤言论是否与“原告”有关。[1] 文学作品侵权的这一标准在“Bindrim v. Mitchell 案”中得到了充分的体现。在该案中，被告辩称西蒙医生并不会让读者联想到保罗。但法院认为，西蒙医生与保罗之间的区别仅仅在于一个是精神病医生，一个是心理医生，任何认识保罗的人都可以看出小说中的西蒙医生就是保罗，由此判定侵权成立。[2]

《民法典》第1027条延续了《最高人民法院关于审理名誉权案件若干问题的解答》第9条的规定，即认定含有侮辱、诽谤内容的文学、艺术作品的作者是否要承担侵权责任，关键在于判定该作品描述的内容是否可以判定指向原告。鉴于文学、艺术作品的多样性，文学、艺术作品可分为纪实型文学、艺术作品（以真人真事或特定人为描述对象）和创作型文学、艺术作品（不以现实中真名真姓为描述对象），在纪实型文学、艺术作品中，文学、艺术作品会使用受害人的真实姓名、真实生活事实作为基础，其中若含有侮辱、诽谤内容的，认定文学、艺术作品的作者构成侵权是比较容易的。而在创作型文学、艺术作品（不以现实中真名真姓为描述对象）中，作者不会以现实生活中人的真人真姓为基础，而是使用虚拟的姓名体现在作品中，在这种情况下就需要认定作品所描述的对象是否可以合理指向现实生活中的某个人。如果根据一般理性人的认识能力，很容易将作品中描述的人物联想为现实中某个具体的人，并且作者针对此角色用了侮辱、诽谤性的内容描述，那么毫无疑问构成本条第1款的名誉侵权，应当承担民事侵权责任。反之，如果作品描述的对象不能作现实主体的同一指向性认定的，那么，只能认为是作品“其中的情节与该特定人的情况相似”，不是明确指向该特定人，创作型文学、艺术作品的作者是不构成名誉侵权的（本条第2款）。

第一千零二十八条　民事主体有证据证明报刊、网络等媒体报道的内容失实，侵害其名誉权的，有权请求该媒体及时采取更正或者删除等必要措施。

---

[1] 王军、高建学编著：《美国侵权法》，对外经济贸易大学出版社2007年版，第342页。

[2] 参见 Bindrim v. Mitchell, 155 Cal. Rptr. 29 (Ct. App. 1979).

【要义精解】

本条是针对媒体报道内容失实、侵犯他人名誉权的，媒体负有的采取更正或者删除等必要措施的义务。即报道内容失实的媒体应负有依照受害人请求及时采取更正或者删除等必要措施的义务。

【对照适用】

《出版管理条例》第27条第2款规定："报纸、期刊发表的作品内容不真实或者不公正，致使公民、法人或者其他组织的合法权益受到侵害的，当事人有权要求有关出版单位更正或者答辩，有关出版单位应当在其近期出版的报纸、期刊上予以发表；拒绝发表的，当事人可以向人民法院提起诉讼。"有学者提出，为了及时制止媒体报道内容失实侵害他人名誉权的行为，减少对受害人权益的损害，建议借鉴《出版管理条例》第27条的规定，对媒体报道内容失实而侵害他人名誉权的，明确受害人有权要求媒体及时更正、删除。《民法典》采纳了这一建议，并将其规定于本条之中。

在当前互联网和大数据时代，信息的传播速度不同于以往，在新闻媒体内容失实侵害他人名誉权时，所造成的后果往往具有扩散迅速和不可预测性，故在不实报道刊出后，应受害人请求，媒体及时作出更正，将可以把对受害人人格权的侵害降低至最低限度，在最大程度上减少损害。新闻媒体在当事人已提出异议的情况下，如果没有认真对待新闻当事人的答辩，未对报道的专业性内容予以进一步审查并及时更正消除影响，此种消极不作为的行为有失新闻严谨，属于未尽到事后更正义务。[1] 受害人有权请求法院要求新闻媒体履行该义务。

第一千零二十九条 民事主体可以依法查询自己的信用评价；发现信用评价不当的，有权提出异议并请求采取更正、删除等必要措施。信用评价人应当及时核查，经核查属实的，应当及时采取必要措施。

〔1〕南方某报业集团与世奢会（北京）国际商业管理有限公司名誉权纠纷二审民事判决书，北京市第三中级人民法院（2014）三中民终字第07694号民事判决书。

【要义精解】

本条是有关民事主体信用人格利益的保护。

根据《民法典》的规定，民事主体的信用是放在名誉权下进行保护的。本条包括两个方面：（1）民事主体可以依法查询自己的信用评价；（2）当发现信用评级信息不当时，民事主体有权请求信用评级人及时采取更正、删除等必要措施。

【对照适用】

一、信用的概念

信用，在法律上，应为个人在经济上的评价，是长期积累的结果，与个人人格的发展具有密切关联。[1]

二、信用的属性

对于信用的性质、名誉与信用的关系问题，我国学理上存在争议。例如，有学者认为应该区分信用权与名誉权，信用权应当单独作为一种具体人格权进行规范，不能将信用权放置于名誉权之下进行调整，两者在评价内容、侵害方式、救济方式等方面存在差异。信用权的内容应该是信用享有、信用维护和信用利用、信用救济。[2]

笔者认为，信用权不应是一种独立的人格权，不应将其作为一种独立的人格权对待，应将其放在名誉权中一体保护，看成是名誉权的一项内容，侵害信用即侵害名誉权。因为两者的救济手段和抗辩事由几乎一样，这样既不会造成对信用的保护不周延，同时也避免了“利益的权利化”和“权利泛滥化”趋势。[3] 理由如下：（1）名誉本身就是一种综合评价，将信用包括其中无何不可。（2）主张区分名誉与信用的学者一般都认为，名誉权的主体是自然人与法人、非法人组织，而信用权的主体也是自然人与法人、非法人组织，试想一下：对于一个法人，尤其是以经济目的（交易目的）而成立的法人来说，对其难道不是主要从经济角度去评价吗？它所谓的名誉难道主要不是信用问题（产品质量与声誉、服务质量、偿债能

〔1〕王泽鉴：《人格权法：法释义学、比较法、案例研究》，中国台湾地区三民书局2012年版，第193页。

〔2〕王利明：《人格权法研究》（第三版），中国人民大学出版社2018年版，第527页。

〔3〕李永军：《民法总则》，中国法制出版社2018年版，第338页。

力、社会责任等）吗？如果把法人的经济能力从名誉权中独立出来，那么，法人的名誉还能剩下什么呢？法人真的能够享有经济及交易之外的如同自然人一样的自由与尊严吗？（3）从比较法上看，也鲜有国家和地区将信用作为一种独立的权利对待的，即使我国台湾地区“民法”第195条明确列举了“信用”，也仅仅是作为一种利益而不是权利对待。而日本的学理与判例直接将信用列为名誉权的内容。（4）从救济措施看，几乎是一样的，另外，“真实性”都是抗辩事由，即“不真实陈述”都是构成侵害名誉权及信用权的主要行为。[1]

《民法典》采取了和笔者观点相一致的做法，将民事主体的信用作为一种人格利益进行保护，置于名誉权之下。

三、民事主体信用利益的内容

民事主体对自己的信用进行支配并排除他人干涉，是信用利益的内容。主要包括：

1. 信用保有权能。即民事主体有权保有并维持其信用完整、客观的权利。任何人如果没有正当的理由与权能，不得要求查询当事人的信用信息，以及传播当事人的信用信息，否则，就有可能侵害当事人的信用权益。

2. 信用维护权。即民事主体有维护自己的信用完整、真实、客观的权能。它包括以下几个方面：（1）信息查询权。在相关主体收集建立了民事主体的信用信息后，民事主体有权依法查询自己的信用记录，比如民事主体对本人信用报告的查询。[2]（2）更正、删除权。即针对特定的征信机构所传播的不实的信用信息，权利人有权要求对这些不实信息进行删除、更正。即使是征信机构在征信过程中发生征信错误，导致信息失真，权利人也有权要求更正、补充或修改，使其信用信息处于良好的状态。对于不正确、不完整的信用信息，当事人有权要求有关机构予以删除和更正。[3]征信服务机构应该根据商业银行报送的信用数据进行整理、保存乃至更改，不得擅自改动原始数据和其他个人信用信息，对商业银行报送的个人信用信息进行客观整理、保存，商业银行发现其所报送的个人信用信息不

〔1〕李永军：《民法总则》，中国法制出版社2018年版，第337—338页。

〔2〕中国人民银行《个人信用信息基础数据库管理暂行办法》第15条第1款规定：“征信服务中心可以根据个人申请有偿提供其本人信用报告。”

〔3〕王利明：《人格权法研究》（第三版），中国人民大学出版社2018年版，第529页。

准确时，应当及时报告征信服务中心，征信服务中心收到纠错报告应当立即进行更正。个人如果发现其信用信息记录有误，一旦提请更正，征信服务机构应当及时予以核实、更正。如果某人被列入“黑名单”后，其已经改过自新，纠正了其失信的行为，则可请求相关机构将其从“黑名单”中移除以维护其良好的信用状态。[1]

3. 信用利用权。民事主体有权对自己的信用利益进行合法合理的利用。这种利用包括自己利用和许可他人利用两个方面，前者比如以自己的信用向银行申请贷款、为他人债务提供保证；后者比如企业可以将自己的信用信息和企业整体转让。[2]

4. 信用损害的救济请求权。此为信用利益的消极权能，即当民事主体的信用利益被他人损害的，民事主体可以依法请求他人承担侵权责任。

本条规范的即是民事主体对自己信用利益的维护权能，包括民事主体自己查询、请求更正、删除他人对民事主体信用的不实评价等权利。

第一千零三十条　民事主体与征信机构等信用信息处理者之间的关系，适用本编有关个人信息保护的规定和其他法律、行政法规的有关规定。

【要义精解】

本条是关于民事主体与信息处理者之间关系的参引性规定，即参照本编有关个人信息保护的规定（第1034—1039条）和其他法律、行政法规的有关规定。

信用人格利益放置于名誉权中进行保护，参照名誉权的保护规则适用。对于民事主体与信用信息收集者、控制者等信用信息处理者的关系问题，由于信用信息本质上属于个人信息的范畴，对个人信用信息的收集和控制应当参照有关个人信息的收集、控制的相关规定。应强调征信机构处理与信用相关的信息时，坚持公正、透明、非歧视等原则，禁止社会排斥

〔1〕李新天、朱琼娟：《论“个人信用权”——兼谈我国个人信用法制的构建》，载《中国法学》2003年第5期。转引自王利明：《人格权法研究》（第三版），中国人民大学出版社2018年版，第529页。

〔2〕王利明：《人格权法研究》（第三版），中国人民大学出版社2018年版，第529页。

与歧视，不得损害信息主体的信息自决权，防止因为评级机构的任意性评级而影响公众享受公共服务的权限。[1]

【对照适用】

民事主体（信用信息所有人）与信用信息收集者、控制者的关系如下。

其一，民事主体的权利与义务。

1. 民事主体的权利

（1）民事主体的信用信息查阅权

民事主体可以向信用信息控制者依法查阅、抄录或者复制其信用信息。

（2）民事主体的信用信息更正、删除权

民事主体发现信用信息控制者所掌控的有关自己的信用信息有错误的，有权提出异议并请求及时采取更正、删除等必要措施。

2. 民事主体的义务

配合征信机构等信用信息收集者、控制者对信用信息的收集、控制，依法提供自己的信用信息，不得隐瞒与虚构。

其二，信用信息收集者、控制者的权利与义务。

1. 信用信息收集者、控制者的权利

信息收集者、控制者有权依法向民事主体收集、处理信用信息，有权获得民事主体的信用信息。

2. 信用信息收集者、控制者的义务

（1）征信机构等信用信息收集者、控制者在收集、处理[2]民事主体信用信息时，应当遵循合法、正当、必要原则，不得过度收集、处理。

（2）征信机构等信用信息收集者、控制者在收集、处理民事主体信用信息时，征得该自然人或者其监护人同意，但是法律、行政法规另有规定的除外。

（3）征信机构等信用信息收集者、控制者在收集、处理民事主体信用

---

〔1〕石佳友：《守成与创新的务实结合：〈中华人民共和国民法人格权编（草案）〉评析》，载《比较法研究》2018 年第 2 期。

〔2〕对民事主体信用信息的处理包括信用信息的使用、加工、传输、提供、公开等。

信息时，应当公开收集、处理信用信息。

（4）征信机构等信用信息收集者、控制者在收集、处理民事主体信用信息时，应当明示收集、处理信用信息的目的、方式和范围。

（5）征信机构等信用信息收集者、控制者在收集、处理民事主体信用信息时，应当不违反法律、行政法规的规定和双方的约定。

（6）信息收集者、控制者的保密义务。信息收集者、控制者不得泄露、篡改其收集、存储的信用信息；未经被收集者同意，不得向他人非法提供。

（7）信息收集者、控制者的信用信息安全防控义务。信息收集者、控制者应当采取技术措施和其他必要措施，确保其收集、存储的民事主体信用信息安全，防止信息泄露、篡改、丢失。

第一千零三十一条　民事主体享有荣誉权。任何组织或者个人不得非法剥夺他人的荣誉称号，不得诋毁、贬损他人的荣誉。

获得的荣誉称号应当记载而没有记载的，民事主体可以请求记载；获得的荣誉称号记载错误的，民事主体可以请求更正。

【要义精解】

本条是关于民事主体荣誉权及其权能的规定。民事主体的荣誉权权能表现为积极权能（请求记载应记载的荣誉与请求更正错误荣誉）与消极权能（避免荣誉被他人非法剥夺与非法侵害）。

【对照适用】

一、荣誉与荣誉权的概念

（一）荣誉的概念与特点

荣誉，是权威机关对特定主体的正式的肯定评价。[1] 荣誉具有以下特点：

1. 荣誉是一种积极的评价

作为荣誉的这种评价实际上是一种褒奖，而不是对某个人的一般社会评价，这就与名誉相区分，因为名誉这种一般社会评价并非都是积极的。

---

〔1〕李锡鹤：《民法原理论稿》，法律出版社 2009 年版，第 323—324 页。

2. 这种评价一般是针对特定主体的定向评价

所谓定向评价就是对某个主体的特定方面所作的评价，而不是一般的评价，例如，“优秀教师”“优秀共产党员”“优秀干部”“先进集体”“先进个人”“五一劳动模范”等，都是定向评价。

3. 荣誉是按照一定程序或者标准进行的评价

一般来说，所有的荣誉都是按照一定的程序并且按照一定的标准进行评价的结果，而且具有固定性和制度性，例如，“诺贝尔奖”“五一劳动模范”等评选有一定标准，而且具有固定性和制度性特点。[1]

（二）荣誉与名誉的区别

名誉与荣誉都是对特定主体进行的一种评价，区别主要表现在：（1）评价的主体不同。荣誉是特定组织依据特定程序作出的，而名誉是一般社会评价。即名誉泛指不特定社会主体对民事主体之评价，客观而不具有特殊的目的性。荣誉指特定主体，可能是政府机关或一定范围一定领域内具有较大影响力的组织，对民事主体的积极的正面肯定，旨在表彰当事人在事业上作出的杰出成就抑或重大的社会贡献。（2）内容不同。荣誉是积极评价，而名誉则不一定是积极评价。（3）是否可撤销不同。荣誉是可以被撤销的，而名誉则不存在撤销的问题。（4）对自然人的影响不同。单就荣誉与名誉比较，名誉对于自然人来说，要比荣誉重要得多。[2]

二、荣誉权的性质

虽然我国立法从原《民法通则》《侵权责任法》到原《民法总则》都明确规定了将“荣誉权”作为一种人格权进行保护，但学理上对荣誉权究竟是一种什么性质的权利的讨论和争议从来就没有停止过。大概有以下几种观点：（1）荣誉权属于人格权。持有这种观点的人在我国非常普遍，这主要是因为原《民法通则》《侵权责任法》等明确规定的原因。[3]（2）荣誉权属于身份权。有学者曾经提出，由于荣誉权并非是给予每个自然人或者法人的，而是授予在各种社会活动中有突出贡献的自然人或者法人的，因而荣誉权并非每个自然人或者法人都能够享有，尤其是荣誉权的取得有赖于主体实施一定的行为，作出一定的成绩，可见它不

---

〔1〕李永军：《民法总则》，中国法制出版社 2018 年版，第 338—339 页。

〔2〕李永军：《民法总则》，中国法制出版社 2018 年版，第 339 页。

〔3〕参见杨立新：《人格权法》，法律出版社 2011 年版，第 562 页；谭启平主编：《中国民法学》，法律出版社 2015 年版，第 119—120 页。

是每个自然人出生或者法人成立后依法享有的。因此，荣誉权是身份权而不是人格权。[1] (3) 荣誉权实际上是一种非民事权利。这种观点认为，荣誉权仅仅是立法为其披上了民事权利的外衣，实际上无论从权利体系还是救济体系上，都无法符合法理及逻辑。也有人从另外的角度来反对荣誉权作为人格权。[2] (4) 荣誉权实际是名誉权的一种特殊类型。这种观点认为，荣誉权不是一种独立的人格权，仅仅是名誉权的一种类型，可以利用名誉权的保护对其进行保护，没有必要专门规定为一种独立的人格权。[3]

从实证法上看，我国《民法典》已经明确规定了荣誉权，故只能将其作为一种民法上的特别权利对待。但在解释上，应该作为一项民事权利而已，绝不能将其作为人格尊严来对待。

三、荣誉权的权能

（一）荣誉权的积极权能

1. 民事主体有权获得荣誉

荣誉获得权，指主体在符合法定标准时，而组织没有授予其荣誉，就可以向组织主张该应获得的荣誉的权利。笔者认为，既然按照我国《民法典》的规定，荣誉权是一种人格权，不仅自然人享有，法人、非法人组织也享有，那么就应当承认荣誉权包括获得荣誉的权利，保护每个人都有机会去获得荣誉的权利。只有这样，才能实现人人平等，才能使荣誉权更像是一种人格权。

2. 民事主体有权获得因荣誉所生利益的权利

因荣誉所生的利益包括两个方面：一方面是授予荣誉时颁发的物质奖励；另一方面是授予荣誉后给被授予者带来的物质利益。对于这两个方面的利益，荣誉权人均有权获得，任何第三人不得侵占或阻挠其获得。

3. 民事主体有权请求记载应记载的荣誉、请求更正错误荣誉

该项权能类似于物权人请求记载、更正物权登记记载信息，应属荣誉权公示效力的一种体现。

---

〔1〕 王利明主编：《人格权法新论》，法律出版社 1994 年版，第 11 页。

〔2〕 张新宝：《人格权法的内部体系》，载《法学论坛》2003 年第 6 期。

〔3〕 王利明：《人格权法研究》（第二版），中国人民大学出版社 2012 年版，第 110 页。

（二）荣誉权的消极权能

1. 民事主体有权避免荣誉被他人非法剥夺

非法剥夺他人应获得之荣誉的权利，也构成侵犯荣誉权。例如，通过不正当手段，使他人不能正常获得荣誉，具体如伪造或者变更姓名获得荣誉，使他人无法获得荣誉。例如，荣誉权授予单位未经合法程序而剥夺他人已经获得的荣誉：某人获得“见义勇为先进个人”称号，授予单位收到举报说见义勇为的行为虚假，授予单位未经核实即撤销该称号，就属于非法剥夺他人荣誉。

2. 民事主体有权避免荣誉被他人非法侵害

非法侵害他人荣誉是指损害他人已经获得的荣誉的行为，例如，向授予荣誉的机关诬告，以期望撤销某人已经获得的荣誉的行为；毁坏他人已经获得的荣誉证书、奖杯等行为；侵害荣誉之物质利益，如授予荣誉单位拒发奖金、奖品或者少发奖金、奖品的行为等。[1] 民事主体有权主张停止侵害、恢复荣誉、消除影响等方式避免荣誉被他人非法侵害。

〔1〕 杨立新：《人格权法》，法律出版社 2011 年版，第 572—573 页。

第六章　隐私权和个人信息保护

第一千零三十二条　自然人享有隐私权。任何组织或者个人不得以刺探、侵扰、泄露、公开等方式侵害他人的隐私权。

隐私是自然人的私人生活安宁和不愿为他人知晓的私密空间、私密活动、私密信息。

【要义精解】

本条是关于隐私权保护的一般规定。

本条第1款未明确对“隐私权”作出定义，而仅规定“自然人享有隐私权”。这是因为，隐私权的范围是动态平衡的，学理上对隐私权概念的界定仍莫衷一是[1]，这种规定方式为隐私权理论和实践的发展留有空间。然而，本条第2款对隐私的定义为隐私权的界定提供了可能，即隐私权是自然人的私人生活安宁和不愿为他人知晓的私密空间、私密活动、私密信息依法受到保护并排除他人非法侵犯的权利。简言之，隐私权就是指自然人对私生活安宁、私生活秘密等享有的权利。[2] 隐私权的本质是自然人对自己的私生活依照自己的意志支配。

根据本条的规定，隐私权具有如下特征：第一，隐私权的主体是自然人，法人不享有隐私权；第二，隐私权是绝对权，任何人对于他人的隐私都负有不得侵害的消极义务；第三，隐私权的客体范围包括自然人的私人生活安宁和不愿为他人知晓的私密空间、私密活动、私密信息。

---

〔1〕 徐明：《大数据时代的隐私危机及其侵权法应对》，载《中国法学》2017年第1期，第139—140页。

〔2〕 王利明：《隐私权的新发展》，载《人大法律评论》2009年第1期，第3页。

【对照适用】

一、相关立法例

在法律上，隐私权概念始于美国。沃伦（Warren）和布兰代斯（Brandeis）在1890年发表于《哈佛法律评论》上的《隐私权》一文中提出，隐私是一种独处的权利，以及保持自己个性的权利。1960年，普罗瑟教授（Prosser）在总结大量判例的基础上将侵犯隐私权归纳为四种类型：一是侵入原告独居或者独处的状态；二是公开披露原告的令人难堪的私人信息；三是通过公开行为，使公众对于原告产生错误的认识；四是为了被告的利益，盗用原告的姓名或者肖像。[1]之后，这种总结被普罗瑟教授沿用于其所撰写的《美国侵权法重述》（第二版）中，并成为美国学界通说。但彼时隐私权仍是一种普通法上的权利，直到20世纪60年代，隐私才成为宪法上的权利。[2]随着现代文明的发展，隐私权保护在全世界范围得到承认。德国等大陆法系国家民法传统上虽无隐私权的概念，但亦通过宪法确立的一般人格权，将隐私纳入法律保护范围。国际人权公约如1950年《欧洲人权公约》、1966年《公民权利与政治权利公约》等都肯定了隐私权。

在我国，隐私权最初经由名誉权进行保护。1986年原《民法通则》没有明确规定隐私权；1988年《最高人民法院关于贯彻执行〈民法通则〉若干问题的意见（试行）》第140条以间接保护的方法，规定侵害他人隐私，造成名誉权损害的，侵害名誉权论；1993年《最高人民法院关于审理名誉权案件若干问题的解答》规定，对未经他人同意，擅自公布他人的隐私材料或以书面、口头形式宣扬他人隐私，致他人名誉受到损害的，按照侵害他人名誉权处理。但在宣扬他人隐私而不损害他人名誉的情形下，受害人却无法受到保护。对于日益高涨的个人隐私的法律保护需求，2001年最高人民法院公布《关于确定民事侵权精神损害赔偿责任若干问题的解释》第1条将隐私作为独立的人格利益予以保护。直至2009年原《侵权责任法》第2条第2款，隐私权才被以一种独立的人格权被明确规定。原《民法总则》第110条再次

---

〔1〕 李永军：《论〈民法总则〉中个人隐私与信息的“二元制”保护及请求权基础》，载《浙江工商大学学报》2017年第3期，第12页。

〔2〕 王利明：《隐私权的新发展》，载《人大法律评论》2009年第1期，第4页。

将隐私权作为与名誉权并列的人格权予以确认。本条对此加以扩展。

二、公众人物隐私权的限制问题

并非所有的隐私都受法律保护，凡与社会或者公众利益直接相关的重要事项，不属于隐私权的范围。因此，本法所保护的隐私权的客体范围应窄于本条第2款所规定的隐私的范围。有学者曾建议在隐私权一般规定中增加对公众人物隐私权的限制，即在为保护他人权利或者公共利益所必要的限度内，由法律规定可以披露或者利用他人隐私的，依照其规定。[1] 也有学者认为，出于维护公共利益和满足公众兴趣的需要，公众人物的隐私权应当受到一定程度的限制，而作为平等民事主体的自然人，公众人物纯粹的私人领域和空间隐私应当受到保护，为了商业目的而利用公众人物的隐私、恶意侵害他人隐私权，严重贬损他人人格尊严的行为构成侵权。[2] 本条虽对此未作明文规定，但涉及公众人物的隐私权保护问题时，应作此处理。

第一千零三十三条　除法律另有规定或者权利人明确同意外，任何组织或者个人不得实施下列行为：

（一）以电话、短信、即时通讯工具、电子邮件、传单等方式侵扰他人的私人生活安宁；

（二）进入、拍摄、窥视他人的住宅、宾馆房间等私密空间；

（三）拍摄、窥视、窃听、公开他人的私密活动；

（四）拍摄、窥视他人身体的私密部位；

（五）处理他人的私密信息；

（六）以其他方式侵害他人的隐私权。

【要义精解】

本条规定了构成侵害隐私权的行为。

隐私权人对私人生活安宁和私生活秘密享有支配权。未经隐私权人同意，任何组织或者个人不得实施侵害隐私权的行为。根据本条的规定，未经权利人明确同意的，下列行为构成对他人隐私权的侵害：（1）以短

〔1〕梁慧星主编：《中国民法典草案建议稿附理由·总则编》，法律出版社2004年版，第62页。
〔2〕王利明：《公众人物人格权的限制和保护》，载《中州学刊》2005年第2期，第92—98页。

信、电话、即时通讯工具、电子邮件、传单等方式侵扰他人的私人生活安宁。自然人享有私人生活安宁权，有权排除他人对其正常生活的骚扰。对于未经权利人明确同意的侵扰行为，如往他人的信箱发送大量的垃圾邮件，构成对自然人私人生活安宁权的侵犯。（2）进入、窥视、拍摄他人的住宅、宾馆房间等私密空间。本条所谓私密空间，是指传统意义上和物理上的特定空间，如个人住宅、宾馆房间、房车等。（3）拍摄、录制、公开、窥视、窃听他人的私密活动。自然人享有依照自己的意志为或者不为与公共利益无关的活动的权利，该活动不受他人的干涉、追查或者支配。私密活动是一切个人的、与公共利益无关的活动，如日常生活、社会交往、私人生活、日记、通信等。[1]（4）拍摄、窥视他人身体的私密部位。（5）收集、处理他人的私密信息。（6）以其他方式侵害他人的隐私权。本项是兜底条款，以应对变动不居的社会生活和科技进步所带来的新的侵害他人隐私权的行为。

【对照适用】

本条的相似立法例如我国澳门特别行政区“民法”第78条；《埃塞俄比亚民法典》第13条、第16条；《越南民法典》第42条。

第一千零三十四条　自然人的个人信息受法律保护。

个人信息是以电子或者其他方式记录的能够单独或者与其他信息结合识别特定自然人的各种信息，包括自然人的姓名、出生日期、身份证件号码、生物识别信息、住址、电话号码、电子邮箱、健康信息、行踪信息等。

个人信息中的私密信息，适用有关隐私权的规定；没有规定的，适用有关个人信息保护的规定。

【要义精解】

本条是关于自然人的个人信息保护的一般规定。

自然人的个人信息受法律保护。任何个人和组织不得窃取或者以其他

---

〔1〕王利明主编：《中国民法典学者建议稿及立法理由·人格权编、婚姻家庭编、继承编》，法律出版社2005年版，第152页。

非法方式获取个人信息，不得非法出售或者非法向他人提供个人信息。个人信息是一项民事权利，还是只是一项民事权益，存在争议，有待学界厘清。[1]

个人信息权（权益）具有如下特征：（1）个人信息权（权益）的主体是自然人。自然人、法人和非法人组织享有受法律保护的数据及网络虚拟财产权益，但法人和非法人组织不是个人信息的主体，不享有个人信息权（权益）。个人信息通过去可识别化成为数据或者大数据后，可以成为财产权益客体，受《民法典》第127条和其他相关法律规定的保护。（2）个人信息权（权益）所保护的法益是自然人的人格利益。法律对自然人个人信息的保护，本质上是保护其人格利益，包括人的尊严和自由。（3）个人信息权（权益）是支配性的民事权利（权益），但只是具有弱支配性。如《民法典》第1035条的规定，一般而言，收集个人信息必须经过自然人同意，但个人信息也可能不需要经过个人同意而被强制收集。[2]（4）个人信息的本质在于其可识别性。个人信息能够单独或者与其他信息结合识别特定自然人。

个人信息不同于隐私。有学者认为，二者的区别主要在于：（1）权利属性方面。隐私权主要是一种精神人格权，而信息权则属于集人格属性和财产属性于一体的综合性权利；隐私权基本上属于消极的防御型权利，在该权利被侵害前，权利人无法积极主动地行使，而信息是一种主动性权利。（2）权利客体方面。首先，隐私主要是私密性的信息和个人活动；而信息注重的是身份识别性。其次，隐私不限于信息形态，它也可以是个人活动、个人私生活方式等，无须被记载；而信息必须以具体化的形态固定下来，通常需要被记载。最后，相较于隐私而言，个人信息与国家安全的联系更密切。（3）权利内容方面。隐私权的内容主要是防止秘密性的信息和个人活动被不正当地公开，而信息权则是个人对信息的支配和自主决定。基于这些区别，在法律保护模式方面对个人信息和隐私进行区别保护，具有充分依据。[3] 每个国家的法律对隐私的保护

[1] 张新宝：《〈民法总则〉个人信息保护条文研究》，载《中外法学》2019年第1期，第66页。

[2] 张新宝：《〈民法总则〉个人信息保护条文研究》，载《中外法学》2019年第1期，第67—68页。

[3] 王利明：《论个人信息权的法律保护——以个人信息权与隐私权的界分为中心》，载《现代法学》2013年第4期，第62—72页。

程度与信息的保护因此也不尽相同。[1]

然而，二者亦存在共同之处：（1）权利主体都限于自然人；（2）都体现了个人对其私生活的自主决定；（3）客体上具有交错。[2] 有一些个人隐私是通过“信息”这种外在形式表现出来的。自然人不愿为人知晓的私密信息即属于隐私的范畴。因此，本条第3款规定，个人信息中的私密信息同时适用隐私权保护的有关规定。

【对照适用】

本条第2款源自《网络安全法》第76条。

在适用本条时，难点在于如何区分个人信息与隐私。本章对自然人的隐私与个人信息的保护同《民法典》第110条、第111条对自然人隐私与个人信息所采取的“二元制”保护模式相一致。比较法上，理论和判例对隐私与个人信息的保护多采取“一元制”保护模式，即不区分隐私与信息，将信息纳入隐私的范畴而采取统一保护，如美国、日本以及我国台湾地区等。这种做法通常需要法官在具体认定时判定保护的程度。于我国法律而言，有学者认为应采用“三分法”来区分隐私与信息，即分为纯粹的个人隐私、隐私性信息和纯粹的个人信息。纯粹的个人隐私，是隐私权保护的主要部分，是指个人生活最私密、直接涉及个人人格尊严与自由的部分，一旦侵入就造成受害人的损害，特别是精神损害。其主要包括空间隐私权和私生活秘密。隐私性信息，是指隐私与纯粹的个人信息交叉的部分，但相较于纯粹的个人信息而言，又更靠近人格尊严，因此更接近隐私，如健康信息、银行存款信息及其他财产性信息。纯粹的个人信息就是本条所列举的自然人的姓名、出生日期、身份证件号码、生物识别信息、住址、电话号码、电子邮箱地址、行踪信息等。[3]

---

〔1〕李永军：《论〈民法总则〉中个人隐私与信息的“二元制”保护及请求权基础》，载《浙江工商大学学报》2017年第3期，第15页。

〔2〕王利明：《论个人信息权的法律保护——以个人信息权与隐私权的界分为中心》，载《现代法学》2013年第4期，第62—72页。

〔3〕李永军：《论〈民法总则〉中个人隐私与信息的“二元制”保护及请求权基础》，载《浙江工商大学学报》2017年第3期，第15页。

第一千零三十五条　处理个人信息的，应当遵循合法、正当、必要原则，不得过度处理，并符合下列条件：

（一）征得该自然人或者其监护人同意，但是法律、行政法规另有规定的除外；

（二）公开处理信息的规则；

（三）明示处理信息的目的、方式和范围；

（四）不违反法律、行政法规的规定和双方的约定。

个人信息的处理包括个人信息的收集、存储、使用、加工、传输、提供、公开等。

【要义精解】

本条规定了处理个人信息的原则和条件。

个人信息的处理包括个人信息的收集、存储、使用、加工、传输、提供、公开等。根据本条第1款前段的规定，处理个人信息的，应当符合合法、正当、必要以及适度的原则。该条可以视为对比例原则的运用，也即，立法者以比例原则作为判断处理自然人个人信息是否合理的标准。比例原则包括四个子原则，分别是目的正当性原则、适当性原则、必要性原则以及均衡性原则。目的正当性原则，是指某一侵害行为必须以一个合法目的为基础。现德国通说以合法与否作为目的正当性的判断标准。适当性原则，是指所采取的手段必须有助于目的之实现。必要性原则，是指当存在多个有助于目标达成的手段时，应在同等有效实现目标的情况下选择对被侵害一方损害最小的手段。均衡性原则，是指手段所导致的损害必须与其所欲实现的结果或者目标成比例。在处理自然人个人信息的场合，比例原则的适用要求：第一，合法原则（目的正当性原则），即处理自然人个人信息必须符合法律、行政法规的规定；第二，正当原则（可解释为适当性原则），即处理自然人个人信息所采取的手段必须有助于目的之实现；第三，必要原则（必要性原则），即当存在多个有助于目标达成的手段时，处理自然人个人信息应在同等有效实现目标的情况下选择对权利人损害最小的手段；第四，适度原则（均衡性原则），即处理自然人个人信息所采取的手段必须与行为人所欲实现的目标成比例。此条的规定是本法明确承认比例原则于私法上之适用的典型体现。

此外，根据第 1 款的规定，处理个人信息仍须符合四个条件：（1）征得该自然人或者其监护人同意，但是法律、行政法规另有规定的除外；（2）公开处理信息的规则；（3）明示处理信息的目的、方式和范围；（4）不违反法律、行政法规的规定和双方的约定。

【对照适用】

本条源自《网络安全法》第 41 条的规定。处理自然人个人信息的具体规则，可以参考我国《信息安全技术　公共及商用服务信息系统个人信息保护指南》5.1—5.5 的规定。

第一千零三十六条　处理个人信息，有下列情形之一的，行为人不承担民事责任：

（一）在该自然人或者其监护人同意的范围内合理实施的行为；

（二）合理处理该自然人自行公开的或者其他已经合法公开的信息，但是该自然人明确拒绝或者处理该信息侵害其重大利益的除外；

（三）为维护公共利益或者该自然人合法权益，合理实施的其他行为。

【要义精解】

本条规定了处理自然人个人信息的免责情形。

原则上，处理自然人个人信息不符合合法、正当、必要、适度原则的要求，或者违反《民法典》第 1035 条所规定的条件的，须对权利人承担损害赔偿责任。本条规定了三种免责事由，如果存在下列情形之一的，行为人对自然人个人信息的处理就不应承担民事责任：

第一，在该自然人或者其监护人同意的范围内实施的行为。自然人享有个人信息的使用决定权，包括是否允许他人使用、如何使用。有学者将自然人享有的这种权利称为“个人信息保护控制论”，认为该权利的两个理论源头——欧洲基于人的尊严保护的个人数据保护理论和美国基于个人自由保护的隐私理论。虽然个人信息的理论基础不同，但都认同个人应当有权控制其个人信息的使用，以实现对个人自治等基本权利的保护。[1] 因此，自然人或者其监护人同意处理其个人信息，且提供了处理的范围，该处理行为就获得了正当性，从而排除其责任承担。

第二，处理该自然人自行公开的或者其他已经合法公开的信息，但是该自然人明确拒绝或者处理该信息侵害其重大利益的除外。首先，自然人自行公开其相关个人信息，是该自然人行使个人信息决定权的体现，表明其同意公开该信息。于此情形，处理该自然人的个人信息，视为已经获得了该自然人的同意。其次，对于其他已经合法公开的信息而言，由于该自然人的个人信息已经合法公开，是经过对该自然人的个人信息决定权与其他合法权益进行权衡之后的结果，对其使用应推定为具有正当性。这是因为，对政府来说，个人信息的合理收集与使用有助于制定有效的公共政策，是良好治理的关键；对社会而言，个人信息的合理流通有助于社会进行有效交流，形成合理有效的社会规范，是一个社会正常运转的关键。[2] 但是，对于这两种推定该自然人同意的情形，如果该自然人作出明确拒绝，或者处理该信息侵害了该自然人的重大利益，行为人就应当承担民事责任。

第三，为维护公共利益或者该自然人合法权益，合理实施的行为。据此，如果存在须维护的公共利益，或者为了该自然人的合法权益，有必要处理该自然人的个人信息的，并且行为人以合理的方式处理该自然人的个人信息的，也不应承担责任。在前者，因为对自然人个人信息的保护必须就其在社会中的作用来考虑，尤其应该考虑个人信息决定权的行使与公共利益之间的冲突问题。如果个人信息决定权的行使与公共利益相冲突，则需要根据比例原则，对个人信息决定权进行一定的限制。在后者，如果处理自然人的个人信息是为了维护该自然人的合法权益，并以合理的方式进行处理，那么应当赋予其正当性。《民法典》关于个人信息的保护的规定旨在维护自然人的合法权益，限制行为人在处理自然人的个人信息时损害自然人的合法权益；如果处理自然人的个人信息是为了维护自然人的合法权益，且以合理的方式实施，就不应承担民事责任，自不待言。

---

〔1〕 高富平：《个人信息保护：从个人控制到社会控制》，载《法学研究》2018 年第 3 期，第 86 页。

〔2〕 丁晓东：《论个人信息法律保护的思想渊源与基本原理——基于“公平信息实践”的分析》，载《现代法学》2019 年第 3 期，第 105 页。

【对照适用】

在适用本条时，应以比例原则为标准，既要限制自然人的个人信息决定权的行使，又要限制对自然人个人信息进行处理的行为。

一方面，应以比例原则限制自然人的个人信息决定权的行使。自然人个人信息自我决定权是人格权之一种，对该权利的行使是该自然人意思自治的体现。然而，意思自治并非没有边界。德国宪法法院尽管提出“信息自决权”的概念，承认个人在其个人数据享有个人自治和自决的法益，但同时也认为个人对其个人数据并不享有绝对的排他性支配权，个人数据保护仍要受比例原则等的限制。〔1〕根据本条的规定，自然人个人信息自我决定权之行使，应以公共利益为限。在为了维护公共利益而须处理自然人个人信息的，该自然人的个人信息决定权应该作出让步。

另一方面，应以比例原则限制对自然人个人信息进行处理的行为。未经自然人同意，对自然人个人信息的处理是对自然人个人信息自我决定权的限制。如果存在正当目的，不得不作此限制，那么就应当以比例原则为标准，对这种限制进行限制。

第一千零三十七条　自然人可以依法向信息处理者查阅或者复制其个人信息；发现信息有错误的，有权提出异议并请求及时采取更正等必要措施。

自然人发现信息处理者违反法律、行政法规的规定或者双方的约定处理其个人信息的，有权请求信息处理者及时删除。

【要义精解】

本条规定了自然人的更正请求权和删除请求权。

由于侵犯信息权与侵犯隐私权不同，侵犯信息权对权利人损害的程度一般来说比侵犯隐私权要小一些，因此救济性措施也就比较广泛，有时仅要求更正或者删除就可以达到救济目的。〔2〕本条第1款规定了权利人的更

〔1〕王泽鉴：《人格权法：法释义学、比较法、案例研究》，北京大学出版社2013年版，第200页。

〔2〕李永军：《论〈民法总则〉中个人隐私与信息的“二元制”保护及请求权基础》，载《浙江工商大学学报》2017年第3期，第20页。

正请求权，第 2 款规定了权利人的删除请求权。

【对照适用】

《网络安全法》第 43 条规定了更正请求权。《网络安全法》第 42 条、第 43 条和第 47 条，我国原《侵权责任法》第 36 条都规定了请求删除的权利。

第一千零三十八条　信息处理者不得泄露或者篡改其收集、存储的个人信息；未经自然人同意，不得向他人非法提供其个人信息，但是经过加工无法识别特定个人且不能复原的除外。

信息处理者应当采取技术措施和其他必要措施，确保其收集、存储的个人信息安全，防止信息泄露、篡改、丢失；发生或者可能发生个人信息泄露、篡改、丢失的，应当及时采取补救措施，按照规定告知自然人并向有关主管部门报告。

【要义精解】

本条是关于信息收集者、控制者的安全管理义务与安全保护义务。

为了合理使用个人信息，发挥大数据的价值，保护个人信息在大数据时代不被滥用，舍恩伯格提出“从个人许可到让数据使用者承担责任”[1]。也即在个人信息保护中，既要有权利人同意作为信息流通发端的限制，又要有在个人信息流通过程中信息收集者、控制者的安全管理义务作为保障。因为个体难以预判个人信息流通的风险，仅仅以自然人同意为框架的个人信息保护难以奏效。因此，从信息收集者、控制者责任的角度看，有必要强化信息收集者、控制者责任的风险防范规则，确立基于风险防范规则的个人信息使用规则。[2] 本条的规范目的即在于此。

本条第 1 款规定了信息收集者、控制者安全管理个人信息的义务，包括不得泄露、篡改其收集、存储的个人信息以及不得向他人非法提供个人信息。该款后段以是否具有可识别性且可否复原为标准，判断信息收集

〔1〕［英］维克托·迈尔-舍恩伯格、肯尼斯·库克耶：《大数据时代：生活、工作与思维的大变革》，盛杨燕、周涛译，浙江人民出版社 2013 年版，第 220—221 页。

〔2〕丁晓东：《论个人信息法律保护的思想渊源与基本原理——基于“公平信息实践”的分析》，载《现代法学》2019 年第 3 期，第 107 页。

者、控制者向他人提供个人信息的行为是否构成违法。个人信息的本质在于其可识别性，也即可以单独或者与其他信息结合识别特定自然人。这种可识别性使个人信息区别于数据，后者是作为内容的个人信息的载体，本身不具有可识别性。将不具有可识别性且不可复原的数据提供给他人，并不损害该个人信息的主体的合法权益。在大数据时代，数据的价值恰恰在于其二次甚至多次使用，商业机构通过相关数据分析可以为消费者提供更好的服务，政府或者公共机构亦可以通过此类数据制定更好的公共政策。[1] 2020 年新冠肺炎疫情期间，各国政府基于对患者相关数据的分析，制定出抗击疫情的有效政策，即为力证。

本条第 2 款规定了信息收集者、控制者的安全防范义务。为了防范风险，信息收集者、控制者应当采取技术措施和其他必要措施，确保其收集、存储的个人信息安全，防止信息泄露、篡改、丢失。发生或者可能发生个人信息泄露、篡改、丢失的，应当及时采取补救措施，依照规定告知被收集者并向有关主管部门报告。

【对照适用】

本条源自《网络安全法》第 42 条、《信息安全技术　公共及商用服务信息系统个人信息保护指南》第 4.1.3、4.1.4 条的规定。

为了保护个人信息安全，各国立法例都对信息收集者、控制者施加了安全管理义务。如欧盟于 2016 年制定并于 2018 年生效的《一般数据保护条例》第 5 条规定，在处理个人数据时，应当遵循如下六项原则，并承担遵守责任和证明责任：（1）合法性、合理性和透明性：对涉及数据主体的个人数据，应当以合法的、合理的和透明的方式进行处理。（2）目的限制：个人数据的收集应当具有具体的、清晰的和正当的目的，对个人数据的处理不应当违反初始目的。（3）数据最小化：个人数据的处理应当是为了实现数据处理目的而适当的、相关的和必要的。（4）准确性：个人数据应当是准确的，如有必要，必须及时更新；必须采取合理的措施确保个人数据的准确性，即违反初始目的的个人数据，及时得到擦除或更正。（5）限期储存：对于能够识别数据主体的个人数据，其储存时间不得超过实现其处

〔1〕 丁晓东：《论个人信息法律保护的思想渊源与基本原理——基于“公平信息实践”的分析》，载《现代法学》2019 年第 3 期，第 107 页。

理目的所必需的时间。(6) 数据的完整性与保密性：处理过程中应确保个人数据的安全，采取合理的技术手段、组织措施，避免数据未经授权即被处理或者遭到非法处理，避免数据发生意外毁损或灭失。

第一千零三十九条　国家机关、承担行政职能的法定机构及其工作人员对于履行职责过程中知悉的自然人的隐私和个人信息，应当予以保密，不得泄露或者向他人非法提供。

【要义精解】

本条是关于国家机关、承担行政职能的法定机构及其工作人员对自然人的隐私和个人信息的保密义务。

国家机关、承担行政职能的法定机构及其工作人员在履行职责过程中所知悉的自然人隐私和个人信息，应当善尽保密义务和谨慎注意义务，没有尽到这种义务，泄露、篡改、毁损以及出售或者非法向他人提供的，构成侵权。依照《民法典》第 1191 条第 1 款规定，符合用人单位损害责任的，应当由国家机关、承担行政职能的法定机构承担替代责任。如果工作人员实施的侵权行为与行使职权无关，不构成用人单位责任的，应当由侵权人承担责任。但也有学者认为，目前公民个人信息受侵害程度十分严重，凡是国家机关、承担行政职能的法定机构工作人员侵害自然人隐私和个人信息与职务有关的，尽量确定用人单位的替代责任，在用人单位承担责任之后，再由用人单位向该工作人员行使追偿权。这样既能够制裁违法行为人，又能够更有力地保护自然人的隐私和个人信息。[1]

【对照适用】

我国其他法律也对国家机关及其工作人员的保密义务作出规定。《网络安全法》第 72 条规定，国家机关政务网络的运营者不履行本法规定的网络安全保护义务的，由其上级机关或者有关机关责令改正；对直接负责的主管人员和其他直接责任人员依法给予处分。《刑法》第 253 条之一规定，违反国家有关规定，向他人出售或者提供公民个人信息，情节严重

---

〔1〕杨立新：《侵害公民个人电子信息的侵权行为及其责任》，载《法律科学》2013 年第 3 期，第 151 页。

的，处3年以下有期徒刑或者拘役，并处或者单处罚金；情节特别严重的，处3年以上7年以下有期徒刑，并处罚金。《刑事诉讼法》第64条第1款第1项规定，对于危害国家安全犯罪、恐怖活动犯罪、黑社会性质的组织犯罪、毒品犯罪等案件，证人、鉴定人、被害人因在诉讼中做证，本人或者其近亲属的人身安全面临危险的，人民法院、人民检察院和公安机关应当不公开真实姓名、住址和工作单位等个人信息。《国家情报法》第31条规定，国家情报工作机构及其工作人员有超越职权、滥用职权，侵犯公民和组织的合法权益，利用职务便利为自己或者他人谋取私利，泄露国家秘密、商业秘密和个人信息等违法违纪行为的，依法给予处分；构成犯罪的，依法追究刑事责任。根据《民法典》第187条的规定，国家机关及其工作人员因违反保密义务而应当承担行政责任或者刑事责任的，不影响依法承担侵权责任。如果因为承担侵权责任和行政责任、刑事责任，侵权人的财产不足以支付的，优先用于承担侵权责任。

第二部分

案例评析与指引

第一章　一般规定

案例1：余某某诉钟某一般人格权案
[(2014) 成华民初字第1266号]

【法条指引】

《民法典》第990条，自然人的一般人格权受法律保护。

【案例事实与裁判】

余某某与钟某于2010年10月登记结婚。钟某于2012年4月生育一子余某甲。2013年6月13日，余某某与钟某办理离婚登记，并约定余某甲由钟某抚养。2014年11月8日，经四川华西法医学鉴定中心鉴定，余某甲并非余某某亲生儿子。余某某遂起诉钟某，要求赔偿损失。

成华区人民法院审理认为：一般人格权是公民享有的以人格自由、人格尊严为主要内容的一般人格利益。本案中，司法鉴定意见认定余某某非余某甲亲生父亲，钟某虽表异议，但无反驳之证据，且未请求重新鉴定，故对余某某出示的《司法鉴定意见书》予以采信。钟某在与余某某婚后与他人发生婚外性关系，且生育一子，其显然违反了夫妻间应相互忠实的义务。钟某的婚外性行为给余某某造成巨大精神痛苦，在余某某亲友邻人间引发极坏影响，损害了余某某的人格尊严，构成侵害一般人格权的行为，应向余某某支付精神损害抚慰金。最终，法院综合钟某过错程度等情况酌情确定由钟某支付精神损害赔偿18000元。

【案例评析】

《民法典》对于具体人格权的明确罗列规定是有限的。具体人格权的规定无法穷尽对人格利益的保护，故确认一般人格权制度，旨在提供对具体人格权救济不足的补充。本案中，钟某在婚后与他人发生婚外性关系，侵害了余某某的人格尊严，但不构成对任一具体人格权的侵害，包括健康权或名誉权等，所以，法院审理认为，钟某的婚外性行为损害了余某某的人格尊严，构成侵害一般人格权的行为，应向余某某支付精神损害抚慰金。此裁判恰当地体现了一般人格权对于自然人人格尊严的补充救济价值。

案例2：刘某某、王某某、杜某某诉李某安赔偿纠纷案
[（2000）灵民初字第1102号]

【法条指引】

《民法典》第996条，责任竞合情形违约精神损害赔偿责任。

【案例事实与裁判】

刘某某、王某某是受害人刘某的父母，杜某某是刘某之子。2000年7月8日17时许，刘某乘坐被告李某安经营的豫M-15560号中巴客车，该客车行至灵宝市西闫乡干头村附近时，与李某庆驾驶的豫H-70255号东风大货车相撞，致使刘某受伤，经抢救无效死亡。灵宝市交警大队认定李某庆负此次事故的全部责任。刘某某、王某某、杜某某以受害人刘某的近亲属身份，向法院起诉要求李某安赔偿各种经济损失及精神损害赔偿，法院判决支持了原告要求精神损害赔偿的请求。

法院经审理认为，按原告之诉求，本案为客运合同纠纷案。在交通事故中，因为中巴车无责任，但由于第三人李某庆的原因没能按照客运合同的约定将受害人安全运送到目的地。《合同法》第302条第1款规定："承运人应当对运输过程中旅客的伤亡承担损害赔偿责任，但伤亡是旅客自身健康原因造成的或者承运人证明伤亡是旅客故意、重大过失造成的除外。"本案中，负事故全部责任的东风车方应承担侵权责任，而中巴车方应承担的是违约责任。受害人可以选择侵权之诉或者违约之诉。若受害人选择侵权之诉，毫无疑问法院将会支持精神损害赔偿的诉讼请求。若受害人选择违约之诉，违约一方虽然没有任何过错，也要为第三人的过错承担责任，既然第三人的过错应当对受害人进行精神损害赔偿，那么违约的当事人也应对受害人进行精神损害赔偿。此外，《合同法》第302条之所以这样规定，目的在于最大限度地保护受害的当事人，如果侵权与违约责任的赔偿范围不一样，受害人将不会选择起诉违约的一方，实际上也就违背了立法者的原意。

【案例评析】

本案裁判是法院于2000年依据《合同法》相关规定作出的。《合同法》并未明确主张违约责任可请求精神损害赔偿。按通常之实践与学理认知，一般认为当事人主张违约责任的，不得请求违约方承担精神损害赔偿，因为，违约责任更多被认为是对经济损失的救济。但在责任竞合的情形，因当事人一方的违约行为，仍可能损害对方的人格权，并造成严重精神损害。所以，无论受害人选择主张违约责任或侵权责任，实质上其旨在救济的同为人格权益的侵害，不会因请求权基础的不同而有异。本案判决在《合同法》未规定违约责任可请求精神损害赔偿的背景下，尝试通过一定的论证支持受害方违约诉求中的精神损害赔偿请求，用心良苦，精神可嘉。

案例3：邹某某诉海峡导报社肖像权侵权案
[（2013）厦民终字第3611号]

【法条指引】

《民法典》第998条，认定侵害人格权民事责任的考量因素。

【案例事实与裁判】

2012年7月10日发行的海峡导报B19版刊登《女副教授成网络传言主角》一文，该文所称网络事件主角为邹某某（男）与石某（女）。该文配有一张图片，内有一男一女且眼部已做马赛克处理。邹某某自称为图片中男子，网络上该图片非其所发布。邹某某认为，海峡导报社擅自利用其照片，以求增加发行量从而营利，严重侵害其肖像权，请求法院判令海峡导报社公开赔礼道歉并赔偿精神损害抚慰金。海峡导报社抗辩认为，涉诉文章和配图系报社基于社会公共利益对网络公共事件的舆论监督报道，正当合法，其并非以营利为目的，亦非广告。而且，文章配图系邹某某自行在网络上公开的照片，报社只是出于报道的需要而转载该图片，且为保护当事人隐私已做马赛克处理，所以，报社的行为不构成侵权，邹某某的诉求没有事实和法律依据，应予驳回。

厦门市思明区法院经审理认为：公民依法享有肖像权，未经权利人同意，不得以营利为目的擅自使用其肖像。但法律亦保护媒体正当舆论监督的权利。本案中，海峡导报社刊登《女副教授成网络传言主角》文并配图，乃是对已成网络公共舆论的事件进行报道，且对来源于网络的所配图片进行了马赛克处理。现无证据证明海峡导报社系以营利为目的使用上述图片，亦未能证明报社故意污损邹某某肖像，故邹某某诉请海峡导报社赔礼道歉并赔偿精神损失，法院不予支持。

一审后，邹某某提起上诉，但又撤回上诉。厦门市中级人民法院依法裁定准予撤回上诉。

【案例评析】

本案中，海峡导报社系基于社会公共利益对网络公共事件为正当的舆论监督报道，对来源于网络的原告图片进行了马赛克处理，且海峡导报社并非以营利为目的使用原告图片，亦未故意污损原告的肖像，故海峡导报社报道中利用原告图片的行为并未侵害原告的肖像权。法院的判决值得肯定。

第二章　生命权、身体权和健康权

案例 4：韦某君诉苏某康健康权侵权案

[（2016）桂 0105 民初字第 2386 号]

【法条指引】

《民法典》第 1004 条，自然人健康权保护的规定。

【案例事实与裁判】

2013 年 4 月，韦某君与苏某康相识。2015 年 7 月，双方开始同居，12 月韦某君怀孕。2016 年 2 月 4 日，苏某康及其家人至韦某君家提亲。2 月 15 日下午 2 时 20 分，苏某康向韦某君发微信表示不拟与其结婚。自次日凌晨 0 时 30 分起，苏某康开始拒收韦某君微信信息，韦某君自始联系不上苏某康。韦某君因心理压力过大，于 2 月 16 日至医院要求终止妊娠，2 月 21 日自然娩出一死婴，次日出院。2016 年 6 月，韦某君诉至法院，以苏某康侵犯其性权利为由，要求苏某康赔偿医疗损失，承担精神损害赔偿责任。苏某康则以双方均为完全行为能力人且同居自愿为由，拒绝承担赔偿责任。

本案中，韦某君、苏某康双方自由恋爱并同居，并致韦某君未婚先孕，系双方自愿选择。其后，苏某康拒绝与韦某君结婚，并未违反法律的强制性规定，因为任何人均有婚姻自由。但苏某康在明知韦某君怀孕的情况下，径直拒绝结婚且拒绝合理沟通，且无任何善后措施。苏某康种种作为与不作为，对韦某君最终选择终止妊娠及由此引发的健康损害具有过错与相当因果关系，应承担由此产生的医疗费、交通费、误工费等损失。此外，对于韦某君诉请精神损害抚慰金，法院认为，健康权所保护的包括生理健康和心理健康。苏某康的过错及行为，不仅对韦某君身体造成了伤害，也使得韦某君的精神遭受巨大痛苦，故应支持韦某君精神损害抚慰金。但韦某君作为完全行为能力人，自愿与他人同居并怀孕，其后自主选择不生育，其对于自身健康受损亦有一定过错，故应结合双方对于损害的过错、原因力等，酌情减轻加害人苏某康的侵权责任。

【案例评析】

健康权所保护的健康包括生理健康与心理健康。本案中，被告在原告怀孕多月的情况下，拒绝与原告结婚且拒绝合理沟通，使得原告决定终止妊娠，原告因此遭受肉体与精神损害。这些损害与被告的行为具有相当因果关系，所以，被告的行为侵害了原告的健康权，应承担相应的法律责任。

案例5："基因编辑婴儿"案一审宣判，贺某奎等三被告人被追究刑事责任[1]

【法条指引】

《民法典》第1009条，从事与人体基因、人体胚胎等有关的医学和科研活动的规定。

【案例事实与裁判】

2019年12月30日，"基因编辑婴儿"案在深圳市南山区人民法院一审公开宣判。贺某奎、张某礼、覃某洲等3名被告人因共同非法实施以生殖为目的的人类胚胎基因编辑和生殖医疗活动，构成非法行医罪，分别被依法追究刑事责任。

南山区人民法院经审理查明，2016年以来，南方科技大学原副教授贺某奎得知人类胚胎基因编辑技术可获得商业利益，即与广东省某医疗机构张某礼、深圳市某医疗机构覃某洲共谋，在明知违反国家有关规定和医学伦理的情况下，仍以通过编辑人类胚胎CCR5基因可以生育免疫艾滋病的婴儿为名，将安全性、有效性未经严格验证的人类胚胎基因编辑技术用于辅助生殖医疗。贺某奎等人伪造伦理审查材料，招募男方为艾滋病病毒感染者的多对夫妇实施基因编辑及辅助生殖，以冒名顶替、隐瞒真相的方式，由不知情的医生将基因编辑过的胚胎通过辅助生殖技术移植入人体内，致使2人怀孕，先后生下3名基因编辑婴儿。

---

〔1〕 案例来源：《环球时报》2019年12月30日。

法院认为，3名被告人未取得医生执业资格，追名逐利，故意违反国家有关科研和医疗管理规定，逾越科研和医学伦理道德底线，贸然将基因编辑技术应用于人类辅助生殖医疗，扰乱医疗管理秩序，情节严重，其行为已构成非法行医罪。根据3名被告人的犯罪事实、性质、情节和对社会的危害程度，依法判处被告人贺某奎有期徒刑3年，并处罚金人民币300万元；判处张某礼有期徒刑2年，并处罚金人民币100万元；判处覃某洲有期徒刑1年6个月，缓刑2年，并处罚金人民币50万元。

"基因编辑婴儿"事发后，广东省委、省政府高度重视，迅速成立调查组开展调查，并于2019年1月公布调查结果。卫生健康行政部门已将相关涉案人员列入人类生殖技术违法违规人员"黑名单"，终身禁止其从事人类辅助生殖技术服务工作。科技主管部门已对涉案人员作出终身禁止其申请我国人类遗传资源行政审批、终身禁止其申请财政资金支持的各级各类科研项目等行政处理。科技主管部门、卫生健康行政部门分别责成涉事单位完善科研和医疗管理制度，加强对相关从业人员的监督管理等。

【案例评析】

贺某奎等人的"基因编辑婴儿"案曾轰动一时，引发社会持续关注。贺某奎等人公然违反国家有关规定和医学伦理，贸然将基因编辑技术应用于人类辅助生殖医疗，理应受到刑事与行政等各层面的法律制裁。

案例6：钱某诉上海某日用品有限公司搜身侵犯名誉权案
[（1998）沪二中民终字第2300号]

【法条指引】

《民法典》第1011条，非法拘禁、非法搜身应承担民事责任的规定。

【案例事实与裁判】

1998年7月8日上午10时许，钱某携侄子进入上海某日用品有限公司四川某店。当钱某从店堂正门出门时，店门口警报器响，该店的女保安员上前阻拦钱某离店。钱某遂被保安人员强行带入该店办公室内，保安人员在用手提电子探测器检查原告全身后，要求钱某脱去裤子接受检查。女店员还伸手探入裤内检查，未果。女店员旋即与门外赶来的店长商谈后，再一次入室责令钱某脱裤检查，钱某被逼无奈再次就范，但仍未发现带磁物品。1998 年 7 月 20 日，钱某以某公司和四川某店为被告向法院起诉，要求被告赔礼道歉并赔偿精神损失。

一审法院认为：被告四川某店对原告所进行的搜查，非法律所赋予的权利，其亦无权要求原告承担配合义务，故被告在店内对原告实施的非法行为，已构成严重侵犯原告人身权和名誉权，理应承担民事责任。鉴于被告侵权情节恶劣，原告受侵害程度较深，又引起社会的不良反响，同时，考虑被告的实际给付能力，判决如下：（1）被告上海某日用品有限公司四川某店于本判决生效之日起 10 日内在《新民晚报》上刊登向原告赔礼道歉公告（道歉公告内容需要经本院审核），费用由被告负担。（2）被告上海某日用品有限公司四川某店应赔偿原告钱某精神损失费人民币 25 万元（此款于本判决生效之日起 10 日内一次付清）；被告上海某日用品有限公司承担连带责任。

一审判决后，某公司与四川某店向上海市第二中级人民法院提起上诉，要求二审予以改判。二审法院审理认为：公民的人格尊严受法律保护。上诉人将被上诉人滞留店中作检查，不仅时间长达近两小时，期间还出现被上诉人解脱裤扣接受检查的事实。上诉人的行为违反了我国《宪法》和《民法通则》的有关规定，侵犯了钱某的人格权，对此，应向钱某赔礼道歉。被上诉人要求上诉人对其精神损害进行赔偿，理由正当，应予支持。关于精神损害赔偿的数额，原审判决赔偿数额显属过高，本院予以纠正。至于本案承担民事责任的主体应是某公司，四川某店是其非独立核算的分支机构，故其不能独立承担民事责任，而应由其设立单位即某公司承担民事责任。最终二审判决如下：（1）撤销上海市虹口区人民法院（1998）虹民初字第 2681 号民事判决；（2）上海某日用品有限公司向钱某赔礼道歉；（3）上海某日用品有限公司应对钱某精神损害赔偿人民币 1 万元（该款自本判决生效之日起 3 日内付给）。

【案例评析】

本案是第一例非法搜身的诉讼，社会反响很大。当时一审法院裁判按侵犯人身权和名誉权审理，二审法院较模糊地认定为侵犯人格权。按照《民法典》第 1011 条的规定，可以明确被告侵害的是原告的身体权。

第三章　姓名权和名称权

案例7：“北雁云依”诉某市公安局某派出所公安行政登记案
［（2010）历行初字第4号］

【法条指引】

《民法典》第1012条，自然人姓名决定权行使的范围与限度。

【案例事实与裁判】

原告“北雁云依”出生于2009年1月25日，其父亲吕某和母亲张某因酷爱诗词歌赋和中国传统文化，二人决定给爱女起名为“北雁云依”，取自四首著名的中国古典诗词，寓意父母对女儿的美好祝愿。随后，夫妇二人以“北雁云依”为名办理了新生儿出生证明和计划生育服务手册新生儿落户备查登记。2009年2月，吕某前往某派出所为女儿申请办理户口登记，被民警告知拟被登记人员的姓氏应当随父姓或者母姓，即姓“吕”或者“张”，否则不符合办理出生登记条件。因吕某坚持以“北雁云依”为姓名为女儿申请户口登记，被告某派出所遂依照《婚姻法》第22条之规定，于当日作出拒绝办理户口登记的具体行政行为。为此，吕某于2009年12月17日以被监护人“北雁云依”的名义向济南市历下区人民法院提起行政诉讼，成为全国首例姓名权行政诉讼案。

此案经两次公开开庭，因案件涉及法律适用问题，需要送请有权机关作出解释或者确认，该案于2010年3月11日裁定中止审理。2014年11月1日，第十二届全国人民代表大会常务委员会第十一次会议通过了《关于〈中华人民共和国民法通则〉第九十九条第一款、〈中华人民共和国婚姻法〉第二十二条的解释》，中止事由消除，该案于2015年4月21日恢复审理。济南市历下区人民法院于2015年4月25日作出（2010）历行初字第4号行政判决：驳回原告“北雁云依”要求确认被告某派出所拒绝以“北雁云依”为姓名办理户口登记行为违法的诉讼请求。

法院生效裁判认为：2014 年 11 月 1 日，第十二届全国人民代表大会常务委员会第十一次会议通过了《全国人民代表大会常务委员会关于〈中华人民共和国民法通则〉第九十九条第一款、〈中华人民共和国婚姻法〉第二十二条的解释》。该立法解释规定：“公民依法享有姓名权。公民行使姓名权，还应当尊重社会公德，不得损害社会公共利益。公民原则上应当随父姓或者母姓。有下列情形之一的，可以在父姓和母姓之外选取姓氏：（一）选取其他直系长辈血亲的姓氏；（二）因由法定扶养人以外的人扶养而选取扶养人姓氏；（三）有不违反公序良俗的其他正当理由。少数民族公民的姓氏可以从本民族的文化传统和风俗习惯。”

本案不存在选取其他直系长辈血亲姓氏或者选取法定扶养人以外的扶养人姓氏的情形，案件的焦点就在于原告法定代理人吕某提出的理由是否符合上述立法解释第 2 款第 3 项规定的“有不违反公序良俗的其他正当理由”。首先，从社会管理和发展的角度，子女承袭父母姓氏有利于提高社会管理效率，便于管理机关和其他社会成员对姓氏使用人的主要社会关系进行初步判断。倘若允许随意选取姓氏甚至恣意创造姓氏，则会增加社会管理成本，不利于社会和他人，不利于维护社会秩序和实现社会的良性管控，而且极易使社会管理出现混乱，增加社会管理的风险性和不确定性。其次，公民依法享有姓名权，公民行使姓名权属于民事活动，既应当依照《民法通则》第 99 条第 1 款和《婚姻法》第 22 条的规定，还应当遵守《民法通则》第 7 条的规定，即应当尊重社会公德，不得损害社会公共利益。通常情况下，在父姓和母姓之外选取姓氏的行为，主要存在于实际抚养关系发生变动、有利于未成年人身心健康、维护个人人格尊严等情形。本案中，原告“北雁云依”的父母自创“北雁”为姓氏、选取“北雁云依”为姓名给女儿办理户口登记的理由是“我女儿姓名‘北雁云依’四字，取自四首著名的中国古典诗词，寓意父母对女儿的美好祝愿”。此理由仅凭个人喜好愿望并创设姓氏，具有明显的随意性，不符合立法解释第 2 款第 3 项的情形，不应给予支持。

【案例评析】

公民为子女选择姓氏，属于民事生活的一部分，必然需要受公序良俗原则的调整。不能忽视姓氏在传统文化中的重要地位及其在生活中的作用。绝大部分的称姓选择遵照上述原则，与传统文化的要求相契合。基于个人偏好选取或变更称姓，不但是对传统文化、道德观念的突破，也在人口管理上增添了不小的麻烦。公民选取姓氏涉及公序良俗。在中华传统文化中，“姓名”中的“姓”，即姓氏，主要来源于客观上的承袭，系先祖所传，承载了对先祖的敬重、对家庭的热爱等，体现着血缘传承、伦理秩序和文化传统。而“名”则源于主观创造，为父母所授，承载了个人喜好、人格特征、长辈愿望等。公民对姓氏传承的重视和尊崇，不仅仅体现了血缘关系、亲属关系，更承载着丰富的文化传统、伦理观念、人文情怀，符合主流价值观念，是中华民族向心力、凝聚力的载体和镜像。公民原则上随父姓或者母姓，符合中华传统文化和伦理观念，符合绝大多数公民的意愿和实际做法。反之，如果任由公民仅凭个人意愿喜好，随意选取姓氏甚至自创姓氏，则会造成对文化传统和伦理观念的冲击，违背社会善良风俗和一般道德要求。

案例8：迈克尔·杰弗里·乔丹与国家工商行政管理总局商标评审委员会、乔丹体育股份有限公司“乔丹”商标争议行政纠纷案［（2016）最高法行再27号］

【法条指引】

《民法典》第1012条，外国自然人就特定名称主张姓名权保护的，该特定名称应当符合的条件。

【案例事实与裁判】

再审申请人迈克尔·杰弗里·乔丹（以下简称迈克尔·乔丹）与被申请人国家工商行政管理总局商标评审委员会（以下简称商标评审委员会）、一审第三人乔丹体育股份有限公司（以下简称乔丹公司）商标争议行政纠纷案中，涉及乔丹公司的第6020569号“乔丹”商标（即涉案商标），核定使用在国际分类第28类的体育活动器械、游泳池（娱乐用）、旱冰鞋、圣诞树装饰品（灯饰和糖果除外）。再审申请人主张该商标含有其英文姓名的中文译名“乔丹”，属于2001年修正的《商标法》第31条规定的“损害他人现有的在先权利”的情形，故向商标评审委员会提出撤销申请。

商标评审委员会认为，涉案商标“乔丹”与“Michael Jordan”及其中文译名“迈克尔·乔丹”存在一定区别，并且“乔丹”为英美普通姓氏，难以认定这一姓氏与迈克尔·乔丹之间存在当然的对应关系，故裁定维持涉案商标。再审申请人不服，向北京市第一中级人民法院提起行政诉讼。北京市第一中级人民法院于2015年4月1日作出（2014）一中行（知）初字第9163号行政判决，驳回迈克尔·杰弗里·乔丹的诉讼请求。迈克尔·杰弗里·乔丹不服一审判决，提起上诉。北京市高级人民法院于2015年8月17日作出（2015）高行（知）终字第1915号行政判决，驳回迈克尔·杰弗里·乔丹上诉，维持原判。迈克尔·杰弗里·乔丹仍不服，向最高人民法院申请再审。最高人民法院提审后，于2016年12月7日作出（2016）最高法行再27号行政判决：（1）撤销北京市第一中级人民法院（2014）一中行（知）初字第9163号行政判决；（2）撤销北京市高级人民法院（2015）高行（知）终字第1915号行政判决；（3）撤销国家工商行政管理总局商标评审委员会商评字〔2014〕第052058号关于第6020569号“乔丹”商标争议裁定；（4）国家工商行政管理总局商标评审委员会对第6020569号“乔丹”商标重新作出裁定。

法院裁判如下：

1. 姓名权是自然人对其姓名享有的人身权，姓名权可以构成商标法规定的在先权利。外国自然人外文姓名的中文译名符合条件的，可以依法主张作为特定名称按照姓名权的有关规定予以保护。

在适用《商标法》第31条的规定对他人的在先姓名权予以保护时，不仅涉及对自然人人格尊严的保护，而且涉及对自然人姓名，尤其是知名人物姓名所蕴含的经济利益的保护。未经许可擅自将他人享有在先姓名权的姓名注册为商标，容易导致相关公众误认为标记有该商标的商品或者服务与该自然人存在代言、许可等特定联系的，应当认定该商标的注册损害他人的在先姓名权，违反《商标法》第31条的规定。

2. 外国自然人就特定名称主张姓名权保护的，该特定名称应当符合以下三项条件：（1）该特定名称在我国具有一定的知名度，为相关公众所知悉；（2）相关公众使用该特定名称指代该自然人；（3）该特定名称已经与该自然人之间建立了稳定的对应关系。

3. 使用是姓名权人享有的权利内容之一，并非姓名权人主张保护其姓名权的法定前提条件。特定名称按照姓名权受法律保护的，即使自然人并未主动使用，也不影响姓名权人按照商标法关于在先权利的规定主张权利。

4. 违反诚实信用原则，恶意申请注册商标，侵犯他人现有在先权利的“商标权人”，以该商标的宣传、使用、获奖、被保护等情况形成了“市场秩序”或者“商业成功”为由，主张该注册商标合法有效的，人民法院不予支持。

【案例评析】

本案中，“擅自使用他人的企业名称或者姓名，引人误认为是他人的商品”的不正当竞争行为，在本质上是损害他人姓名权的侵权行为。在判断外国人能否就其外文姓名的部分中文译名主张姓名权保护时，需要考虑我国相关公众对外国人的称谓习惯。本案现有证据足以证明“乔丹”在我国具有较高的知名度、为相关公众所知悉，我国相关公众通常以“乔丹”指代再审申请人，并且“乔丹”已经与再审申请人之间形成了稳定的对应关系，故再审申请人就“乔丹”享有姓名权。本案具有很好的裁判参引与引导价值。

案例 9：A 公司与被上诉人 C 公司等企业名称合同纠纷案 [（2017）苏民终 1843 号]

【法条指引】

《民法典》第 1013 条，法人、非法人组织名称转让的效力。

【案例事实与裁判】

2015 年 7 月 1 日南京市中级人民法院以（2015）宁商破字第 13－1 号民事裁定书裁定受理 A 公司的破产清算一案。2015 年 7 月 29 日南京市中级人民法院以（2015）宁商破字第 13－1 号民事决定书指定江苏某清算事务所有限公司担任 A 公司的管理人。根据《企业破产法》的规定，管理人从 A 公司法定代表人安某处接管了 A 公司的财务资料和公司印章，包括 A 公司的公章一枚。2015 年 8 月 24 日，管理人将 A 公司进入破产清算程序相关事宜进行登报公告。管理人在对 A 公司对外投资情况进行调查时发现 A 公司拥有 B 公司（原 C 公司）95.8% 的股权，为此，管理人于 2015 年 9

月23日发函给B公司，告知其A公司已经进入破产清算程序并要求其配合清算工作的开展等。2016年6月23日，管理人到H县市场监督管理局进一步调查时，竟然发现C公司已经变更登记为B公司，而现在继续经营的C公司由H县D公司变更登记而来。经进一步查询工商登记档案得知：2016年1月23日，B公司、C公司签订《企业名称转让协议》，将原C公司名称及整体资产以9200万元价格转让给H县D公司，后管理人与原C公司负责人王某某联系了解情况，王某某称转让价9200万元包含淘宝网拍卖原C公司部分房产、土地价款88226880.00元及公司内动产300万多元，同时在B公司的工商变更档案中还有一份2016年1月23日《股东会决议》，该股东会决议显示，安某主持召开原C公司股东会议，股东E公司及A公司到会并形成决议，同意公司名称变更为“B公司”，并同意修改公司章程及变更经营范围等相关内容。A公司法定代表人安某向管理人移交的公章正在管理人处保管，该《股东会决议》中加盖的“A公司”的公章明显是不实的。2016年1月29日，原“C公司”变更登记为“B公司”。2016年2月1日，原“H县D公司”变更登记为“C公司”。

A公司认为：转让、变更企业名称及修改公司章程属于公司决策的重大事项，应当经过占有公司股权95.8%的A公司同意，而原告目前已经依法进行破产清算程序，只有破产管理人才有权代表原告作出相应的意思表示，因此，本案中未经A公司同意的企业名称权转让行为无效，且该行为已经严重损害A公司所投资子公司的利益，进而损害A公司及其全体债权人的合法权益。

二审法院认为：原C公司与H县D公司2016年1月23日签订的《企业名称转让协议》系双方当事人真实意思表示，应当认定有效。

首先，原C公司系具有独立法人资格的有限责任公司，具有独立的民事能力与行为能力。其与H县D公司签订涉案转让协议，系其依法行使处分权、开展正常对外交易的行为。该协议系双方当事人真实意思的表示，符合法律规定的有效要件。

其次，原C公司转让财产时是否经过有效股东会决议，系公司内部治理问题。公司外部商事行为的效力并不必然受此影响。一般而言，公司对外签订合约等外部商事行为的效力应以当事人外部意思表示以及相对人是否善意等因素来决定。本案中，并无证据证明受让人签订协议时存在恶意以及双方恶意串通情形，其对原C公司转让是否经有效股东会决议并无审查义务，否则对其并不公平，而且也将增加交易成本，影响商事交易正常进行。

再次，A公司也无证据证明协议约定的转让价格系明显不合理的低价。原C公司的不动产司法拍卖的价格为8822万余元，涉案协议转让价格为9200万元，可见双方明确大公司的动产以及包括名称权在内的无形资产等价值为378万元左右。就该价值是否为明显不合理的低价以及是否损害C公司及其股东的利益，A公司并未提供充分的证据证明。

最后，同时身兼A公司和B公司法定代表人的安某，代表A公司参加并主持了B公司的股东会，股东会形成了相关决议。虽然其时安某知晓A公司已经进入破产清算程序，其无权代表A公司作出决定，但A公司如认为涉案转让协议侵害了原C公司及其股东A公司的利益，可以针对有关行为人提起侵权损害之诉。

【案例评析】

公司名称转让协议，属于民事法律行为范畴，其有效性与否应依据民事法律行为的效力性规则进行判断。公司转让财产时是否经过有效股东会决议，系公司内部治理问题。公司外部商事行为的效力并不必然受此影响。

案例10：湖南王跃文诉河北王跃文等侵犯著作权、不正当竞争纠纷案[1]

【法条指引】

《民法典》第1014条，自然人侵犯他人姓名权。

【案例事实与裁判】

在湖南王跃文诉河北王跃文等侵犯著作权、不正当竞争纠纷案中，湖南王跃文是国家一级作家，擅长撰写官场小说，在全国范围内享有较高知名度，其1999年创作的小说《国画》，被“中华读书网”称为十大经典反腐小说的代表作。而河北王跃文原名为王某山，改名后发表了长篇小说

〔1〕 案例来源：《最高人民法院公报》2005年第10期。

《国风》。《国风》一书对作者的简介是“王跃文，男，38岁，职业作家，发表作品近百万字，小说因触及敏感话题在全国引起较大争议”。湖南王跃文后起诉某公司、某出版社和叶某军以及王某山制作、出售假冒其署名的作品，侵害其著作权，且对原告构成不正当竞争。

长沙市中级人民法院认为：

1. 作家通过出售作品的出版发行权，从文化市场中获得自己的经济利益，是对自己的作品进行经营。根据《反不正当竞争法》第2条第3款的规定，作家属于文化市场中的商品经营者。

2. 知名作家在自己作品上的署名，具有商品标识作用。为推销自己的作品，采取借鉴、仿冒、攀附或淡化等手段，利用知名作家署名所具有的商品标识作用来误导消费者，属于《反不正当竞争法》第2条第2款规定的不正当竞争行为。

3. 尽管在《国风》一书发表前，湖南王跃文已经成为知名人士，但没有任何法律规定禁止他人使用与知名人士相同的署名。《国风》一书的作者署名“王跃文”，其来有据，是正当行使著作权中的署名权，不是《著作权法》第47条第8项（修改后为第53条第8项）所指的假冒他人署名，不侵犯湖南王跃文的著作权。

4. 对于河北王跃文是否采取了不正当竞争手段，法院认为：“作为文化市场的经营者，作者往往通过在作品上署名，来传扬自己和自己的写作方式。消费者在选购图书时，作品题材和作者是其考虑的主要因素。知名作家在作品上的署名，已经成为图书的一种商品标识，发挥着指引消费者作出消费决定的重要作用。知名作家的署名一旦被借鉴、仿冒、攀附或淡化，就可能引导消费者作出错误的消费决定，从而影响署名人的正当权益，因此这些行为属于不正当竞争。原告湖南王跃文曾因创作过系列官场题材小说而知名，《国画》是其创作的又一畅销书籍。这些作品均以“王跃文”署名，该署名直接指向湖南王跃文本人，明示着作品提供者的身份。看到这个署名的消费者，无疑会联想起湖南王跃文创作的系列作品。由于此系列作品已经在市场上享有了声誉，因此以“王跃文”署名的作品自然容易被消费者接受。在《国风》一书发行前，被告河北王跃文没有发表过任何作品。在此情况下，河北王跃文在《国风》一书的作者简介中，标榜自己“已发表作品近百万字，并触及敏感问题，在全国引起较大争议”，纯属虚假宣传。与其改名行为相联系，不难看出：河北王跃文这一段虚假的作者简介，就是要把《国风》一书与湖南王跃文联系起来，借湖南王跃文在文化市场上的知名度来误导消费者，从而达到推销自己作品的目的。被告某公司明知《国画》与《国风》不是同一作者，湖南王跃文与河北王跃文不存在任何关系，仍在其制作的广告宣传资料中使用“王跃文最新长篇小说”“《国画》之后看《国风》”“风行全国的第一畅销小说”等词句，故意混淆两个王跃文、《国画》与《国风》的区别，无非是要攀附湖南王跃文的知名度，其目的也是要误导消费者。被告某出版社明知两个王跃文不同，未对河北王跃文书写的作者简介内容进行审查，以致具有虚假信息并能引人误解的内容在该社出版的《国风》一书上发表；另外，该社虽将《国风》一书的发行工作委托给某公司办理，但未对此项工作进行必要监督，使标有该社名称的虚假宣传资料流入市场，主观上对误导消费者具有过错。《民法通则》第4条规定：“民事活动应当遵循自愿、公平、等价有偿、诚实信用的原则。”河北王跃文、某公司、某出版社的行为均违反了诚实信用原则，构成对湖南王跃文的不正当竞争，其关于不构成不正当竞争的抗辩理由不予采纳。被告叶某军从正规渠道进货，并在获取相关委托手续后才销售《国风》一书，作为一般图书经营者，叶某军已尽合理的注意义务，对本案的不正当竞争后果不具有主观过错，无须承担赔偿责任，但若继续销售《国风》一书，则是扩大不正当竞争损害后果，故应当停止销售。”于是裁判河北王跃文并非假冒湖南王跃文，但河北王跃文构成对湖南王跃文的不正当竞争。

【案例评析】

姓名不具有唯一性与排他性，自然人可以使用与他人相同的姓名，没有任何法律规定禁止他人使用与知名人士相同的署名。但是，如果行为人在其作品上署名与介绍、宣传，采取故意引发消费者混淆、攀附他人知名度的方式，有故意误导消费者的目的，则可认定构成不正当竞争。

案例11：徐某1、上官某1一般人格权纠纷案
［（2018）鄂03民终1305号］

【法条指引】

《民法典》第1016条，民事主体姓名、名称的登记及其效力。

【案例事实与裁判】

2015年5月20日，徐某1与上官某1登记结婚。2015年10月10日，徐某1与上官某1的婚生子出生于十堰市妇幼保健院。2015年12月18日，十堰市妇幼保健院出具《出生医学证明》，证明编号为××××××××，新生儿姓名上官某2，性别男，出生时间2015年10月10日9时16分，母亲姓名上官某1，父亲姓名徐某1，有效身份证件类别均为居民身份证。2015年12月18日，上官某1向十堰市公安局东岳路派出所申报婴儿出生登记，在《新生儿基本信息登记表》上新生儿姓名为上官某2，新生儿父亲为徐某1，母亲为上官某1，上官某1在该登记表申报人处签字并捺印。同日，上官某2落户在王平户口簿上，与户主关系为外孙子，居民身份证编号为××××，于2015年12月18日出生申报。徐某1向一审法院起诉请求：（1）认定上官某1擅自决定孩子姓名的行为属于违背公序良俗的无效行为；（2）停止上官某2姓名的称谓；（3）明确孩子的小名叫某某；（4）命名或变更孩子户口簿上的姓氏为徐；（5）命名或变更孩子户口簿上的姓名为徐某某或暂且命名或变更孩子的姓名为徐某某，待孩子成年后，具备一定自我行为能力时，自行决定自己的姓名；（6）上官某1、王平以书面方式给徐某1就其侵犯徐某1对孩子姓名命名权的行为道歉，并保证不得有下一次侵权行为；（7）本案全部诉讼费用由上官某1、王平共同承担。两审法院经审理，最终均没有支持徐某的上诉诉讼请求。

法院裁判如下：

1. 关于徐某1与上官某1婚生子能否随母亲姓的问题。在中华传统文化中，“姓名”中的“姓”，即姓氏，体现着血缘传承、伦理秩序和文化传统，公民选取姓氏涉及公序良俗。公民原则上随父姓或者母姓符合中华传统文化和伦理观念，符合绝大多数公民的意愿和实际做法。同时我国《婚姻法》第22条也规定了子女可以随父姓，可以随母姓，该规定是任意性法律规范，而非强制性法律规范，不限定公民姓氏必须随母姓或随父姓，仅仅是提示公民在决定姓氏的时候可以使用父母任意一方的姓氏。本案中，徐某1与上官某1婚生子随母亲姓，即“上官”，取名上官某2，并无不当。

2. 关于徐某1与上官某1婚生子取名上官某2，没有随父姓是否违背公序良俗的行为。公序良俗是指“公共秩序”和“良好风俗”的缩写，所谓“公序”即社会一般利益，在我国现行法上包括国家利益、社会经济秩序和社会公共利益；所谓“良俗”即一般道德观念或良好道德风尚，包括我国现行法上所称的社会公德、商业道德和社会良好风尚。本案中，徐某1与上官某1婚生子取名上官某2，随母亲姓，没有随父姓，既不违背“公序”，也没有违背社会公德、商业道德和社会良好风尚等，不违背公序良俗。徐某1关于“认定上官某1擅自决定孩子姓名的行为属于违背公序良俗的无效行为”的诉讼请求，一审法院不予支持。

3. 关于上官某1是否实施了侵权行为，是否应当承担侵权责任的问题。徐某1主张上官某1利用欺骗的手段，骗取十堰市妇幼保健院的信任取得出生证明，骗取十堰市张湾区东岳路派出所的信任登记姓名，侵害了其利益。本院认为，根据《母婴保健法》第23条规定：“医疗保健机构和从事家庭接生的人员按照国务院卫生行政部门的规定，出具统一制发的新生儿出生医学证明”，十堰市妇幼保健院根据上述规定为新生儿出具《出生医学证明》，应当认定为有效。根据《户口登记条例》第7条关于“婴儿出生后一个月以内，由户主、亲属、抚养人或者邻居向婴儿常住地户口登记机关申报出生登记”的规定，婴儿出生后，其抚养人有权向其常住地户口登记机关申报出生登记。本案中，徐某1未提交证据证明上官某1在十堰市妇幼保健院办理出生登记以及在十堰市公安局张湾分局东岳路派出所办理户口登记时采用了欺骗手段，故对其该项上诉理由，本院不予采信。徐某1主张其多次与上官某1协商，并经上官某1默许为孩子取名“徐某2”，但上官某1在一、二审中均对该主张予以否认，而徐某1提交的视频、朋友圈截屏等证据只能证明其为孩子选取的名字为“徐某某”，小名“徐某2”，不能证明这个名字系其与上官某1协商一致选定，且也未进行过户口登记。故，对其该项上诉理由，本院亦不予采信。《婚姻法》第22条规定：“子女可以随父姓，可以随母姓。”即我国法律规定，孩子出生后的姓氏既可以随父亲，也可以随母亲。在子女姓氏选择上，应由父母双方协商一致，而对于父母双方未能协商一致的，首先应随父姓还是随母姓，我国法律并没有作出明确规定。《户口登记条例》第3条第1款规定：“户口登记工作，由各级公安机关主管。”本案中，上官某1已在十堰市公安局张湾分局东岳路派出所为其与徐某1的婚生子办理了户口登记，孩子姓名登记为“上官某2”，并在日常生活中一直使用。故，徐某1主张上官某1未经其同意将孩子的姓名定为“上官某2”，侵害了其合法权益，应承担侵权责任，没有事实和法律依据，本院不予支持。

4. 关于上官某2是否应更名为徐某2的问题。如前所述，上官某1为其与徐某1的婚生子，办理户口登记时将孩子的姓名定为“上官某2”，并未违反法律规定，故徐某1请求本院将“上官某2”更名为“徐某2”无法律依据，本院不予支持。

【案例评析】

与自然人的“名”不同，自然人的姓氏体现着血缘传承、伦理秩序和文化传统，其本身具有一定的身份定位功能，不仅是个人的人格标志，而且具有一定的伦理性在内。原则上自然人的姓氏选择应在父亲或母亲两者之间择其一，这也符合我国社会上对姓氏取得的传统认识。毕竟，自然人的姓名权属于自然人的私法权利，自然人应有一定程度上的选择权与决定权（包括更名权）。但是这种不选择父或母一方的姓名的做法必须有法律上的“正当理由”。在不违反公序良俗的情形下，立法没必要对姓氏的选择作出过于严苛的限制，因而允许自然人在父姓和母姓之外选取姓氏。

第四章　肖 像 权

案例12：叶某诉安贞医院、人民交通出版社、广告公司肖像权纠纷案[1]

【案例指引】

《民法典》第1018条，肖像权保护的肖像范围与特征。

【案例事实与裁判】

原告叶某因与被告安贞医院、人民交通出版社、广告公司发生肖像权纠纷，向北京市东城区人民法院提起诉讼。原告诉称：我曾在某激光医疗中心就脸部先天的青黑色斑痕进行治疗，治疗效果良好。2001年10月，我发现被告人民交通出版社在其出版发行的《北京交通旅游图》上，刊登由被告某广告公司经营的安贞医院的广告。该广告使用了我治疗脸部斑痕前后的照片作为病案。后查《北京交通旅游图》已经十几次刊登这张照片，按地图上的记载，每次印数高达50万份。被告安贞医院、人民交通出版社和某广告公司的上述行为，侵害了我的肖像权。请求判令被告安贞医院、人民交通出版社和某广告公司立即停止侵害，消除影响，赔礼道歉，并向我赔偿损失10万元。原告叶某向法庭出示、提交了其在某激光中心治疗脸部先天青黑色斑痕前后的照片和病历，以及2001年、2002年《北京交通旅游图》，其上刊登的广告中附有标志治疗前、治疗后的特定人眼部以下照片。

被告安贞医院、人民交通出版社和某广告公司对原告叶某所诉《北京交通旅游图》上刊登附有病案照片广告的事实均无异议。被告安贞医院辩称：原告所诉的照片，是我院购买仪器设备时由供货方提供的。我院在委托被告某广告公司发布的广告中，从病理角度使用了这张照片。这是一张

〔1〕 案例来源：《最高人民法院公报》2003年第6期。

局部照片，照片中人物的眼睛以上部分被遮挡，不能证明是原告。照片只占地图上很小一部分，不会带来严重影响，且我院使用这张照片也未获利，没有侵害原告的肖像权，不同意原告的诉讼请求。

被告人民交通出版社辩称：我社有发布广告的资格。原告所诉我社发布广告中附带的这张照片，根本无法辨认肖像人是谁。我社在刊发广告过程中已经依法尽了审核义务，不构成侵害肖像权，不同意原告的诉讼请求。

被告某广告公司辩称：原告所诉照片，反映的只是局部病理情况，看不出肖像人是原告。即使肖像人是原告，也只是原告的局部照片，不构成侵权。另外，地图上的印数，只反映预计的发行范围，不是实际发行量。不同意原告的诉讼请求。

北京市东城区人民法院一审认为：将原告叶某出示的其治疗前后原始照片与广告上使用的特定人眼部以下照片进行对比，证明广告上使用的照片就是叶某本人眼部以下照片。对此，被告安贞医院、人民交通出版社和某广告公司虽先否认，但在不能驳倒叶某的证据时不再坚持。因此可以推定，叶某是广告使用照片上的原形人。法律规定的肖像权，基于公民的肖像而产生。肖像，是指以某一个人为主体的画像或照片等。通过绘画、摄影、雕刻、录像、电影等艺术手段，在物质载体上再现某一个自然人的相貌特征，就形成肖像。肖像的特征，除肖像与原形人在客观上相互独立成为能让人力支配的物品外，再就是具有完整、清晰、直观、可辨的形象再现性或称形象标识性。这里所说的形象，是指原形人相貌综合特征给他人形成的、能引起一般人产生与原形人有关的思想或感情活动的视觉效果。画像、照片等载体，如果其内容不能再现原形人的相貌综合特征，不能引起一般人产生与原形人有关的思想或感情活动，一般人不能直观地清晰辨认该内容就是某一自然人的形象，这样的载体不能称为肖像。如果载体所表现的内容，只有凭借高科技技术手段进行对比，才能确定这是某一自然人特有的一部分形象而非该自然人清晰完整的形象，一般人不能直观地清晰辨认载体所表现的内容就是该自然人，则这一载体也不能称为该自然人的肖像。该自然人只是载体所表现内容的原形人，不是肖像人。由于这样的载体所表现的内容不构成肖像，原形人也就对这一内容不享有肖像权。肖像权，是肖像人对自己的肖像依法享有的制作、使用专有权及利益维护权。原告叶某所诉的这张照片，只有脸上的鼻子和嘴部分，不是完整的特定人形象。这张照片不能反映特定人相貌的综合特征，不能引起一般人产生与特定人有关的思想或感情活动，因此不是法律意义上的肖像。叶某据此照片主张保护肖像权，理由不能成立。综上所述，应驳回原告叶某的诉讼请求。

一审宣判后，叶某不服，以原起诉理由提出上诉，请求二审改判。北京市第二中级人民法院经审理认为，《北京交通旅游图》上刊登的自然人面部局部器官照片，不能体现该自然人的外貌视觉形象，本身不构成肖像。上诉人叶某据此认为被上诉人安贞医院、人民交通出版社和某广告公司侵犯了其肖像权，理由不能成立。据此，北京市第二中级人民法院于2003 年判决：驳回上诉，维持原判。

【案例评析】

载体的内容是凭借高科技手段进行对比才确定属于某人肖像的一部分，因而不具有清晰与直观的可识别性，所以这一载体不能称为该原告叶某的肖像，原告对这一照片所体现的内容不享有肖像权。

案例 13：蓝某诉某饭店有限公司等肖像权、名誉权案 [（2002）东民初字第 6226 号]

【案例指引】

《民法典》第 1019 条，肖像权保护的积极与消极权能。

【案例事实与裁判】

原告蓝某诉称：2001 年 11 月中旬，我与友人一同在被告某饭店地下一层餐厅用餐时，发现在该餐厅内摆放着含有我扮演的某人物形象的电影剧照的广告展示架，餐厅门楣处有电影剧照的广告灯箱。被告某饭店虽在我要求下暂时撤走了广告展示架，但在我与其交涉餐厅门楣处广告灯箱处理一事未果后，又将广告展示架摆出。另悉，被告某饭店使用上述剧照已达四年之久。而我一直非常珍惜自己的艺术形象，从不曾以任何方式借曾塑造过的艺术形象做广告或许可他人营利性地使用我的形象。被告某饭店未经我本人许可，擅自使用我的艺术形象制作广告灯箱和展示架的行为不仅侵犯了我的肖像权，且使公众对我产生误解，影响了我的社会评价，构成了对我名誉权的侵犯，故起诉要求被告某饭店立即停止使用含有我形象的广告灯箱及广告展示架；赔礼道歉，恢复名誉；支付肖像权的赔偿金 10 万元，名誉权赔偿金 5 万元及代理费、公证费、查询费等经济损失 6040 元。

被告某饭店辩称：我方在餐厅内使用电影中原告的剧照属实，但电影剧照不是肖像，我方并未使用原告肖像。肖像与电影剧照利用的识别性特征或知名度是不同的。该剧照的使用也是取得了电影制片人北京某制片厂（以下简称某厂）的同意。且即使该剧照归人的肖像之列，也是集体肖像，因该剧照共有三个人物，在集体肖像中，各肖像权人不得主张肖像权。我方使用的剧照并未侵犯原告的肖像权；另，该剧照使用目的不是为餐厅做广告，而是为餐厅营造一种影视艺术文化氛围，此做法只能凸显原告的艺术造诣，并不会对原告的名誉权造成侵害，故不同意原告的诉讼请求。

被告某厂辩称：该电影是 1982 年我厂拍摄的故事片，该影片的著作权归我厂享有。由于影片剧照是影片的一部分，因此剧照著作权亦属我厂享有。我厂有许可他人使用的权利。且原告作为表演者在影视作品表演中代表的不是其本人，是剧中人物即角色，角色形象不等于角色扮演者的个人形象，其不能代替角色享有角色的肖像权。我厂在被告某饭店为了宣传国产优秀影片、营造艺术氛围而许可其使用剧照不仅是行使自身权利，也是为了弘扬影视文化，并未侵犯原告肖像权和名誉权，故不同意原告的诉讼请求。

2003 年 11 月 26 日，法院对此案作出一审判决。判决认定，反映表演者面部形象特征的电影剧照不仅承载了电影的某个镜头，同时也承载了表演者的面部形象，具有双重的识别性，相互不能替代。在涉案剧照中，原告本人的面部形象特征清晰，不仅令一般公众辨别出是电影中的镜头，而且令一般公众分辨出饰演某角色的表演者是原告蓝某，因此原告对涉案剧照享有肖像权。作为一幅肖像作品，涉案剧照上存在着肖像权与肖像作品著作权的双重权利，著作权的行使不能湮没肖像权。电影的著作权人在以电影播放形式行使著作权时无须征得表演者的同意，但超出与使用或宣传电影作品有关的活动范围的使用就要征得表演者的许可或有特殊约定。某厂在未与原告就肖像使用范围进行特殊约定的情况下，允许某饭店使用涉案剧照超出了合理使用范围，某饭店由此对涉案剧照的使用存在权利瑕疵。但鉴于涉案剧照上不止原告一人，而是集体肖像，集体肖像物理上的不可分性决定了其中个人肖像权的行使要受到一定限制，加之饭店使用涉案剧照是为了营造艺术氛围，不是做广告，不具有直接的营利目的，也不具有贬损原告名誉的性质，因此不认定侵犯原告的肖像权和名誉权。尽管如此，某饭店使用了有原告形象的集体肖像应向原告支付使用费，被告某厂对此应承担连带责任，因此判决二被告向原告支付肖像使用费6000元及有关损失1040元，案件受理费由二被告负担。

【案例评析】

集体肖像物理上的不可分性决定了其中个人肖像权的行使要受到一定限制，加之饭店使用涉案剧照是为了营造艺术氛围，不是做广告，不具有贬损原告名誉的性质，因此不认定侵犯原告的肖像权。

案例14：刘翔诉《精品购物指南》报社等侵害肖像权案 [（2005）一中民终字第8144号]

【法条指引】

《民法典》第1020条，肖像权保护的积极与消极权能。

【案例事实与裁判】

某报社于2004年出版《精品购物指南》，封面主题为“影响2004”，封面右上角标有“出版千期特别纪念专刊”，封面使用了原告刘翔在第28届奥运会上的跨栏形象。该形象在封面上所具备的特点如下：（1）原告身着奥运会上所穿运动装跨栏形象；（2）奥运现场背景为红旗所取代，该封面底色亦为红色；（3）原告上方有醒目的金色标题“影响2004”；（4）原照片中奥运五环标识和刘翔运动鞋的商标被修改。封面下方另有约占封面1/6的百货公司的广告，广告内容为“第6届购物节，开节狂欢连续”等文字，并有卡通人物形象，该广告使用以蓝色为主的多种颜色，与上方的刘翔及背景以红色为主的图案之间有较明显区别。《精品购物指南》第18版有原告在第28届奥运会场怀抱国旗、扭头挥右拳奔跑形象的图片，该图片左下角写有“中国能赢!”，上方有《刘翔栏间的飓风》一文。该期《精品购物指南》分别回顾评述了2004年与中国有关的大事，其中包括北京市市长接奥运会会旗、西安宝马案等事件。

原告诉称，某报社未经同意将其肖像用作封面，并为百货公司购物节做广告，侵犯了其肖像权，故请求判令：停止使用肖像、公开赔礼道歉、赔偿经济损失125万元。

某报社辩称，对原告肖像的使用属于回顾性的新闻报道，属于对公众人物肖像的合理使用。将原告作为封面与百货公司的广告没有关系，其广告是连续的行为，且具有广告边框，广告画面中没有原告的肖像，原告的肖像与百货公司的广告是两个彼此分割、独立的画面。故报社正当报道行为不构成侵权。

百货公司辩称，其与某报社直接签订有为期一年的广告发布协议，发布广告是连续行为。其同时在四家媒体上刊登完全一样的广告，广告内容与原告无关。《精品购物指南》的版面安排与公司无关，故公司不存在侵犯刘翔肖像权的事实。

一审法院认为，结合本案的具体案情，根据肖像与特定意义公共事件的关系，可将肖像分为独立于特定意义公共事件的肖像和与特定意义公共事件相结合的肖像。肖像权是以肖像为前提而存在的权利，基于上述对不同肖像的分类，必然产生具有不同权利内容的肖像权。法律对两种肖像权的权利限制和保护范围不同。前者肖像属于权利人可依个人意志决定而自由支配的私人领域，一切违背肖像权人意志而利用其肖像的行为，都可能被视为侵权；后者肖像是指权利人进入公共领域，其形象融入某公共事件，此时法律对权利人的肖像权予以限制，如果构成合理使用，即使未经权利人同意而使用其肖像，也不构成对肖像权的侵害。本案中涉及原告的肖像正属于后者。原告在赛场上的形象与具有特定意义的事件相结合，成为具有持久新闻报道价值的事件。法律保护刘翔的肖像权，但在一定范围内原告的肖像权受到限制。本案所涉《精品购物指南》，无论从印象，还是细读其内容，均可得出该期报刊相关内容属于回顾性报道的结论。故某报社对原告相关事件进行回顾性报道并使用原告在公共领域中的肖像，不构成侵权。关于百货公司是否构成侵权行为，一审法院认为，原告的跨栏形象与百货公司广告在同一页中出现，但两者却具有不同的意义，在不同的位置属于各自独立的主题。原告跨栏形象和国旗红色以暖色为主，百货公司购物节广告以蓝色等冷色调为主。根据《精品购物指南》长期使用人物形象作为封面的特点，其读者群体对该报的认知常识以及从一般大众阅读理解角度分析，原告跨栏形象与购物节之间不具有广告性质的关联性。百货公司选择在《精品购物指南》上发布广告时，并不知道报刊封面会有原告的肖像，原告肖像与其选择发布的广告出现在同一期刊不具有关联性。综上，一审判决驳回刘翔诉讼请求。

原告不服，提出上诉。

二审法院认为，如何使用肖像，原则上应由个人决定；但因社会事件以人为主，新闻报道、事物记叙评论以及信息宣传若要真实再现当时情况，增加准确性、生动性和感染力，不免要经常使用个人肖像；加之众多与特定场景相结合的特殊人物肖像，往往具有代表国家、民族或者某一历史时期的特殊象征意义，此等肖像亦不免被经常使用。在本案中，专刊内容中虽然有关于上诉人刘翔奥运夺金的信息，但专刊封面使用的上诉人肖像，其背景、衣着、跨栏均有较大改动，而且头部紧连文字“影响 2004”。可见封面刊载的上诉人肖像并不是完全为了报道上诉人奥运夺金这一事件。故不属于单纯的新闻报道，不能因此当然排除上诉人肖像与购物节广告的关联性。

《广告法》第 13 条规定，“广告应当具有可识别性，能够使消费者辨明其为广告”，同时“通过大众传播媒介发布的广告应当有广告标记，与其他非广告信息相区别，不得使消费者产生误解”。据此，报纸等新闻媒体发布广告除广告本身具有可识别性以外，还必须使广告与其他非广告信息之间具有不使消费者产生误解之标记区别。因此，就本案封面的上诉人肖像与购物节广告而言，首先应确定上诉人肖像是否为购物节广告的组成部分；其次要确定上诉人肖像与购物节广告是否具有不使他人产生误解的区别标记。对前者，可称之为是否具有“直接的广告关系”；对后者，则可称之为是否具有“广告性质的关联性”。就购物节广告本身的观察分析而言，该广告居于专刊封面下方，仅约占封面的 1/6。广告以浅蓝色为背景、与专刊封面的整体红色背景反差较大。不同颜色之间形成的自然整齐的分界线，以及购物节广告周边的由彩灯状圆点形成的整齐线条，明确显现购物节广告为相对独立的画面。广告中的文字图像等内容无一与刘翔肖像有关，而且购物节广告中自有一个卡通形象作为代言。可见上诉人肖像并不是该广告的组成部分，该广告自身内容与上诉人肖像没有联系，不存在上诉人所称的“利用其肖像做广告”。但就专刊封面的整体视觉效果而言：购物节广告虽为浅蓝色背景，但其周边背景为红色，与上诉人肖像背景红色为同色，确有“与广告背景相同”之感觉；购物节广告紧接跨栏两竖杆，且竖杆本身为蓝色，确有“广告悬挂在跨栏下”之感觉；上诉人跨栏形象的背景由赛场改为红旗，现场的半截跨栏改为艺术化的整体跨栏，突出了上诉人肖像本身，而同时却弱化了新闻效果。被突出的上诉人肖像本身的跨栏动作，与跨栏直接相连的宣传“购物节”的广告相结合，已有“上诉人跨向购物节”之感觉，再加上“精品购物指南”文字本身的呼应，足以令人产生“上诉人为百货公司购物节做广告”的误解。此种误解具有一定的合理根据，而并非无合理根据的单纯的主观想象。所以，专刊封面上的上诉人肖像与购物节广告之间，虽然不具有直接的广告关系，但具有一定的广告性质的关联性。某报社在发布专刊封面广告之时，未尽力注意避让他人肖像权，从而对载有上诉人肖像的图片进行了不妥当的修改，违反了《广告法》第 13 条的广告必须“与其他非广告信息相区别，不得使消费者产生误解”之规定，显然具有过错。故就某报社此种行为，确认其侵犯上诉人的肖像权，与《民法通则》第 100 条之规范宗旨并无违背。

据此，二审法院判定：撤销一审法院的判决，某报社向上诉人公开道歉并赔偿上诉人精神损害抚慰金 2 万元；驳回上诉人的其他诉讼请求。

【案例评析】

肖像是指个人形象以图画影像等方式客观再现，是个人形象在特定时间、特定地点、特定背景环境下的客观展示。肖像作为人格要素之一种，应属个人专有。现行《广告法》第 14 条第 1 款、第 2 款规定：“广告应当具有可识别性，能够使消费者辨明其为广告。大众传播媒介不得以新闻报道形式变相发布广告。通过大众传播媒介发布的广告应当显著标明‘广告’，与其他非广告信息相区别，不得使消费者产生误解。”可见，报纸等新闻媒体发布广告，除广告本身应当具有可识别性外，还必须使广告与其他非广告信息之间具有不使消费者产生误解之标记区别。因此，期刊内容虽涉及有关名人的新闻报道，但其在封面使用该名人的肖像时与其他广告信息产生了关联性，引起消费者误解的，该期刊社违反了上述法律的规定，构成了对他人肖像权的侵害。

案例 15：广西某保健品有限公司等诉张柏芝广告合同纠纷案
［（2007）穗中法民四初字第 29 号］

【法条指引】

《民法典》第 1021 条，针对肖像许可使用合同中对肖像权人的有利解释规则。

【案例事实与裁判】

2002年11月4日，受某保健用品有限公司的特别委托，广西某保健品有限公司与张柏芝及其经纪公司（以下合称“张柏芝”）签订了一份广告合约，张柏芝为其旗下的两款瘦身产品“腹部苗条霜”和“纤脸滋润霜”代言。自2002年11月9日开始，合约期为两年。合同规定，张柏芝在两年时间内不得与任何品牌签署同类瘦身、瘦脸产品的广告合约。

2003年9—10月间，北京部分媒体上大量涌现“婷美”的瘦身内衣广告。这些广告在大幅张柏芝形象宣传画旁边，均配以宣传产品瘦身功效的文字。2004年6月，广西某集团有限公司在市场上发现由张柏芝代言的“婷美”瘦暖内衣在各大商场上销售。另外，在网络和报纸上也有由张柏芝代言的另一品牌瘦暖内衣广告。

广西某集团有限公司据此认为，张柏芝违反双方合同条款的规定，为其他公司瘦身产品做广告，已构成严重违约。原告为此特向法院提起诉讼，请求依法判令被告赔偿原告经济损失人民币200万元，以维护原告的合法权益。

肖像权使用许可合同分为独占性的许可合同与非独占性的许可合同。在前者，肖像权人许可被许可人使用其肖像，并承诺不再许可第三人以相同的权利。若肖像权人为第三人代言同类产品，则构成违约，应当承担违约责任。

法院认为：广西某保健品有限公司作为合同签订方当然有原告诉讼主体资格。广西某保健品有限公司称该广告合约系受某保健用品有限公司委托签订。广西某保健品有限公司为广西某集团有限公司下属企业。作为吸收合并原委托方某保健用品有限公司的继受主体的广西某集团有限公司作为本案原告也无不妥。被告的诉讼主体抗辩无理，本院不予支持。

TOGETHER AGAIN LIMITED公司是张柏芝的经纪公司。与其存在内部的委托关系，其参与签订广告合约是履行经纪人义务，其最终的法律后果应归属于张柏芝本人。这从合约第三条“该演员受权乙方全权代为洽谈及签署本合约”可以印证。进一步分析，产品代言人之类广告合约具有很强的人身依附性，原告是选择被告张柏芝而非其经纪公司来拍摄广告的合同目的是很明确的。且根据《合同法》第402条的规定，该广告合同可以直接约束作为委托人的被告张柏芝和原告广西某保健品有限公司。根据合约，张柏芝也同样负有不得违约的义务。原告有选择被告的权利，除非为不可分之诉，否则原告选择单独对被告张柏芝提起诉讼并无不妥。

根据合约约定，在合约期内，张柏芝不得与任何品牌签署同类瘦身、瘦脸产品的广告合约。除瘦身、瘦脸产品外，其他任何类型产品广告均可接拍。因此，在合约期内，张柏芝为婷美瘦暖内衣担任形象代言人、为其做瘦身广告的行为是否违反其同广西某保健品有限公司广告合约的约定，构成违约即成为本案的核心问题。本院认为，被告张柏芝为婷美瘦暖内衣担任形象代言人、为其做瘦身广告的行为已构成违约。对于合同条款的理解，在字面意思存在多种可能时，应依照合同目的、交易习惯及诚实信用原则，确定该条款真实意思。审查该广告合约，其签约目的是通过张柏芝为广西某集团有限公司腹部苗条霜、纤脸滋润霜做广告来打动消费者，扩大产品销售。如果允许被告再为同类功效产品做广告，将会分散消费者注意力，降低购买欲望，无法达到广告合同目的。因此，根据目的解释，此处的“同类”应是指同类功效的同类，而非被告张柏芝所辩称的商标注册用商品和服务国际分类的同类。事实上，当张柏芝同时为某公司腹部苗条霜和婷美瘦暖内衣做广告时，消费者如何知晓其纤瘦的腰腹是某公司腹部苗条霜所致，还是婷美瘦暖内衣起了作用？经本院当庭询问，作为普通消费者，同时看到张柏芝为某公司瘦身产品和婷美瘦暖内衣所做广告，那么张柏芝腹部苗条是何种产品所致时，原告和被告代理人均诚实表示都有可能，这也证实了此种判断的客观性。张柏芝同时为某公司腹部苗条霜和婷美瘦暖内衣做广告的行为，明显分散了消费者的注意力，降低了其欲单独购买某公司腹部苗条霜的消费欲望，客观降低了广西某保健品有限公司所欲达成的广告效果。张柏芝拒绝提供其同婷美公司的广告合约，不影响本院认定其构成违约。本院认为张柏芝的行为已违反了广告合约第 8 条的规定，构成违约，依法应承担相应的违约责任。

【案例评析】

一般财产性的合同中，对于合同条款的理解，在字面意思存在多种可能时，应依照合同目的、交易习惯及诚实信用原则，确定该条款真实意思。但肖像权等人格权许可使用合同是个例外。肖像权等人格权许可使用合同虽涉及肖像权人等人格主体的财产利益，但其合同标的较为特殊——

人格利益，故《民法典》第 1021 条基于侧重保护肖像权这一人格权的法政策需要，规定在肖像许可使用合同中就肖像使用的范围、方式等约定不明确的，应当作出有利于肖像权人的解释。这种特殊解释规则，目的在于通过特殊解释方法之采用，直接干预具体案件当事人之间的关系，排除作出不利于肖像权人的解释结果，维护利益平衡。肖像权许可使用合同分为独占性的许可使用合同与非独占性的许可使用合同。若为独占性肖像权许可使用合同，则肖像权人为第三人代言同类产品，则构成违约，应当承担违约责任。本案法院依据合同的一般解释原则，从合同目的出发作出对某保健品有限公司有利的解释，将合同解释为肖像权独占性许可使用合同。新设的《民法典》第 1021 条的增设，将扭转这一解释路径，即在合同未就许可使用方式明确约定时，应作有利于肖像权人的解释，即将合同解释为非独占性许可使用合同。

第五章　名誉权和荣誉权

案例16：周某诉中国银行股份有限公司某市分行名誉权纠纷案[1]

【法条指引】

《民法典》第1024条，名誉权的客体范围。

【案例事实与裁判】

2009年5月31日，被告中国银行某分行收到一份申请人署名为原告周某的信用卡开卡申请表，同年6月18日，中国银行某分行审核批准开通了以周某为用户的涉案信用卡，申请资料中的中银信用卡标准审批表上记载“电话与地址匹配”“已对本人电话核实”，信用卡受理登记表上记载“柜面进件”“亲见申请人递交并签名”“亲见申请材料原件并当场复印”。2009年9月周某收到涉案信用卡催款通知，获悉该卡已透支，且逾期未还款，周某因未办理过涉案信用卡，疑为他人盗用其信息所办，故向公安机关报案。后中国银行某分行多次向周某电话催收涉案信用卡欠款。因涉案信用卡欠款逾期未还，该卡在周某的个人信用报告中记载为冻结。2010年7月，为涉案信用卡欠款一事，中国银行某分行与周某发生纠纷至上海市浦东新区人民法院寻求救济，次月该院组织双方进行诉前调解。同年11月，中国银行某分行向该院提起（2010）浦民六（商）初字第7068号一案，要求周某偿还信用卡欠款，后于同年12月撤回起诉。2011年3月周某的个人信用报告中，关于涉案信用卡的不良信用记录已经消除。

上海市浦东新区人民法院一审认为：认定被告中国银行某分行是否构成名誉侵权，应当根据其有无过错、原告周某名誉是否受到损害，以及在过错与损害均存在的情况下两者间有无因果关系等因素加以判断。本案中，中国银行某分行于2009年5月31日收到的开卡申请表上申请人签名

[1] 案例来源：《最高人民法院公报》2010年第6期。

一栏并非周某亲笔签名，显然周某并未亲至中国银行柜台申请开通涉案信用卡，而中国银行的相关材料上却记载有“亲见申请人递交并签名”“已对本人电话核实”等内容，可见中国银行某分行对涉案信用卡的开通审核未尽到合理的审查义务，存在过错。然而周某名誉是否受到损害，应依据其社会评价是否因中国银行某分行的行为而降低加以判断。本案中，名誉是否受损的争议焦点在于中国人民银行征信系统上的记录是否会降低周某的社会评价。对此，周某称征信系统中的不良信用记录对周某从事商业活动及其他社会、经济活动造成重大不良影响，中国银行某分行则称征信系统中的内容对外保密，不会贬低周某名誉，结合周某提供的个人信用报告上记载查询原因系“本人查询”，而中国银行某分行提供的个人信用报告上记载查询原因系“贷后管理”，可见查询者包括信用卡的持卡人和发卡行，至于社会公众能否查询，则无从体现。故周某主张其名誉因征信系统中的不良记录而受到损害，并未提供充分的证据予以证明，法院难以采信。周某又称其同事和朋友得知其因信用卡纠纷被银行告上法庭，对其名誉造成了严重的不良影响，对此，法院认为，诉讼系法治社会中解决纠纷的常用、合理手段，周某名誉不因其被他人起诉而有所损害，故对该主张，法院不予采纳。综上，被告中国银行某分行已采取措施停止侵害，消除了原告周某的不良信用记录，故周某以侵害名誉权为由，要求中国银行某分行赔偿损失，并书面赔礼道歉，依据不足，法院不予支持。

上海市第一中级人民法院二审认为：被上诉人中国银行某分行在审核信用卡申请资料中确实存在一定的过错导致上诉人周某的信用报告在2009年至2011年期间存在不真实的记载。但是，确定中国银行某分行是否侵害周某的名誉权还应当结合损害后果及因果关系进行判断。首先，对于关于侵权行为的认定。周某认为，中国银行某分行将其未还款的记录上传至征信系统就构成了侵权。但是，法院认为，中国银行某分行按照国家的相关法律法规及监管要求报送相关信息，其报送的信息也都是源于周某名下信用卡的真实欠款记录，并非捏造，不存在虚构事实或侮辱的行为，故不构成侵害周某名誉权的行为。其次，对于损害后果的认定。名誉权受损害的损害后果应当是周某的社会评价降低，但是，中国人民银行的征信系统是一个相对封闭的系统。只有本人或者相关政府部门、金融机构因法定事由才能对该系统内的记录进行查询，这些记录并未在不特定的人群中进行传播，并且造成周某的社会评价降低，故不能认定存在周某名誉受损的后果。鉴于本案中侵权行为与损害后果均不存在，故无须对侵权人的主观过错以及侵权行为与损害后果间的因果关系进行考察。周某认为，中国银行某分行在审核信用卡申请资料中存在重大过错，致使周某的信用报告在2009年至2011年期间存在不真实的记载。但是，由于银行审核信用卡申请材料的行为并非本案中的侵权行为，故该行为中是否存在过错不属于本案中需要审查的内容。综上，上诉人周某的上诉请求及理由无事实和法律依据，应予驳回。

【案例评析】

名义上的信用卡持卡人与银行之间因不良信用记录发生名誉权纠纷，法院应当依据侵权行为的要件进行审查。银行按照国家的相关法律法规及监管要求报送相关信息，其报送的信息也都是源于名义持卡人名下信用卡的真实欠款记录，并非捏造，不存在虚构事实或侮辱的行为，故不构成侵害名誉权的行为。名誉权受损害的后果应当是导致名义持卡人的社会评价降低。但是，中国人民银行的征信系统相对封闭，只有本人或者相关政府部门、金融机构因法定事由才能对该系统内的记录进行查询，这些记录并未在不特定的人群中进行传播，不会造成名义持卡人的社会评价降低，故不能认定存在损害名誉权的后果。

案例17：南方某报业集团与世奢会（北京）国际商业管理有限公司名誉权纠纷案

[（2014）三中民终字第07694号]

【法条指引】

《民法典》第1025条，关于名誉侵权抗辩事由的规定。

【案例事实与裁判】

2012年6月14日，南方某报业集团出版的《南方周末》第1版、第2版刊登了题为《廉价“世奢会”》的文章，第3版刊登了题为《他原来是一个演员：世奢会中国代表处首席执行官欧阳坤前传》（以下简称《欧阳坤前传》）的文章。《廉价“世奢会”》一文占据了2012年6月14日《南方周末》的第1版大部分版面及第2版全部版面，并在第1版配图（配图文字为"'世奢会中国代表处首席执行官'欧阳坤"),在第2版配图(配图文字为"2011年福州某地产商举办的活动上,世奢会展示号称世界'最顶级神秘奢侈品牌'的Franks-Pythonleather皮包,每只价格均超过120万""世奢会拍卖的'特制拉菲',网友发现其标签上的英文系谷歌翻译完成")及表格(表格名称为"世奢会(WLA)认证的房产""世奢会(WLA)的会所")。《欧阳坤前传》一文占据了2012年6月14日《南方周末》第3版整个版面,并配有世奢会(北京)公司委托代理人毛欧阳坤的剧照及身份证信息截图。

世奢会(北京)公司在原审法院诉称:报业集团使用"廉价世奢会"这样的负面标题,以及大量损害性的文章信息,报业集团整篇文章的目的在于以各种来源不明的虚假信息公然丑化世奢会(北京)公司业务形象,意欲引导公众对世奢会(北京)公司所代理的业务形成不信任,造成"世奢会"是皮包公司的负面印象,并在南方周末上公然刊登世奢会(北京)公司总经理个人身份证信息,像审判骗子一样赤裸裸地把身份证刊登到报纸上,并挂到网站上任人转载和使用,此行为更是造成世奢会(北京)公司是"骗子公司"的负面印象。报业集团行为给"世奢会"名誉造成了极大损害,也直接导致世奢会(北京)公司遭受巨大经济损失。作为对外贸易经营者,世奢会(北京)公司代理世界奢侈品协会授权业务,在国内从事相关对外贸易的代理与经营,世奢会(北京)公司在此基础上投入商业项目,获取商业利润,赢得商业信誉,经过多年的努力,积累了较好的客户资源与行业声誉。报业集团利用媒体和互联网发布不实报道,直接导致世奢会(北京)公司名誉受损、业务流失,其行为不仅使世奢会(北京)公司社会评价彻底降低,更是遭受巨大经济损失,报业集团应当承担赔偿责任。

报业集团在原审法院辩称:《廉价"世奢会"》和《欧阳坤前传》两篇文章确系我报社发表,这两篇文章同时在《南方周末》的官方网站上刊登。报业集团答辩意见如下:……第三,报业集团出于社会公共利益、满足公众知情权之需要,根据公开信息对世奢会进行调查报道,意在引导广大公众冷静、理性、客观看待世奢会这一组织,不存在侮辱人格及诽谤的内容,亦不存在侵权的主观过错。第四,世奢会(北京)公司并未因报业集团的报道而造成社会评价降低,也没有任何实际损失。世奢会(北京)公司所提的损害名誉而导致的经济损失以及维权费用更无法律和事实依据。

一审法院认定被告构成名誉侵权，二审经审理认为《廉价“世奢会”》对世奢会现象的调查和质疑具备事实依据，作者写作目的和结论具有正当性，文章不构成对世奢会（北京）公司名誉权的侵害。至于《欧阳坤前传》一文，系集中报道欧阳坤个人的相关情况，相关权利人应另行主张法定权益，该篇文章不构成对世奢会（北京）公司名誉权的侵害，遂撤销了一审判决、驳回了原告的诉讼请求。

二审法院认为，现有证据不能证明争议文章构成侵权，理由如下：

1. 化名“张帆”的人是田某，陈某对张帆的采访是真实的

二审中，针对原审法院的判决意见，报业集团与世奢会（北京）公司分别就化名“张帆”的人的身份提交了新证据。报业集团称原审中世奢会（北京）公司的证人王某1提供伪证，化名“张帆”的人是世奢会中国代表处前员工田某而非王某1，并提交了采访记录、田某的身份信息、工作名片、书面证言、公证视频等。世奢会（北京）公司则称化名“张帆”的人是被吴某收买的虚假爆料人王某1，并在一审中申请证人王某1出庭作证，在二审中申请证人王某2、崔某1出庭作证。世奢会（北京）公司认为证人证言可以证明争议文章中“张帆”所述均系恶意编造的虚假消息。结合双方举证，本院作出如下认定：

报业集团提交的“张帆”的采访记录显示采访过程流畅，被采访对象主动表达的意识较强。通过询问，被采访对象讲述了其在世奢会中国代表处工作期间参与唐山展会、奢侈品官方发布会等事件的经历，表达了自己的感受，并转述了部分同事的意见。据此，本院有理由相信，采访过程是真实的。且报业集团提交了被采访对象田某合法有效的身份信息。尽管田某本人未出庭作证，但田某本人在公证视频中确认了其接受陈某采访的事实。世奢会（北京）公司虽有反驳，但其申请出庭的王某1、王某2等人的证言不足以推翻采访记录的真实性，不能证明陈某的采访对象是被收买的虚假爆料人。同时由于崔某1并未接受陈某的采访，其证词不能证明争议文章的消息源是崔某1。

综上所述，报业集团称化名“张帆”的人是田某，有田某本人确认，且报业集团提交的采访记录、身份证信息、公证视频等证据已形成证据链条，使本院有理由相信化名“张帆”的人是田某，陈某对田某的采访是真实的。

2. 被采访对象田某（化名为“张帆”）所爆料的内容不应被推定为虚假信息

在以被采访对象的口述作为消息来源时，口述内容的不确定性，被采访对象的主观倾向性，消息来源的非官方性、非权威性等因素都有可能影响报道的客观性。按照客观报道的要求，报道人应当做到：（1）应结合口述内容正面还是负面、相关事件是被采访对象亲身经历还是转述、被采访对象所在岗位与相关事件的关联性、被采访对象是否与公司存在利益冲突，以及是否已离职、离职原因、是否要求化名等因素综合判断口述事件的可采性；（2）口述内容涉及被报道对象的负面信息，且口述者与被报道对象可能存在利益冲突时，应避免以口述内容为单一消息源；（3）上述第2点涉及的负面信息在没有其他消息源佐证或通过实地调查仍无法确信属实时，应避免直接引用。本案中，化名“张帆”的被采访对象田某所述内容大部分经过陈某本人的核实，但亦有部分内容属于未经核实的单一爆料信息。田某本人在接受采访时曾要求化名并称其在世奢会中国代表处工作的时间较短，没有签订劳动合同，还被拖欠工资并且与毛欧阳坤发生过矛盾，在此情况下，作者陈某使用田某爆料的负面信息作为单一消息源时，从新闻报道的规范要求来看，更应尽到审慎的注意义务。

在名誉权诉讼中，对于新闻报道中所引用的单一爆料的负面信息是否属于虚假信息，应当结合名誉权侵权责任的构成要件，正确适用举证责任分配规则进行判断。新闻报道侵害名誉权责任的法定构成要件包括受害人确有名誉被损害的事实、行为人行为违法、违法行为与损害后果之间有因果关系、行为人主观上有过错。新闻媒体只有违背了真实性审核义务，故意歪曲事实进行不实报道，或者因过失未尽合理审查义务导致不实报道的，才构成侵权。反之，新闻媒体没有歪曲事实、不实报道的主观故意或过失，且有合理可信赖的消息来源为依据，则不应承担侵权责任。新闻报道侵害名誉权责任属一般过错侵权责任，适用谁主张、谁举证的举证责任分配规则，在行为意义的举证责任方面，报道失实是提出名誉权侵权主张的一方所应举证证明的，有合理可信赖的消息来源是提出不侵权抗辩的新闻媒体所应举证证明的。

就本案而言，化名“张帆”的被采访对象田某在接受采访时主动性强，其讲述内容十分详细，所述的大部分内容如世奢会中国代表处基本情况、负责人毛欧阳坤情况、唐山展会、奢侈品官方发布会等活动大致情况以及世奢会中国代表处为楼盘授牌情况等，已与陈某核实确认，辅以田某提供的工作名片，足以使人相信田某曾为世奢会中国代表处员工，其了解世奢会中国代表处的运作情况并实际参与了文章报道的相关活动。尽管田某所爆料的部分内容属于单一爆料的负面信息，但作为相关活动的实际承办方，世奢会（北京）公司亦未就爆料内容涉及的相关内容提供相反证据以证明其确系虚假信息，而世奢会（北京）公司申请出庭的王某1等人的证言也不能证明化名“张帆”的人系被收买的虚假爆料人。在此情况下，从举证责任分配的角度，本院难以认定田某的爆料内容确系虚假信息。

3. 争议文章主要内容及评论具备事实依据，不构成诋毁、侮辱

争议文章对中国注册的世奢会网站、世奢会的域外注册信息，其组织性质、组织规模，世奢会在其他国家是否有代表机构等涉及世奢会“真实面目”的内容进行了实地调查并提出质疑，其质疑并非空穴来风。文章中的大部分内容，虽有引用网友爆料，但作者亦进行了实地调查，且世奢会（北京）公司未提出相反证据，故基本真实。

现有证据显示，世奢会（北京）公司以“世奢会”作为企业字号，自称世奢会中国代表处，以世奢会名义发布奢侈品数据、联络外国使馆官员，从事相关业务活动，借用世奢会的“国际影响力”提升自己的行业地位和公众影响力。但是，除世奢会（北京）公司在中国境内使用世奢会名义活动外，仅世奢会的注册资料显示这是一家于2008年在美国注册的公司，无其他证据证明其活动范围、影响力以及所谓的境外机构。因此，陈某在文章中提出“廉价”的质疑应属合理。且作者就其质疑亦征询了世奢会方面的意见，一般读者可以判断争议文章并没有决定性地将世奢会定义为廉价公司，而是以“世奢会被指廉价”提出质疑，供公众讨论。因此，总体上，文章结论具备合理依据，不构成诋毁，廉价的用语虽尖锐，但不构成侮辱。

4. 争议文章具备正当的写作目的

新闻媒体有正当进行舆论监督和新闻批评的权利。对自愿进入公众视野，借助媒体宣传在公众中获取知名度，影响社会意见的形成、社会成员的言行并以此获利的主体，一般社会公众对其来历、背景、幕后情况享有知情权，新闻媒体进行揭露式报道符合公众利益需要，由此形成了新闻媒体的批评监督责任。世奢会（北京）公司称，世奢会是一个全球性的非营

利性奢侈品行业管理组织，并以其名义联络外国使节、政府组织，进行奢侈品排名、企业授权、组织奢侈品展会，同时主动邀请媒体进行宣传报道，以影响与奢侈品相关的社会意见及公众言行，从而进入公众视野，新闻媒体有权利亦有责任对其进行批评监督。争议文章通过记者调查，引用多方意见，参与对世奢会现象的关注和讨论，是行使媒体舆论监督权的行为。不可否认，文章整体基调是批评的，部分用语尖锐，但这正是批评性文章的特点，不应因此否定作者写作目的的正当性。

【案例评析】

新闻媒体对匿名消息来源应当承担审慎注意义务，但使用匿名消息来源的新闻报道并非一定构成侵权报道。使用匿名消息来源的新闻报道是否失实的认定，应注意正确适用举证责任分配规则，不宜简单地以媒体拒绝披露消息来源的真实身份或消息来源拒绝出庭作证为由，对媒体作出不利推定。即使未披露消息来源或者消息来源未出庭作证，但是文章基本事实属实且评论正当的，不应认定为侵权报道。

案例18：吴某与深圳市腾讯计算机系统有限公司、北京微梦创科网络技术有限公司等名誉权纠纷案
［(2017) 京0108民初3092号］

【法条指引】

《民法典》第1026条，对使用他人提供的失实内容实施新闻报道、舆论监督作为违法阻却抗辩事由的合理审查义务的认定因素。

【案例事实与裁判】

微梦公司为新浪微博平台（域名：weibo. com）的运营主体。腾讯公司为腾讯网（域名：qq. com）的主办单位，“天天快报”为腾讯公司旗下产品，首页网址曾为 www. kuaibao. qq. com，现变更为 www. kb. qq. com。吴某为知名艺人。腾讯公司披露的实名认证信息显示，“天天快报”涉案账户“不一样的时尚”注册人为杨某。

2016年11月，原告获知，新浪微博个人用户“MLL-11s11”于2016年11月18日发布了一条声称吴某不改人设的微博，并在该微博页面中配

有一张原告参加某活动的现场照片，以及“网页链接”按钮，点击即可进入“天天快报”客户端，根据“天天快报”网页显示，被告三杨某于2016年10月27日发布了标题为《吴某不改人设，召妓召到了日本!》的文章。原告认为，网络中的上述低俗、夸张的内容均构成对原告的诽谤，被告一、被告二作为专业的网络平台运营公司，“天天快报”“新浪微博”是其经营的用户群体广泛、社会影响力较大的网络平台，被告一、被告二应该对上述网络平台所发布的信息尽到合理的审查和注意义务。在原告针对用户“MLL-11s11”、被告三杨某的侵权行为向人民法院提起诉讼后，被告一、被告二有义务对诽谤原告的不实信息第一时间作出处置，以避免侵权行为对原告损害的持续扩大。基于上述，原告吴某故根据《民事诉讼法》的相关规定向法院提起诉讼。

微梦公司辩称：我公司是网络服务提供商，原告诉前未通知我方删除涉案内容，我公司接到起诉材料后及时进行了删除，不应承担法律责任。

腾讯公司辩称：我公司名下的“天天快报”是网络服务平台，原告诉前未通知我方删除，我方收到法院起诉材料后及时进行了删除，并提供了被告三的注册信息，涉案微博是被告三杨某个人发布。

被告杨某未到庭应诉及提交书面答辩材料。

公众人物具有不同于普通民众的特点，具有较高的知名度和相对广泛的影响力，其向社会公众传播的言谈举止、行为事迹会对社会公众产生一定影响。因此，在接受社会舆论监督及社会公众知情权利面前，公众人物相应的人格权受到限制。但对公众人物的人格权利限制并非没有限度，公众人物的人格尊严应依法受到保护。

本案中，“天天快报”涉案账号“不一样的时尚”注册人为杨某。杨某拒不到庭应诉，庭前亦未提交反驳证据，依法承担相应的不利责任，故法院认定其为涉案账号“不一样的时尚”的实际使用者，并发布了涉案文章。上述文章内容，在缺乏证据佐证情况下，意在对吴某名誉进行恶意贬损、诽谤，侵害了吴某的名誉权。吴某有权要求杨某停止侵权、赔礼道歉、消除影响。关于停止侵权一项，鉴于涉案内容已删除，吴某当庭放弃该项诉请内容，法院不持异议。关于赔礼道歉的责任承担方式及赔偿精神损失的数额问题，法院综合考虑杨某的主观过错、侵权情节、影响范围等因素，合理确定具体赔礼道歉的方式、范围及赔偿精神损失的具体数额问题，不再全部支持吴某的诉讼请求。吴某为维权而进行的公证及聘用律师的费用，属于合理费用范畴，法院综合其必要性及合理性，依法予以确定赔偿金额。吴某未提交关于差旅费等费用的相关证据，法院不予支持。

【案例评析】

公民或法人享有的就其自身特性所表现出来的社会价值而获得社会公正评价的权利为名誉权。禁止用侮辱、诽谤等方式损害公民、法人的名誉。侵害他人名誉权，造成他人损害的，应承当相应的侵权责任。虽然公众人物的隐私、名誉与普通大众相比，在保护时受到一定的限制，但并不表明公众人物的名誉权不需要保护。公民有言论自由与舆论监督的权利，行为人为公共利益实施舆论监督等行为，影响他人名誉，一般情况下不需要承担侵权责任。但是对他人提供的严重失实的内容未尽到合理核实义务，则需要承担侵权责任，此时不可依据为公共利益实施舆论监督等事由进行抗辩。

案例 19：胡某超、周某昭、石某成诉刘某忠、某报社侵害名誉权纠纷案[1]

【法条指引】

《民法典》第 1027 条，关于文学、艺术作品侵犯他人名誉权的认定标准。

【案例事实与裁判】

被告刘某忠原系贵州省赤水市文化馆干部，与原告胡某超、周某昭、石某成原在同一单位或同一系统工作。刘某忠因工作问题与 3 名原告曾发生过矛盾。1988 年，赤水市文化馆评定工作人员专业职称时，出现了一份油印匿名传单。该传单指责刘某忠有问题，不应给其评定中级职称。刘某忠怀疑传单是 3 名原告所写，扬言要搞铅印的文章报复。同年 11 月起，某报社开始连载刘某忠创作的长篇历史纪实小说《周西成演义》。1989 年 4 月初，刘某忠对赤水市一些干部讲，要他们注意 4 月中旬的某报社。4 月 19 日、20 日，某报社上连载的《周西成演义》中，出现了贩毒者胡翼昭、

〔1〕 案例来源：《最高人民法院公报》1992 年第 2 期（总第 30 期）。

妓院老板周孔超、地痞石述庭3个人物。这3个人物不但与3名原告同姓，且名字中的两个字或相似或为谐音字。3个人物形象的许多特征描写分别与3名原告相同或相近。被告刘某忠将这3个人物描写得十分丑恶。《周西成演义》发表后，熟悉3名原告的读者一看便知道作者是在侮辱、丑化3名原告。被告刘某忠曾在赤水县文化馆对人说："这么多人我为什么没有写，单单写他们3个，这是有原因的。"同年5月15日，3名原告联名写信给某报社总编辑，说明某报社连载的《周西成演义》侵犯了3名原告的名誉权，要求某报社停止连载。但某报社未予理睬，仍继续连载，致《周西成演义》中对胡翼昭、周孔超、石述庭3个人物的描写多次公开出现。

本案一审赤水市人民法院认为：文学艺术创作是公民的自由，国家对公民在文学、艺术事业中有益于人民的创造性工作，给予鼓励和帮助。公民在行使文学艺术创作自由的权利时，不得损害其他公民的合法的自由和权利。《民法通则》第101条规定："公民、法人享有名誉权。公民的人格尊严受法律保护，禁止用侮辱、诽谤等方式损害公民、法人的名誉。"被告刘某忠因与3名原告素有矛盾并怀疑攻击自己的匿名油印件出自3名原告之手，曾扬言要以铅印的文章报复。被告在创作《周西成演义》中，采用姓相同名相近、体型外貌等突出特征相似的方法把作品中的3个人物与3名原告联系起来加以丑化，使熟悉3名原告的读者一看便知这3个反面人物是影射3名原告的，在当地给3名原告的人格尊严造成不良影响，使3名原告的名誉受到损害。《周西成演义》公开发表后，被告还公开对人说过把3名原告写进演义中是有原因的。因此，被告侵害3名原告名誉权的故意是明显的，依法应当承担侵权的民事责任。被告以作品中的3个人物纯属虚构，没有侵害原告名誉造成损害为由，仍继续连载，使损害后果扩大，亦应承担一定的民事责任。赤水市人民法院于1991年3月19日判决：（1）被告刘某忠在某报社上公开向原告胡某超、周某昭、石某成赔礼道歉；（2）《周西成演义》一书中侵害原告胡某超、周某昭、石某成名誉权的内容未删改之前，不得出版发行；（3）被告刘某忠赔偿原告胡某超、周某昭、石某成人民币900元；某报社赔偿原告人民币300元。

二审维持了一审判决。

【案例评析】

根据文学作品创作规律，允许作者根据所表现的主题、情节发展的需要，虚构情节和人物，但是禁止用任何方式手段侮辱诽谤损害公民、法人的名誉权。因此，在小说创作中，作者故意使用“影射”的手法对他人进行侮辱和丑化，使他人的名誉受到了损害，已构成了对他人名誉权的侵害。报社在明知所发表的小说侵害了他人的名誉权后，仍继续连载，放任侵权后果的扩大，亦构成了对他人名誉权的侵害，应承担侵权民事责任。

案例20：覃某豪诉桂平市郊区农村信用合作社名誉权侵权案［（2008）贵民一终字第37号］

【法条指引】

《民法典》第1029条，有关民事主体信用人格利益的保护。

【案例事实与裁判】

1996年8月22日原告覃某豪与被告郊区信用社签订了一份《借款合同》，原告向被告借款本金25万元，借期6个月，原告之妻霍某某在借款合同上签名做担保人。2004年5月21日郊区信用社以覃某豪、霍某某为被告起诉至本院，要求二人归还尚欠借款本息，经法院主持双方当事人调解，并达成了调解协议。法院于2004年7月10日作出（2004）浔民初字第688号民事调解书，调解协议内容为：（1）原、被告通过协商和解达成协议，了结本案纠纷。（2）被告自愿清偿借款10万元给原告，并在调解协议签订时即时付清。（3）原、被告双方解除本案房屋抵押合同，双方在签订调解协议之日起，3个工作日内到房产抵押登记部门办清抵押注销登记手续。（4）案件受理费3500元，其他诉讼费2500元，共6000元，由原告负担。上述调解书生效后，双方当事人已依据调解书确定的义务各自履行完毕。

后来原告经查询，在中国人民银行征信中心系统中，发现被告提供给征信服务中心的个人信用数据库中原告的个人信用报告第2项“信用交易信息”贷款明细信息栏中，仍存在未归还贷款合同金额25万元等信息。为此，原告要求被告将上述信息予以删除未果，遂向法院提起诉讼，请求法院判决：（1）被告停止侵害原告的名誉权，将中国人民银行征信中心系统中覃某豪的个人信用报告中第2项“信用交易信息”中的“贷款明细信息”第1、2项的贷款信息及对应偿还第1、2项信息予以删除；（2）本案诉讼费由被告承担。

广西壮族自治区贵港市中级人民法院一审认为：公民的名誉是指一个公民的品德、才干、信誉等在社会生活中所获得的社会评价。公民名誉权是指公民对自己在社会生活中所获得的社会评价即自己的名誉，依法享有不可侵犯的权利。名誉直接关系到公民的人格尊严，它是民事主体进行民事活动，乃至其他社会活动的基本条件。因此，公民享有名誉权，公民的人格尊严受法律保护。加害人陈述的内容虚假不是构成名誉侵权的必要前提，只要加害人有过错，并在客观上造成对受害人名誉的毁损，加害人就应承担名誉侵权的法律责任。本案中，根据已生效的（2004）浔民初字第688号民事调解书，已确认双方的债权、债务关系，因已超过诉讼时效，成为自然之债，失去了司法强制保护的效力。对此，双方已了结了纠纷。虽然双方仍存在自然之债，但从中国人民银行建立个人信用数据库的目的是帮助商业银行提高风险管理能力，防范信用风险，促进消费信贷健康发展，为金融监管和货币政策提供服务，为个人积累信誉财富，方便个人借款来分析，一旦个人信用数据库中有个人信用“污点”，将可能影响其未来的发展。而原、被告的债权、债务关系，因被告怠于行使权利，致使原告应当履行之债变为可以履行也可以不履行的自然之债。所以，随着双方履行完毕生效的调解书确定的义务，被告不再享有向原告主张还款的权利，原告已不复存在需守信还款的义务。被告将已丧失司法保护之债权，已归于消灭的原告应当守信还债之义务，保存于个人信用数据库，一旦原告从事借贷等商业活动或涉及个人信誉的社会活动时，原告的品德、信誉在社会生活中所获的社会评价不仅遭到贬毁和降低，甚至有可能限制其某项社会活动的顺利开展。因此，被告的行为主观上有过错，客观上已侵害了原告的名誉权，依法应当承担侵权的民事责任，停止对原告名誉权的侵害。所以原告的诉讼请求证据确凿，理由充分，依法应予以支持。被告抗辩称个人信用数据是中国人民银行征信中心管理的，与其无关，但征信服务中心是依据被告报送的信用信息进行登载，被告可申报征信服务中心对不正确的个人信息进行更正，因此应认定直接侵权人是被告郊区信用社。被告的抗辩理由不成立，本院依法不予以采纳。

广西壮族自治区贵港市中级人民法院二审认为：上诉人与被上诉人的债权、债务关系，已经因上诉人怠于行使诉权，从受法律保护之债变成自然之债，上诉人自愿接受被上诉人支付10万元以了结该笔贷款诉讼，在法院的调解书生效后，上诉人应在向上报送的数据中准确如实表述，不应再记载被上诉人有应还未还欠款25万元。而中国人民银行征信中心个人信用数据库中对被上诉人的不良记录，使被上诉人的社会评价降低，将影响其未来的发展，一旦被上诉人进行借贷等商业活动或涉及个人信誉的社会活动时，其名誉将遭到损害，影响其以后的经济或社会活动顺利开展。因此，上诉人的行为侵害了被上诉人的名誉权。应当立即停止侵害，恢复被上诉人的名誉。一审判决判令上诉人停止侵权，删除对被上诉人名誉造成影响的信息，是正确的，本院予以维持。

【案例评析】

名誉是社会对特定公民的品行、思想、道德、作用、才干等方面的社会评价，名誉权是人们依法享有的对自己所获得的客观社会评价、排除他人侵害的权利。公民有权维护自己的名誉免遭不正当的贬低，有权在名誉权受侵害时依法追究侵权人的法律责任。名誉侵权是一般侵权行为，根据我国法律的相关规定，名誉侵权须具备以下条件：（1）行为人主观上有过错；（2）行为人客观上存在损害他人名誉的行为（侮辱、诽谤、泄露他人隐私等），并为第三人知悉；（3）在后果上，侵权人的行为使受害人的社会评价降低，对受害人的名誉造成了较严重的损害；（4）损害后果与违法行为之间有因果联系。所以，只要侵权行为同时具备以上四个要件，就构成名誉侵权。

案例21：李某槐诉鲁山县人民医院在编写的院志中错写、漏列其曾任职务侵害荣誉权案[1]

【法条指引】

《民法典》第1031条，关于自然人荣誉权的积极权能——请求记载应记载的荣誉与请求更正错误荣誉。

【案例事实与裁判】

原告李某槐系被告鲁山县人民医院（以下简称县医院）退休干部。

〔1〕案例来源：中国司法案例网，https：//anli. court. gov. cn/static/web/index. html，2021年12月21日访问。

1967年7月，县医院成立了革命委员会，原告被任命为革命委员会主任，至1968年底原告从县医院调出。1973年9月，原告又被中共鲁山县委组织部任命为县医院革委会主任（院长），一直任职到1978年7月。1974年3月，原告又被中共鲁山县委组织部任命为县医院党的核心小组组长；1974年4月县医院建立党支部，原告任支部书记至1978年8月。1984年，县医院在编写《鲁山县人民医院院志》（以下简称《院志》）时，在“医院历任党政领导简表”中，将1967年至1968年任革委会主任的原告误写为他人，将1974年3月至1978年7月原告任县医院院长和党支部书记的职务漏列。但《院志》中的“医院的行政机构变化表，“历届党支部正、副书记名单”，均将原告曾任过的职务记入。并且该书《编后记》载明：“……此乃初稿，诚恳希望全院职工和知情的老领导、老同志批评指正，在审稿过程中提出宝贵意见，与我们通力协作，以便使本志更加完善、具体。”院志印刷后只向有关的部分单位和个人送阅，未公开出版和销售。

2001年7月，县医院筹备建院庆祝活动时，原告见到该《院志》，发现对自己任职情况的记载有误，即多次找县医院的领导要求更正。双方协商无果，原告向鲁山县人民法院起诉称：县医院编写的院志歪曲历史，严重侵害了我的荣誉权。我曾多次找县医院要求其停止侵害，消除影响并恢复我的荣誉，但县医院一直拒绝，致使我的精神受到打击，病情日渐加重。现请求县医院停止侵害、消除影响并恢复我的荣誉，向我支付精神抚慰金15000元。

被告县医院答辩称：我院不存在对原告荣誉权侵害的事实。我院在编写院志时对原告的职务编写确实有误，但行政职务只是组织分工，并非荣誉称号，且院志的后记中明确指出：“此乃初稿，诚恳希望全院职工和知情的老领导、老同志批评指正，在审稿过程中提出宝贵意见，与我们通力协作，以便使本志更加完善、具体。”该院志装订成册的不足10本，存放我院的图书室，未对外发行或销售。因此，我院根本不存在对原告荣誉权侵害的事实，应驳回原告的诉讼请求。

鲁山县人民法院认为：荣誉是指政府或社会组织给予公民、法人的一种赞美的称号，一般通过表彰授予。原告所诉的其曾任的行政和党内职务，被告在编写院志时错写或漏列虽属事实，但职务只是一种组织分工，并不是荣誉称号。因此，被告虽在编写院志时对原告的曾任职务有错写或漏列的问题，但并未侵害原告的荣誉权。故原告请求被告停止侵害、消除影响、恢复名誉并支付15000元精神抚慰金，缺乏事实和法律根据，不予支持。该院依照《民法通则》第5条的规定，于2002年12月12日作出如下判决：驳回原告的诉讼请求。

【案例评析】

荣誉，是特定民事主体在社会生产、社会活动中有突出表现或突出贡献，政府、单位团体或其他组织所给予的积极的正式评价。不同于作为一般性评价的名誉，荣誉是特定的社会组织给出的正式评价。荣誉权即为民事主体对获得的荣誉保持归己享有的权利。荣誉的归己享有，体现的是荣誉的独占权，表明荣誉一经获得，即为民事主体终生享有，非经法定程序不得撤销或非法剥夺，也不得转让、继承。在本案中，原告曾任院长、书记等职，这只是一种职务，是一种工作分工，表明的是一种社会地位和身份。公民的工作职务并非是一种公民荣誉的范畴，因而原告对所任职务就不享有荣誉权。故本案被告虽然有错写、漏列原告职务的行为，但这种行为不属于侵害原告荣誉权的行为。

第六章　隐私权和个人信息保护

案例 22：丁某诉赵某娜、北京某图书有限公司侵害隐私权纠纷案［（2018）京 0491 民初 1813 号］

【法条指引】

《民法典》第 1032 条，隐私权保护的一般规定。

【案例事实与裁判】

已故著名漫画家丁聪夫妇的独子丁某发现北京某图书有限公司经营的旧书网上出现大量丁聪与其家人、朋友间的私人信件以及其父手稿的拍卖信息，涉及大量家庭内部的生活隐私，其中有 18 封书信和手稿由赵某娜拍卖。

丁某认为赵某娜未经授权公开其父的书信和手稿，北京某图书有限公司未对赵某娜的出售行为进行审核，构成对丁聪夫妇的隐私以及丁某隐私权的侵犯，请求法院判令赵某娜和北京某图书有限公司停止侵权行为、删除拍卖的书信和手稿，并公开赔礼道歉；赵某娜应赔偿原告丁某精神损害抚慰金和律师费共计 9 万元，北京某图书有限公司承担连带责任。

赵某娜辩称，涉案书信和手稿系以合理对价购买所得，本人无侵权故意，且公众人物的隐私权要部分让渡于社会公共利益，故其行为不构成侵权。北京某图书有限公司辩称，其作为网络服务提供者，仅须履行“通知—删除”义务，并无主动审核义务，不应当承担连带责任。

法院认为，家信通常涉及家庭生活和个人感情，具有明显的私密性，很可能涉及个人隐私。隐私权的认定应当适当考虑当事人合理的主观因素，在符合社会公众普遍价值判断标准的同时，尊重当事人对私人空间的划定。名人具有公众性，但并不意味着其私人生活可以被完全曝光。名人与公共利益无关的私人信息应当受到充分保护。案涉书信中有一部分涉及丁聪及其家庭成员之间的亲密交流，属于个人隐私；另一部分系他人写给丁聪的书信，内容属于公开事务，未涉及丁聪夫妇和丁某的隐私。并且，案涉书信并未公开发表。赵某娜出售丁聪家信和手稿，完全基于营利目的，与社会公共利益无关。北京某图书有限公司对在其平台上出售的书信和手稿等涉及隐私属性的内容应当尽到合理审查义务。北京某图书有限公司对交易双方均收取成交价一定比例的佣金，并组织丁聪书信拍卖专场活动，应认定其明知案涉书信和手稿涉及隐私而没有尽到相应的审查义务，所以应对赵某娜的侵权行为承担连带责任。

【案例评析】

自然人享有隐私权。任何组织或者个人不得以刺探、侵扰、泄露、公开等方式侵害他人的隐私权。公众人物的隐私权受到一定程度的限制，但其与公共利益无关的私人信息应当受到保护。本案中，漫画家丁聪的家信属于隐私，应受到保护。赵某娜出售丁聪家信和手稿完全基于营利目的，与社会公共利益无关，构成侵权。北京某图书有限公司对此未尽到合理审查义务，应承担连带责任。

案例23：施某庭等诉徐某尧肖像权、名誉权、隐私权纠纷案 [（2015）江宁少民初字第7号]

【法条指引】

《民法典》第1033条，侵害隐私权的行为。

【案例事实与裁判】

原告张某霞、桂某聪将其子施某庭送养给李某琴，后李某琴长期虐待施某庭。被告徐某尧在新浪微博上发表如下内容（配打了马赛克的照片9张）：“父母南京某区人，男童于6岁合法收养，虐待行为自去年被校方发现，近日，班主任发现伤情日渐严重，性格也随之大变，出现畏惧人群等心理行为，班主任及任课老师在多方努力无果后，寻求网络帮助。恳请媒体和大伙的帮助。希望这个孩子通过我们的帮助可以脱离现在的困境。”

张某霞和桂某聪遂诉至法院，认为：（1）徐某尧未经许可，擅自对外发布施某庭的养子身份信息；（2）施某庭的养母李某琴未虐童，但徐某尧毫无事实依据声称李某琴长期虐待施某庭，致李某琴无端遭受了众人指责，伤害施某庭与养母之间的感情，徐某尧的行为严重侵犯了施某庭的隐私权和生活安宁权。请求法院判令徐某尧停止侵害、赔礼道歉、消除影响、恢复名誉，并向施某庭支付精神抚慰金10万元，向张某霞、桂某聪支付精神抚慰金10万元。

徐某尧主张，第一，施某庭的养子身份信息在其被收养后就会依法进入公知领域，原告将此视为隐私，不当扩大了隐私的范围。徐的行为旨在保护施某庭不再受到家庭暴力的伤害，引起民政部门的重视，从而对该收养关系进行审查并作出处理，并未侵犯其隐私权。第二，其微博反映的内容未涉及张某霞、桂某聪的任何信息资料，并未侵害其隐私权和名誉权。

法院认为，隐私权是指自然人享有的对其个人与公共利益无关的个人信息、私人活动和私有领域进行支配的一种人格权。是否构成侵犯隐私权，应当根据受害人确有隐私被损害的事实、行为人行为违法、违法行为与损害后果之间有因果关系、行为人主观上有过错来认定。本案中，徐某尧对相关信息的披露是节制的，对相关照片进行了模糊处理，没有暴露受害儿童真实面容，也没有披露施某庭的姓名和家庭住址，其目的是揭露可能存在的犯罪行为。徐某尧所发微博的内容虽然出现收养的词语，但微博文字与照片结合后，第三人不能明显识别出微博中的受害儿童即为施某庭。徐某尧所发微博的内容未涉及张某霞、桂某聪的任何信息资料，至于徐某尧发表微博后，网民对张某霞、桂某聪搜索导致其相关信息被披露，不应由徐某尧承担责任。故施某庭、张某霞、桂某聪主张徐某尧侵害其隐私权不能成立。

综上，被告徐某尧在原告施某庭受伤害后，为保护未成年人利益和揭露可能存在的犯罪行为，在其微博中发表未成年人受伤害信息，符合社会公共利益原则和未成年人最大利益原则。徐某尧的网络举报行为未侵犯施某庭的隐私权，未侵犯原告张某霞、桂某聪的隐私权。

【案例评析】

《民法典》第1033条第1项规定，除法律另有规定或者权利人明确同意外，任何组织或者个人以电话、短信、即时通讯工具、电子邮件、传单等方式侵扰他人的私人生活安宁。其中，“即时通讯工具”可以是微信、微博等社交媒体工具。随着微信、微博等即时通讯工具的广泛运用，网络侵权大量存在，隐私权被侵害的情形尤其普遍。但在判断某一行为是否侵害隐私权时，应谨慎审查该行为是否符合侵权构成要件，还须权衡该项隐私权与公共利益及其他应保护权益何者更应受保护。为了保护未成年人利益和揭露可能存在的犯罪行为，在微博、微信等社交媒体工具中发表未成年人受伤害信息，所发表内容与客观事实基本一致的，符合未成年人最大利益原则，不构成侵权。本案中，徐某尧在尽可能地保护案涉人员的隐私信息的前提下，对伤害未成年人的行为进行了披露；主观上不存在营利目的，而旨在披露可能存在的犯罪行为；其微博内容并未涉及张某霞和桂某聪的隐私信息；网民对张某霞和桂某聪进行搜索导致其信息被披露，与徐某尧不存在法律上的因果联系。因此，徐某尧的网络举报行为并不构成侵权。

案例 24：庞某鹏诉中国某航空股份有限公司、北京某信息技术有限公司隐私权纠纷案 [（2017）京 01 民终 509 号]

【法条指引】

《民法典》第 1034 条，自然人个人信息保护的一般规定。

【案例事实与裁判】

庞某鹏委托其助理鲁某通过北京某信息技术有限公司下辖网站去哪儿网平台，购买了中国某航空股份有限公司的机票 1 张。该网站订单详情页面显示该订单登记的乘机人信息为庞某鹏的姓名及身份证号码，联系人信息、报销信息均为鲁某及其手机号。两日后，庞某鹏收到来源不明号码的短信，称由于机械故障，其所预订航班已经取消。经与航班公司核实，该次航班正常，并认为该短信应属诈骗短信。短信内容中显示庞某鹏航班的起飞时间、降落时间、机场名称、航班号。

庞某鹏遂诉至法院，主张北京某信息技术有限公司和中国某航空股份有限公司泄露了自己包括姓名、手机号及其行程安排在内的隐私信息，要求北京某信息技术有限公司和中国某航空股份有限公司承担连带责任。

法院认为，原告庞某鹏的非隐私信息与隐私信息结合之后形成不可分的权利整体，应当适用隐私权保护的有关规定予以救济。被告北京某信息技术有限公司和中国某航空股份有限公司掌握了原告庞某鹏的身份证号、手机号和航程信息后，相关信息又在合理时间内发生泄露，根据高度盖然性的证明标准，足以认定信息泄露系被告导致。因此，北京某信息技术有限公司和中国某航空股份有限公司构成对原告庞某鹏的隐私权的侵犯，应当承担侵权责任，北京某信息技术有限公司和中国某航空股份有限公司均应于本判决生效后10日内在其官方网站首页以公告形式向庞某鹏赔礼道歉，赔礼道歉公告的持续时间为连续3天。

【案例评析】

自然人的个人信息受法律保护。《民法典》第1034条规定了个人信息的定义，并列举了主要的个人信息类别。身份证件号码、电话号码和行踪信息属于个人信息中的私密信息，适用有关隐私权的规定。本案中，北京某信息技术有限公司和中国某航空股份有限公司的安全管理存在漏洞，且未举证其对用户信息的泄露迅速采取了专门、有针对性的有效措施，结合原告庞某鹏购票及信息泄露的时间，应认定北京某信息技术有限公司和北京某信息技术有限公司中国某航空股份有限公司对此具有过错，应承担侵权责任。

案例25：闫某诉新浪公司和百度公司隐私权纠纷案[1]

【法条指引】

《民法典》第1035条，处理个人信息的原则和条件。

【案例事实与裁判】

某新浪博主发表涉及原告闫某个人隐私的文章，闫某先后向新浪公司和百度公司发出律师函要求采取必要措施。新浪公司在诉讼中未提交证据证明其采取了删除等必要措施，百度公司则提供证据证明采取了断开链接、删除等措施。原告起诉要求新浪公司和百度公司提供该博主的个人信息。

原告闫某要求新浪公司提供博主的IP地址和全部注册信息，包括但不

〔1〕案例来源：最高人民法院公布的8起利用信息网络侵害人身权益典型案例之七，【法宝引证码】CLI. C. 3387006。

限于姓名、地址、联系方式等资料。由于该博主所撰写的博客内容涉及原告的人格利益，原告有权知晓该网络用户的个人信息以便主张权利。新浪公司应当在网络技术力所能及的范围内，向原告披露该侵权博主的网络用户信息，以维护其保护自身合法权益的信息知情权，应予支持。据此，通过诉讼的方式，由人民法院对原告请求网络服务提供者提供网络用户个人信息的要求，进行审查后并作出判断，能较好地实现自然人个人信息权（权益）与其他自然人隐私权之间的平衡。

【案例评析】

个人信息的控制者负有保护个人信息安全的义务。信息控制者除了应采取安全措施，保护所收集、存储的个人信息不被非法窃取之外，也不得泄露其收集、存储的个人信息，未经自然人同意，不得向他人非法提供。《民法典》第 1038 条对此作出规定。个人信息的控制者提供个人信息的，根据《民法典》第 1035 条的规定，应当遵循合法、正当、必要原则，不得过度处理，并符合下列条件：（1）征得该自然人或者其监护人同意，但是法律、行政法规另有规定的除外；（2）公开处理信息的规则；（3）明示处理信息的目的、方式和范围；（4）不违反法律、行政法规的规定和双方的约定。信息控制者提供个人信息是否符合合法、正当、必要原则，且是否过度处理，应由法院结合个案具体情形加以判断。本案中，闫某请求新浪公司和百度公司提供侵权博主的个人信息，以主张权利。法院结合本案具体情况，对闫某请求新浪公司和百度公司提供该侵权博主的个人信息的要求，进行了合比例审查，较好地权衡了侵权博主的个人信息保护和闫某的隐私权保护之间的冲突。